제2판

불확실을 이기는 전략

:센스메이킹

김양민 지음

SENSE
MAKING

박영사

초판 발행 이후 주변의 많은 격려를 받았다. 출간 이듬해에는, EBS TV에서 센스메이킹과 전략을 주제로 열네 번의 강의를 하면서 팬데믹 기간 중 일반 시청자들에게 방송으로나마 이 책 내용을 소개할 기회를 가졌다. 개정판을 발간하면서, 일부 내용을 추가 및 업데이트하고, 숫자·연도 오기, 주요 외국 인물의 한국어 표기, 미주와 참고문헌 표기에서의 누락이나 실수를 수정하였다. 재판이 발행될 만큼 책이 팔렸다는 사실보다도, 이런 실수들을 바로잡을 기회가 주어졌다는 사실이 더욱 기쁘다. 그럼에도 불구하고 여전히 발견하지 못한 실수가 있을 것이다. 내 욕심으로는 3판까지 발행되어 아직 발견치 못한 나머지 실수들도 바로잡을 기회가 오길 바란다.

이 책이 나오기까지 많은 사람들의 도움과 응원이 있었다. 먼저 부모님께 감사드린다. 가신 지 5년이 지났지만 아버지는 여전히 내 롤 모델이다. 인터넷 비슷한 것도 없던 나의 어린 시절, 당신은 나의 구글이자 위키피디아였다. 구순을 훌쩍 넘긴 나이에도 여전히 막내아들 걱정에 여념이 없으신 어머니께도 이 자리를 빌려 감사와 존경과 사랑을 전한다.

본문에도 언급한 나의 스승 알버트 카넬라Albert A. Cannella, Jr. 교수에게 감사한다. 그는 학자로서도, 인간으로서도 훌륭한, 나의 멘토다. 경영학이라는 학문의 길동무들인 서강대학교 경영대학 선후배 교수님들과, 우리나라 전략경영 및 인사조직 학계의 동료·선후배 교수님들께도 감사한다. 서강대학교 대우교수 이승혜 박사는 대학원 시절 이 책을 위한 자료수집에 큰 도움을 주었다. 잊을 만하면 미국에서 이메일로 일감을 던지는 지도교수의 청에 그가 신속하게 응해주지 않았더라면 이 책이 이렇게 빨리 나오지 못했을 것이다.

누구보다도 아내와 두 아들, 이 세 사람의 격려에 진심으로 감사한다. 한 번은 초판을 위해, 또 한 번은 개정판을 위해, 두 차례의 연구 학기를 다 이 책을 쓰는 데 주력하였으니 이제 방학마다 틈틈이 가족들을 위해서 봉사함으로써 고마움을 갚도록 하겠다.

2023년 2월
개정판 출간에 앞서
저자

| 차례 |

제4부 센스메이킹 키우기

超불확실성의 시대

유대교 명절에 벌어졌다고 한쪽 진영에서는 그 명절 이름을 붙여 욤 키푸르Yom Kippur 전쟁으로, 이슬람 금식기간 중에 벌어졌다고 또 다른 진영에서는 라마단 전쟁이라 부르는 전쟁이 있다. 1973년 10월에 발발한 제4차 중동전쟁이다. 이 전쟁은 경제사 측면에서도 중요한데, 그 유명한 1차 오일쇼크가 이 전쟁 때문에 일어났기 때문이다. 페르시아만의 6개 산유국들은 이 제4차 중동전쟁에서 미국의 이스라엘 지원에 대한 보복으로 즉각 원유 가격인상과 원유 생산 감산에 돌입하였다. 당시 배럴당 2.9달러였던 원유 고시 가격은 3개월 만인 1974년 1월엔 11.6달러까지 4배나 폭등하였다. 1960년대 말부터 시작된 경기침체라는 화재에 이 오일쇼크가 기름을 부으면서, 격심한 인플레이션과 경기 불황이 동시에 발생하는 스태그플레이션이 일어나게 된다.

하버드 대학교의 경제학과 교수 존 케네스 갤브레이스John Kenneth

Galbraith의 명저『불확실성의 시대』는 바로 이 스태그플레이션의 시대에 출판된 책이다. 이 책은 1977년 대단한 화제를 불러일으켰고 전문가들 사이에서도 엄청나게 생산적인 논쟁을 야기한 저작이었다. BBC, CBC, KCET, 그리고 OECA 공동제작으로 같은 해 동명의 다큐멘터리가 만들어지기도 했다. 그가 이 책을 집필하던 1970년대 말은 과연 불확실성의 시대라 부를 만했다.

오일쇼크와 더불어 세계 경제에 타격을 준 것은 잘못된 경제정책이었다. 1945년 이후 근 30년 가까이 나타난 빠른 경제 성장 덕에 케인스 경제학은 흔들리지 않는 아성을 쌓았다. 1970년대 초까지만 해도 정부의 적극적인 개입을 통해 경제는 원활하게 관리될 수 있으며, 따라서 불황의 위험도 줄어들었다는 낙관론이 팽배했다. 그러나 1960년대 말부터 세계경제는 불황의 조짐을 보이기 시작했고, 케인스의 이론에 기반한 경제정책이 전 세계적인 인플레이션의 원인을 조성하게 된다.[1]

1971년 브레튼 우즈 체제의 붕괴로 고정환율 제도가 자취를 감춤으로써 각국의 중앙은행이 통제(Discipline)를 강요할 수 있는 제도적 장치마저 사라지게 된다. 그 결과 1970년대에 스태그플레이션이 발생하면서 케인스 경제학은 큰 타격을 받았다. 이에 경제에 대한 국가의 개입을 최소화하고 시장에 가능한 한 많은 것을 맡기는 경제 사상, 즉 신자유주의가 출현하게 된다. 1974년 프리드리히 폰 하이에크Friedrich August von Hayek를 시작으로 1976년 밀턴 프리드먼Milton Friedman, 1982년 조지 스티글러George Joseph Stigler, 1988년 모리스 알레Maurice Félix Charles Allais 등 자유주의의 변호인들이 차례로 노벨경제학상을 수상하면서 신자유주의는 확실한 대세로 자리 잡았다.

정리해 보면 갤브레이스의 『불확실성의 시대』가 출간된 것은 1차 오일쇼크가 시작된 지 불과 4년이 지난 시점이었고, 이란의 이슬람 혁명으로 시작된 2차 오일쇼크 발발 2년 전이었다. 제2차 세계대전이 끝나가는 1944년 44개국 대표가 모여 결정한 브레튼 우즈 체제가 종말을 고하고 새로운 경제체제가 등장한 직후이기도 했다. 미국은 월남전의 수렁에서는 가까스로 벗어났으나 월남은 1975년 공산화 되었고, 따라서 서방진영에서 보는 아시아 정세는 극도로 불안한 상태였다.

그런데 2016년 말 캘리포니아 주립대 버클리 캠퍼스의 경제학과 교수인 배리 아이켄그린Barry Eichengreen은 『불확실성의 시대』 출간 40주년을 앞두고 「超불확실성의 시대(Age of Hyper-Uncertainty)」라는 칼럼을 발표한다. 칼럼에서 그는 2017년은 1977년보다 훨씬 더 심한 예측 불가 시대가 될 것으로 전망했다. 아이켄그린은 2017년의 관점에서 본다면, 1977년은 오히려 부러움의 대상이라면서 갤브레이스가 2017년에 똑같은 책을 쓴다면, 1970년대는 오히려 '확실성의 시대'라고 적었을 것이라 했다. 나는 당시 그 칼럼을 읽으면서 영어식 표현으로 '이보다 더 이상 동의할 수 없을 정도로' 공감했다. 사실 2016년 여름쯤만 해도 누가 도널드 트럼프Donald John Trump가 미국 대통령이 될 것이라 예상했겠는가? 그 무렵 한국 국민 중 박근혜 대통령의 탄핵을 예상한 사람도 별로 없었을 것이다.

현재의 상황은 불확실성 측면에서 1977년은 물론 뛰어넘었고,

2017년의 업그레이드 버전이다. 세계사적인 측면에서 1973년 제4차 중동전보다 훨씬 더 중요한 영향력을 가질 우크라이나 전쟁이 있고, 미국에서는 엄청난 양적완화에 이은, 엄청난 금리인상이 있었다. 코로나19의 감염은 일단 많은 국가에서 줄어드는 듯 하지만, 이것이 완전히 풍토병으로 바뀔지는 아직 기다려봐야 알 수 있을 것이다. 빌 게이츠는 2022년 4월의 테드TED 연설에서 코로나19를 마지막으로 더는 인류가 팬데믹을 맞이하지 않을 방안을 설명한 바 있다. 그러나 그의 처방이 현실이 되기에는 넘어야 할 장애물이 너무 많다. 오히려 앞으로도 코로나19 정도나 그 이상의 팬데믹이 또 다시 일어날 것이고 그것을 막기는 어렵다는 예측이 훨씬 다수다. 코로나 때문에 시작된 미국의 양적 완화는 그 전례를 찾을 수 없을 만한 수준까지 펼쳐졌고, 그 후 인플레이션을 막기 위해 진행된 미국 연방준비위제도Fed의 급격한 금리 인상은 세계 경제에 엄청난 영향을 주고 있다.

러시아의 우크라이나 침공은 서방세계 전체에 주는 경보사이렌이었다. 유럽은 제2차 세계대전 이후 최대의 군비 경쟁에 나서게 되었고 일본도 군비를 증강하고 선제공격할 수 있는 나라로 변신하려는 움직임을 보인다. 코로나와 미·중 갈등으로 인한 글로벌 공급망 붕괴에 우크라이나-러시아 전쟁으로 인한 에너지 가격 불안정 및 식량 생산 부족까지 더해져 글로벌 경영환경은 한 치 앞을 내다보기 어렵다.

미·중 갈등은 지난 수십 년간 세계의 공장 역할을 했던 중국의 역할을 제한시킬 것이다. 미국이 더는 중국의 공장 역할을 인정하지 않고, 우크라이나 전쟁이 발발하면서, 세계 최대 자산운용사인 블랙락BlackRock의 래리 핑크Larry Fink 회장은 세계화는 끝났다고 단언했다. 무역으로 먹고 살아온 한국 기업들에게 세계화의 종언은 새로운 도전과 기회를 부여할 것이다. 요즈음 세상은 나 자신이 교수로서, 내 자식들을 포함한 젊은 세대에게 도대체 무슨 공부를 해서 어떻게 해야 평생 먹고 살 수 있을지를 지도하기도 불가능할 만큼 세상은 불확실해졌다.

본서의 목적은 바로 이 한 치 앞을 내다보기 어려운 불확실한 환경에서 살아남고, 승리의 가능성을 높이는 방법과, 그에 맞는 스펙을 조직과 개인이 갖추는 데 대해 논하는 것이다. 당장 필자의 자식 세대는 학교 졸업 후, 직장에서 본격적으로 인공지능과 경쟁을 하여야 하는 첫 세대가 될 것이다.

일단 앞으로 10년에서 15년 내 대량보급이 시작될 것으로 예상되는 자율주행차는 '운전기사'라는 이름이 붙은 모든 직업(택시, 버스, 트럭, 우버, 대리기사 등)을 단계적으로 멸종시킬 것이다. 아마존고Amazon Go 같은 무인상점 역시 마트의 직원들, 특히 출납 업무를 맡은 사람들을 점진적으로 몰아낼 것이다. 아마존에서는 이미 수많은 물류 로봇이 사람이 하던 일을 몇 십 배 더 효율적이고 빠르게, 훨씬 더 적은 비용을 쓰면서 하고 있다.

그나마 여기까지는 주로 비교적 단순한 노동, 즉 굳이 대학교 학위가 필요 없는 사람들의 직업군에서 일어나는 일이었다. 진짜 큰 문제는 여태까지 정말 기계가 대체하기 어렵다고 생각했던 전문직종에서도 기계가 사람들을 몰아내기 시작했다는 것이다.

켄쇼(見性)와 ChatGPT

아직까지만 해도 한국 대부분의 일류대학의 인문계열에서 가장 들어가기 어려운 전공분야는 경영학과 경제학이다. 미국에서도, 한국에서 인문계열로 분류되는 분야 중 가장 인기 있는 전공분야는 경영학이다. 그리고 경영학·경제학을 전공한 사람들 중 가장 우수한 졸업생들이 가는 직장은 골드만삭스 같은 투자은행들이다. 그 골드만삭스가 여러 해 전부터 켄쇼Kensho라는 이름의 인공지능 회사에 엄청난 투자를 하고 켄쇼가 만든 동명의 소프트웨어를 적극적으로 활용하고 있다. 이 회사는 2018년 세계적인 신용, 금융분석 및 신용등급기관인 S & P글로벌에 5억 5천 만 달러에 인수되었고, 켄쇼는 그 덕에 세계에서 가장 비싼 인공지능이라는 평을 들었다. 켄쇼는 불교 용어 '견성見性'의 일본식 발음이다. 한국 민족문화대백과사전에 따르면 견성은 마음 닦는 공부를 하여 깨달음을 얻게 되는 체험의 경지다. 하버드 대학교 경제학박사인 켄쇼 창업자 다니엘 네이들러Daniel Nadler는 일본 선불교에 심취하여 자신이 창업한 회사와 그 회사의 인공지능에 이런 의미심장한 이름을 붙인 것이다.

이미 대출 심사부터, 주식 포트폴리오 선정까지 인공지능이 대신하고 있음에도 켄쇼는 새로운 기능까지 장착했다. 바로 각종 사건이 경제계 전반에 미치는 영향에 대한 분석 능력이다. 2016년 『뉴욕타임스』에 실린 기사는 켄쇼의 능력을 다음과 같이 설명한다. 가령 켄쇼 검색창에 '시리아'를 입력하면 시리아 내전과 관련된 정보들이 인터넷에서 검색되고, 내전이 격화된 이래로 몇 주 동안 천연가스, 원유 가격이 기대보다 낮았고, 반대로 아시아 주식시장과 미국, 캐나다 달러가 호조를 보였다는 내용의 보고서가 쏟아진다. 단 몇 분 만에 만들어진 보고서는 시리아 내전으로 일어나는 사건 중에서도 어느 유형의 사건이 어떤 식으로 시장에 영향을 미치는지, 과거 동향을 토대로 살펴봤을 때 어디에 비중을 두고 투자를 진행하는 것이 최적의 투자전략인지도 포함되어 있다.

켄쇼 창업자 다니엘 네이들러Daniel Nadler는 이런 수준의 보고서를 사람이 작성하려면 총 40시간 정도의 노동이 필요할 거라고 『뉴욕타임스』 기자에게 말한 바 있다. 문제는 이 40시간이 '아무나'의 40시간은 아니라는 점이다. 하버드, 스탠포드, 와튼 등 최고의 경영대학원 출신들, 평균 연봉이 35~50만 달러에 이르는 사람들의 40시간이다.[2] 즉 경영학·경제학 전공자 중 최상의 꼭짓점에 위치해 있는 사람들의 직업마저도 켄쇼 같은 인공지능에 의해 대체된다는 것이다.

투자은행의 분석업무 뿐 아니라 다른 복잡한 업무도 인공지능이 대체할지 모른다. IBM의 왓슨에 기반한 로스Ross는 세계 최초의 인공지능 변호사라 불리며, 2016년부터 미국의 대형 로펌 베이커 앤 호스테틀러Baker & Hostetler에 '고용'되어 일했었다. 2022년 11월에 등장한 ChatGPT는 투자은행 분석업무 같은 특정 업무가 아니라 일반 사무업무, 코딩, 스토리 구성, 번역, 전문적인 사회과학/자연과학/의학 리포트 작성까지 다양한 업무를 할 수 있는 자연어 모델이다. 이미 구글은 ChatGPT가 자신들의 검색엔진을 대체할지 모른다고 경계하고 있고, 와튼 스쿨 교수는 이 IT업계의 새로운 슈퍼스타가 MBA과목의 기말시험에서 괜찮은 성적을 받을 수준이라고 판단했다. 미국 의료 면허 시험이나 변호사 시험을 합격할 정도의 지적 수준을 갖추었다거나, 프로그래밍 할 때 코딩을 해 준다는 보도도 나오고 있다. 2024년 미국 빅 테크 기업들의 대규모 감원은 일정 부분 인공지능이 프로그래머 등의 역할을 대신하였기 때문이라는 주장도 나온다. 물론 아직까지 이런 인공지능의 역할은 변호사 업무의 경우 판례를 찾고, 분류하고, 분석하는 작업 정도만 가능하고, 의료 업무도 간단한 질문에 대한 대답(예: 특정 진통제와 다른 약을 같이 복용할 경우 알려진 부작용이 없는지) 정도가 가능한 수준이다. 코딩의 경우도 아직 개발자 업무를 완전 대체할 수준은 아니다. 그러나 최근의 기술 발전 속도를 고려하면, 여태까지 인간만이 할 수 있다고 생각했던 많은 일들을 앞으로는 인공지능이 훨씬 빠르고, 싸게, 심지어 더 잘 해 낼 것이라는 데에 의심의 여지가 없다.

어떻게 기계와의 싸움을 유리하게 이끌 것인가?

위에서 언급한 대로 최근 몇 년간 인공지능이 대중에게 주목 받고 4차 산업혁명이라는 말이 회자되면서, 과연 앞으로 사람이 기계와의 경쟁에서 이기기 위해 갖춰야 할 가장 중요한 요소가 무엇이냐는 것이 주요 논쟁거리가 되었다. 경영학 용어로 말하자면, 인공지능과 비교할 때 과연 인간의 핵심역량이 무엇이냐는 것이다. 논리(logic)와 직관(intuition)은 우리가 일상생활에서 어떤 판단을 내리고 행동을 취할 때 사용하는 두 가지 주요 기제이다. 아인슈타인Albert Einstein은 "(인간의 능력 중에서) 유일하게 진정으로 가치 있는 것은 직관 뿐"(The only real valuable thing is intuition)이라 말한 바 있다.

아인슈타인이 정확하게 어떠한 맥락에서 이 말을 했는지는 모르겠으나, 논리로는 앞으로 인간이 인공지능을 앞서기 어렵게 될 것이 확실시되는 현 시점에서 보면, 그가 이미 수십 년 전에 이런 선견지명을 가졌었다는 것이 대단히 놀랍다. 그렇다고 우리 자식 세대에게 앞으로 살아남기 위해 직관만을 강조하는 것은 매우 위험하다고 생각한다. 직관에만 의존한 판단과 행동은 자칫 편향적으로 흐를 가능성이 높기 때문이다. 그리고 직관 역시 순수하게 감感에 의한 것이라기보다는 결정을 내리는 사람 자신의 경험, 편견, 지식 등이 어우러져 나오는 것이다. 다시 말하면, '직관'조차 진공 상태에서 생기는 것이 아니라 훈련이나 교육을 통해 쌓인 것들이 종합적으로 발현되는 것이다.

인공지능과 맞서기 위해서 공감 능력, 협동 능력과 배려심, 인성이 중요해진다는 주장을 하는 사람들도 있다. 『포춘』지 편집장이자 미국에서 가장 존경받는 언론인 중 하나인 제프 콜빈Geoff Colvin 같은 이가 대표적이다. 나 역시 그의 주장에 상당히 동의한다. 실제로 그런 주장을 담은 그의 2015년 저서 『인간은 과소평가 되었다(Humans are underrated)』는 필자가 본서를 쓰면서 많이 참고한 책이기도 하다. 2014년 발표되어 『뉴욕타임스』 선정 베스트셀러가 된 『두 번째 기계의 시대: 눈부신 기술의 시대의 일, 진보, 번영(The Second Machine Age: Work, Progress, and Prosperity in a Time of Brilliant Technologies)』의 저자인 MIT의 연구과학자 앤드루 맥아피Andrew McAfee 역시 비슷한 주장을 펴는 사람 중 하나이다.

맥아피는 AI가 인간의 많은 것을 대체하게 될 때 인간에게 중요한 것은 사회적 스킬일 것이라 주장했다. 그러나 공감능력이나 사회적 스킬만으로 인공지능을 앞서기에는 버거울 때도 있을 것이다. 그리고 인성은 물론이거니와 배려심 같은 도덕적 행동은 학교에서의 교육을 통해 키우는 것이 그리 쉽지 않다. 사실 인성이나 배려심 같은 특성들은 대개 취학 이전의 가정교육, 또는 늦어도 초·중·고등학교에서 길러지는 것들이다. 대학교에서 인성이나 윤리 교육을 해서 학생들의 도덕성이 나아지기는 그렇게 쉽지 않다고 본다. 그나마 기존의 고등교육을 통해 발달시킬 수 있는 것은 공감능력과 사회적 스킬 정도가 아닐까 싶다.

센스메이킹

내가 이 책에서 주장하고자 하는 것은 다음의 네 가지다. 첫째, 센스메이킹이라는 능력은 인간이 기계보다 더 잘 할 수 있을 가능성이 있는 몇 안 되는 것 중의 하나다. 둘째, 이 능력은 경영자, 정치가, 행정가뿐 아니라 일반 직장인, 그리고 직장을 구하는 취업 준비생에게도 중요하다. 셋째, 이 능력이 향상되면 어느 정도 직관, 사회적 스킬, 공감능력 같은 것도 향상될 것이고, 이 명제의 역도 성립한다. 넷째, 무엇보다도 이 능력은 혼돈과 불확실성이 지배하는 환경에서 남들보다 더 정확하게 판세를 읽고 상황에 대처할 수 있게 할 것이다.

미시간 대학교 경영대학 명예교수 칼 와익Karl Weick에 의해 센스메이킹이라는 개념이 처음 등장한 지 벌써 60년 가까운 시간이 지났지만, 아직 이 개념이 그 학문적, 실제적 중요성에 비하면 경영학계에서 그만큼의 관심을 받지는 못하였다고 생각한다. 그리고 그 이유는 사회과학의 근간을 이루는 실증주의 때문이라고 본다. 통계적으로 증명되는 사실이 아니면 일류 경영 학술지에 싣기 어려운 상황에서 센스메이킹이라는 개념은 통상적인 통계학적 방법론으로는 측정이 상당히 어렵기 때문이다. 그럼에도 불구하고 센스메이킹은 경영학 내에서 홀대를 받기에는 실제 경영현장에서 너무도 유용한 개념이다. 실제로 최근 MIT의 경영대학원에서는 경영자 대상의 EMBA 강좌에서 리더십의 주요한 덕목 중 하나로서 센스메이킹을 가르치고 있다. 학문적으로 이 개념이 받아야 할 만큼의 주목은 받지 못했지만 실제 경영자들이나 대중에게는 오히려 이 개념이 더 유용할 수 있는 점을 많이 갖고 있다는 점을 반증한다고 하겠다.

필자는 1997년 박사과정 당시 와익의 저서와 논문을 접하면서 언젠가 이 분야의 연구들을 대중에게 소개하고 센스메이킹의 경영적 함의를 쉽게 풀어 학술서를 집필하겠다는 다짐을 하였다. 게으름 탓에 이 다짐을 실현하는 데에 20년이 넘게 걸렸다. 센스메이킹이라는 개념이 이 超불확실성의 시대를 사는 오늘의 경영자들과 직장인들, 그리고 취업을 앞둔 학생들에게도 도움이 되게끔, 통계학을 사용한 어려운 학술연구들보다는 가급적 사례 중심으로 설명하려고 노력하였다. 늦게 나온 만큼 더 충실한 책이 되게 하려고 하였으나 그래도 모자란 점은 온전히 필자의 몫이다.

제1부

왜
센스메이킹인가

사람들은 예기치 않았던 변화가 닥치면
왜 제대로 대처하지 못할까?
센스메이킹은 그 질문에 대한 실마리를 제공한다.

두 스티브의 엇갈린 판단

> "애플이 마이크로소프트(MS)보다 더 크게 되거나 더 이윤이 많이
> 나는 회사가 될 일은 없을 것이다"

빌 게이츠Bill Gates는 1998년 6월 『배니티 페어Vanity Fair』와의 인터뷰에서 이렇게 말했다. 그리고는 "그(스티브 잡스)도 그가 (MS를) 이길 수 없다는 사실을 안다"라고 덧붙였다. 그 이듬해인 1999년 MS의 시가총액은 사상 최고인 6,300억 달러에 이르렀고 당시 애플은 파산의 위기를 겨우 벗어난 상황이었다. 그로부터 11년 11개월이 지난 2010년 5월 27일, 애플은 마침내 시가총액 면에서 마이크로소프트를 넘어섰다. 그 12년 사이에 도대체 무슨 일이 일어난 것일까? 이 두 회사의 엇갈린 운명은 여러 가지 이유에 의해서 생긴 것이지만 단 한마디로 설명하자면 답은 아이폰이다.

2007년 아이폰이 등장했을 때 많은 업체들이 이 자그마한 기기가 무슨 의미가 있는 기계인지 파악하는 데 시간이 걸렸다. 블랙베리, 노키아, LG전자, 모토롤라 등 당대의 내로라하는 휴대폰 업체들은 이 500달러짜리 값비싼 휴대폰이 자기들 시장에 어떤 영향을 줄 것인지에 대한 감이 부족했다. 델이나 휴렛 팩커드 같은 컴퓨터 제조업체들도 이 기기가 자신들의 주 사업, 즉 PC사업에 어떤 영향

을 줄 것인지에 대한 예측을 하지 못했다. IT업계 먹이사슬의 최상 층부에 위치한 마이크로소프트 역시 이 기기의 의미를 파악하지 못 했다. 당시 마이크로소프트의 최고경영자 스티브 발머Steve Ballmer 는 아이폰 발매 직후 한 인터뷰에서 "500달러에 플랜에 가입하면 보조금 지급이라고? 아마도 세상에서 가장 비싼 전화기일 듯한데! 게다가 자판이 없으니 그다지 좋은 이메일 기기는 되지 못할 것이 고, 따라서 사업하는 사람들에게는 적당치 않을 것"이라는 반응을 보였다. 유튜브에 업로드 되어 있는 이 동영상은 아마도 스티브 발 머 생애 최악의 흑역사로 기록될 것이다.

아이폰 발매 후 몇 달 후 진행된 『USA 투데이』와의 인터뷰에서 발머는 다시 독설을 쏟아냈다. 그는 "아이폰이 의미 있는 시장점유 율을 가질 가능성은 없다. 전혀 없다"라고 단언하였다. 그 후의 상 황은 이 글을 읽는 모든 독자가 아는 바와 같이 아이폰의 대성공, 그리고 윈텔(윈도우+인텔) 시대의 종언이었다.

아이폰의 등장으로부터 3년 후, 2010년 스티브 잡스Steve Jobs는 또 다른 신병기를 소개한다. 아이폰을 뻥튀기 기계에 넣고 뻥 튀긴 것 같은 기기, 바로 아이패드의 등장이었다. 아이패드 역시 초반 전 문가들의 반응은 신통치 않았다. "이건 그냥 아이폰에서 통화기능 을 빼고 크기만 키운 제품 아닌가? 이걸로 무슨 생산적인 작업을 할 수 있지?"라는 것이 초기의 반응이었다. 많은 사람들의 예상은 아 이패드는 20세기 말에 등장한 기존의 타블렛 PC, 즉 스타일러스 펜 을 사용하고 윈도우 운영체제를 사용하는 타블렛 PC처럼 작은 틈 새시장을 공략하는, 소수의 IT 마니아층을 위한 기계일 것이라는 것이었다.

　반면 아이패드를 선보이면서, 당시 이미 병색이 완연하였던 스티브 잡스는 도발적인 예언을 하게 된다. 앞으로 PC의 판매가 줄어들 것이라는 것이었다. 1980년대 초 본격적인 PC판매가 시작된 이후 PC산업은 단 한 번도 그 성장을 멈추지 않은, 오로지 우상향의 그래프를 그린 '진격의 산업'이었기에 스티브 잡스의 예언은 많은 논란을 낳았다. 당장 그 예언이 나온 며칠 후 진행된 인터뷰에서 MS의 CEO 발머는 스티브 잡스의 견해에 반대하면서 앞으로도 PC는 여전히 더욱 더 많이 팔릴 것이라 주장하였다. IT업계 전체의 발전 속도, 그리고 아직도 제3세계의 많은 가정에 PC가 없다는 점을 고려하면 잡스보다는 발머의 의견이 더 설득력 있어 보였다.

　그러나 2010년대의 PC산업이 실제 어떻게 되었는지 역시 이 책의 독자들이라면 잘 알 것이다. 두 명의 스티브 중 발머는 틀렸고, 잡스는 맞았다. 잡스의 예언이 실현되는 것은 그리 오래 걸리지 않았다. 아이패드 등장 후 불과 2년 만에 PC시장은 내리막길을 걷기 시작하였다. 2012년에는 2.5% 감소에서 시작하여 2013년 한 해에만 무려 11.5%의 감소를 기록하였다. 급기야 델Dell 같은 20세기를 대표하는 PC기업이 상장폐지라는 극약처방을 하게 된다.

　2010년대 말까지 PC시장은 매우 어려운 길을 걸었다. 팬데믹 이전 PC가 가장 많이 팔렸던 2011년 3분기(약 9,545만 대가 팔렸다)와 비교하면, 2018년 2분기의 판매량은 그 2/3가 못되는 6,210만 대 정도였다.[1] 코로나 팬데믹이 시작되고, 재택근무와 원격수업이 늘어나면서 PC 수요는 2020년대 들어 일시적으로 증가하였으나, 국경이 열리고 강의와 출근이 정상화되면서 다시 줄어드는 추세다. IDC에 따르면 2021년 PC판매는 2011년 판매량 3억5,240만 대 수준을 거의 회복한 3억4,880만 대였으나, 2022년에는 그보다 훨씬 줄어들었다. 앞으로도 PC는 많은 사람들에게 중요한 IT기기일 것이다. 그러나 적어도 모든 가정에 PC가 보급되는 것보다는 모든 가정에 스마트폰이나 타블렛이 보급되는 것이 훨씬 설득력 있는 시나리오로 보인다. 2014년 4분기를 기점으로 전 세계에서 사용되는 스마트폰과 타블렛의 숫자는 20억 대를 넘어, 이제 그 수는 데스크톱과 노트북을 합친 것보다 훨씬 더 많아졌다.

그렇다면 스티브 잡스는 무슨 근거로 PC시장이 줄어들 것이라 예언한 것일까? 그는 자동차시장의 비유를 들어 PC시장의 감소를 설명하였다. 여기서 괄호 안의 말은 독자의 이해를 돕기 위해 필자가 덧붙인 것이다.

> "우리가 농업국가였던 시절, 모든 차량은 트럭이었죠. 농장에서는 그게(트럭이) 필요했으니까요. 그런데 차량이 점차 도시에서 쓰이게 되고 미국인들이 도심에 살거나 그 도시외곽(suburb)에 살게 되자, (트럭이 아닌) 승용차가 인기 있게 되었습니다 … (중략) … 현재의 정확한 통계는 모르지만 이제 (트럭과 승용차의 비율은) 트럭 한 대당 승용차 25대 또는 30대쯤 될까요? 옛날에는 100% 트럭이었는데 말입니다. PC가 마치 (한 세기 전의) 트럭과 같습니다. 여전히 그 기기는 존재할 것이고 여전히 많은 가치를 지닐 것입니다. 그러나 그 수는 x라는 숫자 중 일부일 것입니다."[2]

스티브 잡스의 분석은 한 세기 전의 자동차 산업이 세월을 거치며 세그먼트별로 훨씬 다양한 시장이 존재하게 되었듯이 현재의 IT 컴퓨팅 디바이스 시장도 그렇게 진화한다는 것이다. 즉 잡스는 전체 자동차 시장에서 트럭이 수행하는 역할을 전체 IT 컴퓨팅 기기에서 PC가 하게 될 것이라 본 것이다. 반면 스마트폰이나 아이패드 같은 타블렛이 마치 자동차 시장에서 승용차, 즉 상대적으로 값이 저렴하고, 쓰기 편하며, 작고, 유지비용이나 관리비용이 많이 들지 않는 컴퓨팅 디바이스로서의 역할을 하리라 보았다. 풀어서 설명하면 스티브 잡스의 분석은 한 세기 전에 비해 자동차 산업이 세월을 거치며 세그먼트별로 훨씬 다양한 시장이 존재하게 되었듯이 현재의 PC를 포함한 컴퓨팅 디바이스 시장도 그렇게 진화한다는 것이다. 즉 자동차 시장의 트럭처럼, PC역시 많은 사람이 애용하는 기기로 남아있겠지만 그 비율은 전체 컴퓨팅 디바이스 이용자들 중 일부로, 과거의 "PC온리" 시절과는 다르다는 설명이다. 참으로 메이크 센스make sense한 예측이 아닐 수 없다.

반면 스티브 발머는 아이폰과 아이패드가 어떤 의미가 있는 기기들인지, 그것들이 마이크로소프트의 앞마당인 PC시장에 어떤 영향을 줄 수 있는지에 대한 판단력이 부족하였고, 그 결과는 새로 등장한 모바일 컴퓨팅 디바이스 시장을 애플과 구글에 완전히 내어 주는 것이었다.

애플의 iOS나 구글의 안드로이드는 모바일 디바이스 시장에서 PC의 윈도우 역할을 하는 소프트웨어들이다. 마이크로소프트가 뒤늦게 윈도폰을 갖고 이 시장에 뛰어들었으나 전 세계 스마트폰

OS시장에서 윈도폰의 시장점유율은 2017년 말을 기준으로 1% 미만이다. PC시장의 약세는 고스란히 마이크로소프트의 성과에 영향을 미쳐서 2014년 마지막 분기 윈도우 판매는 2013년 같은 기간에 비해 13%가 줄어들었고 순익은 7억 달러가 줄어들었다.

반면 오피스 365, 다이나믹 CRM온라인 등 클라우드 매출은 2013년 말부터 시작되어 2022년까지 엄청나게 증가했다. 발머의 뒤를 이어 2014년에 취임한 사티아 나델라Satya Nadella 마이크로소프트 최고경영자(CEO)는 모바일과 클라우드 사업을 확장하기 위해 MS는 계속 변화할 것이라고 밝혔다. 그 후 마이크로소프트는 실제 모바일 시대에 적응하기 위해 엄청난 노력을 했고 그 결과 주가는 2018년 7월을 기준으로 나델라 취임 시에 비해 무려 세 배가 뛰었다. 같은 해 11월 30일 MS는 아이폰 판매 부진으로 주가가 급락한 애플을 제치고 마침내 종가기준으로 16년 만에 전 세계 시가총액 1위 기업 자리를 되찾기도 하였다.

이 프롤로그에서 다룬 마이크로소프트와 애플의 사례는 센스메이킹이라는 단어를 잘 설명해 줄 수 있는 예라고 할 수 있다. 사람들은 현상을 바라볼 때 그것을 있는 그대로 바라보기보다는 자기 나름의 틀을 통해 분석하고 평가하며 그런 평가에 기반을 둔 의사결정을 한다. 마이크로소프트의 스티브 발머는 PC시대의 패러다임으로 현상을 보았고, 발머의 후임자 나델라와 스티브 잡스는 포스트 PC시대의 패러다임으로 현상을 보았다. 그 과정, 즉 현상을 바라보고 그것을 나름대로 해석하고 의미를 부여하는 과정이 센스메이킹이다.

잡스는 PC 판매의 하락을 20세기 초중반 트럭 시장에 대입해 예상했다. 반면 발머는 지난 30년간 PC산업은 계속 성장 산업이었다는 사실, 그리고 여전히 많은 사람들이 PC가 없는 상황에 살고 있다는 정보를 바탕으로 판단하였다. 두 사람 모두 자신의 경험과 지식을 바탕으로 센스메이킹을 한 것이다. 두 명의 스티브 중 발머는 센스메이킹을 잘못하여 판단을 그르쳤고, 반면 잡스는 제대로 된 센스메이킹을 통해 정확히 미래를 내다보았다. 센스메이킹은 완벽하고 무제한의 정보를 바탕으로, 인간이 어떤 선입관이나 편견 없이, 모든 가능한 해결책을 고려한 후 내리는 합리적 의사결정과는 많이 다르다. 철저하게 제한적인 합리성을 갖고, 당사자의 경험, 많지 않은 정보, 그리고 그 사람이 속한 조직의 규범이나 규칙, 문화의 영향을 받아 이루어지는 행동이다.

이 책에서는 우선 이 프롤로그와 1장을 포함하는 제1부에서 센스메이킹이 무엇인지, 그 개념과 그것이 경영환경에 어떻게 적용될 수 있을지를 검토하고, 2·3·4장을 포함하는 제2부에서는 복기復碁를 통한 센스메이킹을 다룬다. 센스메이킹의 실패로 대참사를 맞은 세 가지 사례를 심도 깊게 분석하여 조직실패의 이유와 그 함의를 설명한다. 2장은 1949년 8월 미국 몬태나 주 맨Mann 협곡에서 일어난 대형 산불 사건을, 3장은 16세기 말 임진왜란 직전의 조선 조정의 의사결정을, 4장은 1986년 1월 일어난 우주왕복선 챌린저호의 폭발사건을 다룬다.

제3부에서는 센스메이킹 능력을 어떻게 조직이 키울 수 있는지에 대해 미군의 사례를 들어 설명한다. 5장에서는 미 해군 니미츠

급 항공모함의 사례를 들어 센스메이킹이라는 단어를 만들어 낸 칼 와익Karl Weick이 명명한 '컬렉티브 마인드풀니스Collective Mindness'의 개발방법에 대해 다룬다. 6장에서는 미 육군의 실전 같은 연습과 사후강평을 통해서 모든 구성원이 자신의 업무를 깨닫고 그것을 정확히 실행함으로써 조직 전체의 성과가 높아진다는 사례들을 관련연구와 함께 기술한다.

마지막으로 제4부에서는 민간조직 또는 개인이 어떻게 센스메이킹 능력을 키울 수 있는지 논의하고 그 시사점을 논의한다. 7장에서는 센스메이킹을 일종의 기업 경영 능력의 하나로 보고 그것을 어떻게 키울 수 있을지 설명한다. 8장에서는 일반인을 위해 센스메이킹 능력을 향상하는 방법에 관해 몇 가지 제안을 하도록 하겠다. 마지막으로 9장에서는 센스메이킹이 21세기 한국 경영환경에 있어 어떤 시사점을 던져줄 수 있는지를 제시하고자 한다.

제1장

센스메이킹이란 무엇인가

1. 상황자각력(Situation Awareness)과 센스메이킹

제이슨 본과 사비 에르난데스

판세를 잘 읽는다는 사람들은 남들과 무엇이 다를까? 헐리우드 액션영화의 흐름을 바꾸어 놓았다는 본 시리즈의 1편 〈본 아이덴티티The Bourne Identity〉에는 기억을 잃은 스파이 제이슨 본이 우연히 알게 된 독일 여자 마리 크로이츠와 함께 레스토랑에서 대화를 나누는 장면이 나온다. 그 장면의 대본을 잠깐 보도록 하자.

제이슨 본과 마리 크로이츠의 레스토랑 장면 | 본은 자신의 이름, 나이, 직업을 모르지만 식당 안과 밖의 모든 상황을 파악하고 있다. 왜 그래야 하는지도 모르면서.

제이슨 본   대체 어떤 사람이 돈과 여섯 개의 여권, 그리고 총으로 채워진 비밀 금고를 가지고 있죠? 누가 엉덩이에 은행 계좌번호를 새겨 넣고 다니죠? 내가 여기 들어와서, 처음으로 한 일은 눈에 띄지 않는 자리와 비상구의 위치를 파악하는 것이었어요.

마리   나도 비상구는 봤어요. 그렇다고 걱정하진 않아요. 내 말은, 당신은 총상을 입었었잖아요. 사람들은 공포에 질리면 별별 이상하고 놀라운 짓을 다해요.

제이슨 본   (식당 안을 죽 둘러본 후) 나는 밖에 주차되어 있는 자동차 여섯 대의 번호판을 다 말해줄 수 있어요. 웨이트리스가 왼손잡이라는 것도, 카운터에 앉아 있는 남자가 215파운드 정도의 몸무게에 꽤 싸움을 잘할 거라는 것도 파악했죠. 총을 구할 만한 가장 그럴 듯한 곳이 뒤쪽 회색 트럭의 운전석이라는 것도 알아요. 또, 이런 고도에선 난 반마일 정도는 빠르게 달릴 수 있고, 그리고는 손이 떨릴 거라는 것도 … 대체 내가 어떻게 이런 걸 아는 거죠? 난 나 자신이 누군지도 모르는데. 어떻게 이런 걸?[1]

참으로 아이러니한 장면인 동시에, 개인적으로 본 시리즈 전체를 통틀어 가장 흥미로웠던 장면이기도 하다. 주인공은 자기가 무엇을 하던 사람인지, 또는 자신의 이름조차 기억하지 못한다. 그런데 그가 식당에 들어가서는 제일 먼저 확인하는 것은 비상구의 위치이고(그래서 만약의 경우 탈출이 쉽도록 그쪽 좌석에 앉고), 자리에 앉아서는 이미 밖에 세워져 있는 여섯 대의 자동차 번호판을 모두 기억하고 있다. 또한 식당 안을 한 번 둘러보는 것만으로 웨이트리스가 왼손잡이라는 것, 그리고 바에 앉아 혼자 맥주를 마시고 있는 사나이가 100kg 정도의 덩치에 주먹 좀 쓸 줄 알 것이라는 것을 즉각 파악하고, 그리고 이 고도(이 대화가 벌어지는 장소는 알프스 산맥 중턱의 한 식당이다)에서는 반마일, 즉 800미터 정도 전력질주 할 수 있고 뛰면 숨이 차서 손이 떨리게 될 것이라는 것(즉 정확한 조준을 할 수 없기 때문에 총을 잘 쏘지 못할 것이라는 것)을 미리 알고 있는 것이다.

이러한 상황자각력은 비단 제이슨 본 같은 스파이에게만 필요한 것이 아니라 소방수, 경찰, 군인, 파일럿 등에게는 다 같이 중요한 덕목이다. 파일럿, 특히 공군 조종사의 임무를 생각해보자. 적의 상공에 전투기를 타고 들어갈 때는 수없이 많은 위협에 노출될 것이다. 적기가 나타나 공대공 미사일을 쏘아댈 수도 있고 지대공 미사일이나 대공포에 격추될 수도 있다. 따라서 공군 전투기 조종사라면 이 수없이 많은 위협의 우선순위를 정하고 그 순위에 따라 가장 즉각적인 위협부터 차례로 제거으로써 무사귀환의 가능성을 높일 것이다. 다시 말하면 전투기 조종사에게 있어서 상황자각력은 삶과 죽음을 가르는 능력이다. 따라서 전투기 조종사들은 시뮬레이션을 통해 실제 위협이 닥쳤을 때 어떻게 할 것인지에 대한 훈련을 받는다.

21세기 축구에서 가장 위대한 미드필더 중 하나였던 스페인의 사비 에르난데스는 스페인 대표팀과 소속팀인 FC 바르셀로나의 환상적인 패스 전술 '티키타카'를 완성시키는 두뇌 역할을 했던 선수이다. 170cm에 65kg으로, 축구선수로서는 왜소한 편이고, 주력이 좋거나 득점력이 뛰어난 것도 아닌 그가 소속팀 FC 바르셀로나와 스페인 대표팀을 리그 정상과 월드컵을 차지하게 한 비결은 바로 상황자각력을 바탕으로 한 패싱 능력이었다. 일본 NHK방송이 제작한 〈미러클 보디Miracle Body〉라는 스포츠 다큐멘터리 시리즈 '사비와 이니에스타' 편에 보면 사비의 패스 능력을 설명하기 위한 세 가지 실험이 등장한다.

첫 번째 실험에서는 사비의 얼굴에 '아이마크eye mark 리코더'와 소형 카메라를 착용시킨 채 미니게임을 뛰게 하면서 경기 중 그의 시선이 어디로 향하는지를 관찰하였다. 사비의 동공이 겨냥하는 방향을 아이마크 리코더로 측정한 결과 사비는 자신이 공을 갖는 순간이나 그렇지 않은 순간 모두 주변을 둘러보며 다른 선수들의 위치를 파악하는 데 신경을 집중했다. 반면 다른 스페인 1부 리그 선수는 같은 실험에서 시선의 80%를 오로지 공에만 집중했다. 사비는 실제 경기에서 90분 풀타임을 뛰는 동안 약 850번 넘게 머리를 움직여 주변을 돌아보았는데 이것은 평균적으로 6.3초에 한 번 꼴로 다른 선수의 위치를 파악한 것이다.

두 번째 실험에선 사비의 시점에서 녹화한 플레이 영상 중 일부 장면을 사비에게 보여준 뒤, 각 선수들의 위치를 칠판에 점을 찍어 그려보게 했다. 사비는 3차원 화면에 있던 20명의 선수 중 16명의 위치를 평면 지도에 정확하게 표시한 반면, 다른 스페인 선수는 같은 실험에서 6명의 위치만을 일치하게 그리는 데 그쳤다.

마지막 실험은 비디오로 사비가 자신의 경기 장면을 보며 어느 곳으로 패스할지 리모컨 버튼을 눌러 선택하는 동안 그의 뇌 활동을 MRI(자기공명영상)로 촬영하는 것이었다. 사비의 두뇌는 다른 선수들과 달리 패스할 곳을 선택할 때 '대뇌기저핵'이란 부분에서 더 활발한 반응을 보였는데, 대뇌기저핵은 인간이 반복적으로 겪은 경험 중에서 매우 중요한 기억들을 저장해놓는 곳이다. 사비는 "바르셀로나 유스 시절부터 익혔던 수만 가지 패스 공략 유형이 실전에서 무의식 중에 나오는 것 같다"고 했다.[2] 사비의 엄청난 패스 능력은 물론 어느 정도는 천부적으로 타고난 것이지만 바르셀로나의 유스 시스템인 마시아La Masia에서 공을 차던 친구들과 10대 초반부터 수도 없이 반복한 훈련을 통해서 이루어진 것이다. 즉 상황자각력은 공군조종사의 시뮬레이션이나 어릴 때부터 합숙훈련을 통해 어느 정도까지 키워 낼 수 있는 덕목인 것이다.

센스메이킹은 바로 이러한 상황자각력이 모여서 이루어지는 것이라 할 수 있다. 센스메이킹이란 단어를 만들어낸 칼 와익은 센스메이킹을 조직 내에 진행되는 여러 현상을 '메이크 센스하게 하는 것Making of sense'이라고 정의한다.[3] 워터맨Waterman에 의하면 센스메이킹은 '모르는 것을 구조화'하는 과정이기도 하고, 링과 랜즈Ring and Rands에 의하면 '개인들이 그들이 처한 환경에 대한 인지적 지도를 개발하는 과정'이라고도 했다.[4] 경영측면에서의 센스메이킹은 '조직의 내·외부에서 진행되는 불확실하고 복잡한 상황을 명백하게 이해하게 하고 그 이해에 바탕을 둔 행동을 취하게 하는 인지과정' 정도로 정의내릴 수 있을 것이다. 센트럴 플로리다 대학교의 스테판 피오레Stephen Fiore는 상황자각력과 센스메이킹의 차이를 다음의 표로 설명했다. 즉 상황자각력이 보다 단기적이고 전술적인 것

상황자각력(Situation awareness)과 센스메이킹(Sensemaking)*5

목적 (Objective)		단계(Phase)	
		과정	결과
	단기적, 전술적	상황분석 (Situational assessment)	상황자각력 (Situation awareness)
	장기적, 전략적	센스메이킹 (Sensemaking)	분석에 기반한 이해와 행동 (Understanding and acting based on the analysis)

* 피오레 교수는 필자와의 이메일 인터뷰에서 Embry-Riddle Aeronautical University 의 하이디 쿠에바스Haydee Cuevas 교수가 2007년 11월 6일 피오레 교수의 개념 정리 를 바탕으로 이 표를 만들었다고 말했다.

이라면 센스메이킹은 보다 장기적이고 전략적인 개념이다.

와익이 이 단어를 처음 사용한 것은 1969년 발표한 『조직화의 사회심리학(The Social Psychology of Organizing)』이라는 책에서였 다. 그러나 본격적으로 이 분야에 중요한 저작들이 쏟아져 나오기 시작한 것은 1980년대 이후다. 그 후 30여 년간 이 개념은 정말 많 은 분야의 현상을 설명하는 데 사용되었다. 그리고 지난 30여 년간 이 개념을 다룬 학자들의 숫자만큼 많은 각기 다른 센스메이킹의 정의가 나왔지만 그들이 공통적으로 동의하는 것은 조직 내의 센 스메이킹은 조직원들이 혼란스럽고, 놀라운 (많은 경우 예기치 않았 던) 사건과 마주할 때 주로 발생하는 현상이라는 것이다.[6] 이런 사 건이 일어날 때 조직원들은 그동안 그들이 너무도 당연하게 생각 해 왔던 역할과 행동패턴(routine)들, 그리고 자신들이 어떻게 행동 해야 하는지에 대한 조직의 기본 전제(assumptions)가 흔들리는 것을 느끼고 그런 상황을 어떻게 해석하고 어떻게 대처해야 할지에 대해 새롭게 의미를 부여할 필요성을 느끼게 된다.[7] 즉 당면한 불확실성, 예상치 못한 상황변화를 해석하고, 의미를 부여하고, 거기에 맞는 행동을 취하게 하는 인지과정, 그것이 센스메이킹이다.

예를 들어 메이어Meyer는 어떻게 의사들의 파업으로 인해 병원 관리자들의 병원 관리능력이 엉망이 되었는지, 그리고 그 결과로 관리자들이 그 파업이 미치는 영향에 대해 다양한 해석을 쏟아 내면서 센스메이킹을 하려고 노력하였는지를 분석하였다. 보그너와 바Bogner and Barr는 '초경쟁(hypercompetition)'이라 명명한 기업간 과열 경쟁이 경쟁업체, 고객 및 기타 산업 구조 측면에 대한 경영진의 기존 믿음을 어떻게 완전히 무너뜨렸는지를 보여주었다. 기업 내 조직원들이 센스메이킹을 필요로 하게 만드는 원인은 여러 가지가 있다. 대표적으로 급격한 기술적 변화나, 정부 정책의 변화, 또는 새로 취임한 CEO의 급진적인 기업 전략 변화도 조직원들로 하여금 센스메이킹을 하게 만드는 발화점이 될 수 있다.

2. 센스메이킹의 원칙들

칼 와익은 센스메이킹과 관련해 몇 가지 원칙, 또는 테마를 제시한다. 와익이 말하는 이 테마들은 사실 부연설명이나 예를 들지 않고, 오로지 그 원칙만을 이야기할 경우 무슨 말인지 이해하기 어렵다. 다음 절에 나오는 간호사 제인의 사례는 이 원칙들의 상당부분을 설명하고 있고, 독자들은 그 절을 읽음으로써 이들에 대해 더 잘 알게 될 것이다. 그럼에도 불구하고 일단 여기서 먼저 이 원칙들을 제시하는 이유는 이들을 염두에 두고 다음 절, 그리고 2·3·4장을 읽을 때 센스메이킹의 과정을 더 쉽게 이해하게 될 것으로 기대하기 때문이다.

와익이 제시한 원칙 내지 테마는 그의 센스메이킹에 대한 두 권의 저서(『Sensemaking in Organization』과 『Making sense of the Organization』으로 거의 같은 제목이지만 이 두 권은 각기 다른 책이다)에서 조금씩 다르게 나타난다. 본서에서는 그 두 권에서 추출한 원칙들 중 독자가 이해하기 쉬운 내용을 중심으로 다음 다섯 가지로 정리하였다.

센스메이킹은 진행형(ongoing)이다

첫째, 센스메이킹을 통해 해석하는 '현실(reality)'은 '현재진행형(ongoing)'이다. 따라서 상황에 의미를 부여하고 이해하고 파악하기 위해서는 정지된 사진, 즉 스냅샷이 아닌 진행되는 상황을 보아야 한다.[8] 오늘 일어난 사건은 어제, 또는 아주 먼 옛날에 시작된 사건의 결과이고 오늘의 사건이 또한 내일 또는 먼 훗날 일어날 일에 영향을 줄 것이다. 조직 내에서 일어나는 일들은 모두 연속적이고, 그 전후 맥락이 전혀 없이 진공상태에서 갑자기 발생하는 사건은 존재하지 않는다. 다음 절에서 소개하는 간호사 제인은 진료과정에서 벌어지는 일들을 시간대별로 생각하면서 환자의 상황을 이해하려고 노력한다. 그 과정 자체가 센스메이킹의 과정이다.

사건에 의미를 부여하는 과정에서 많이 쓰이는 방법은 회고(retrospective)다

사람들은 진행되는 상황에 '질서(order)'와 의미를 부여하려 노력한다. 이 과정에서 사람들은 '사회적인 비교(social comparison)', 기대 섞인 '전망', 그리고 그에 맞는 액션을 취하게 된다.[9] 또한, 센스메이킹은 회고(retrospective)의 과정이기도 하다. 과거를 기억하고 되돌아보는 과정을 통해서 사람들은 현재 벌어지는 사건에 의미와 질서를 부여한다.[10] 이 회고가 센스메이킹에서 무슨 의미를 갖는지 역시 다음 절에서 간호사 제인의 사례를 통해 더 자세하게 설명하도록 하겠다. 단 여기서도 회고할 수 있는 사건, 즉 판단의 근거가 되는 사건이 실제 벌어지는 사건과 아주 다르다면 센스메이킹은 실패할 가능성이 높다. 즉 과거에 경험하지 않은 전혀 새로운 사건이 일어나면 많은 사람들이 센스메이킹에 실패하게 된다. 3장에서 자세히 언급하는 나심 니콜라스 탈레브Nassim Nicholas Taleb의 '블랙 스완'은 과거의 경험으로는 그 가능성을 확인할 수 없기 때문에 예상이 불가능한 사건을 지칭한다. 이런 일이 발생할 때, 많은 경우 개인이나 조직이나 센스메이킹에 실패한다.

주어진 상황을 이해하기 위해서 정당화(justification)가 필요하다

센스메이킹을 통해 사람들은 주어진 상황이 '합리적'으로 보이게끔(make situations rationally accountable) 노력한다. 즉 '내가 경험하고 있는 사건'이 '말이 되는 사건'이라고 스스로를 설득시키고 그 사건의 발생 자체를 이해하려고 노력한다. 그 과정에서 필요한 것은

'정당화(justification)'이다.[11] 내가 보는 상황이 말이 되는 상황임을 스스로에게 설득시키기 위해서 스스로 정당화를 하는 것이다. 많은 경우 센스메이킹의 실패는 이 정당화 과정에서 일어난다. 이 책의 제2부인 '복기의 센스메이킹'은 조직 내 센스메이킹의 실패사례들을 소개하고 있다. 실패의 원인은, 크게 다음의 두 가지다.

첫째, 주어진 상황을 해석하고 그것이 합리적인 상황이라고 조직원들이 여기게끔 하는 데 실패하는 경우다. 즉 조직원들이 이 상황을 이해할 수 없고 왜 이런 일이 일어나는지에 대한 개념이 전혀 없다면 센스메이킹은 반드시 실패한다. 2장에 소개되는 맨 협곡의 참극이 이에 해당한다. 둘째, 상황을 분석하는 과정에서 충분한 정보 없이 의사결정자들의 판단을 정당화함으로써 결과적으로 완전히 잘못된 상황인식을 하게 되는 경우다. 3장의 임진왜란 당시의 조선 조정의 판단과 4장의 챌린저호 발사결정을 내린 나사NASA와 모튼-싸이오콜 社의 간부들의 의사결정과정이 여기에 해당한다.

상황을 해석하기 위해서 추정(presumption)이 필요하나 그것이 자칫 필요악이 될 수 있다

센스메이킹은 결국 현실을 어떻게 '해석(interpretation)'하느냐에 달려있다. 그 해석을 방해하거나 제약할 수 있는 것들은 현실상황에 대한 여러 가지 '추정(presumption)'들이다. 만약 잘못된 추정으로 의사결정을 하거나 행동을 취한다면 그것 자체로 현실에 대한 해석은 물론, 센스메이킹 자체가 실패할 수 있다.[12] 3장에서 소개하는 16세기 말의 조선 조정은 잘못된 추정 내지는 가정을 기반으로 상황판단을 했기 때문에 왜군의 침공을 예상하면서도 그 '규모'를 과소평가했다. 그리고 그 결과 나름 대비를 했음에도 불구하고 '사실상' 무방비 상태로 적의 침입을 맞이하게 되었다.

센스메이킹을 위한 맵은 100%의 정확성보다는 그럴듯함(plausible)을 추구한다

센스메이킹을 하는 사람들은 '넓은 현실(wider reality: 실제 사건이 일어나는 현실세계를 말한다)'에 대한 이미지를 만들어 낸다. 이 이미지는 100%의 정확성(accuracy)이 아니라 그럴듯함(plausibility)에 의해 만들어진다.[13] 우리가 아는 현실은 100% 정확한 현실이 아니라 우리가 '비교적 정확하다고 생각하는 현실'이다. 이 '정확성보다는 그럴듯함'을 추구한다는 것이 무엇인지에 대해서는 본 장의 7절에서 다시 설명하도록 하겠다. 와익은 이 과정을 하버드 경영대학원 교수 출신인 조직심리학자 다니엘 아이젠버그Daniel Isenberg의 표현을 빌려 '그럴듯한 추론(plausible reasoning)'으로 불렀다. 아이젠버그는 이 '그럴듯한 추론'을 다음과 같이 설명한다.

> 그럴듯한 추론plausible reasoning은 단순히 사람들이 사고(idea)를 형성하거나, 이해를 위해 동원하는 직접 관찰 가능한 것(directly observable)들, 그리고 적어도 많은 사람들이 동의하는 정보(consensual information) 이상의 것이다 … (중략) … 몇 가지 점에서 이 과정은 논리적-연역적 과정(logical-deductive process)과 다르다. 첫째로, 이 추론은 반드시 옳은 것이 아닐 수 있지만 주어진 현실과 완벽하

게는 아니더라도 대체로 맞아 떨어진다. 둘째, 이 추론은 불완전한 정보에 근거해 이루어진다.[14]

이런 과정을 통해 만들어진 이미지는 사람들의 행동을 합리화시킨다. 그러한 형상화된 이미지, 또는 맵map은 조직 내에서 사람들이 행동을 취할 때 가이드라인이 된다. 3장에서 다루는 조선 조정은, 일본이라는 나라에 대한 그들이 보는 이미지가 있었고 그것을 가이드라인으로 삼아 의사결정에 사용하고 행동했다. 이들이 만든 이미지는 넓은 현실을 실제로 다 반영할 수 없기 때문에 조선 조정이라는 조직 내에서 만들어낸 '제작된 현실(constructed reality)'이었다. 그 '제작된 현실'이 잘못된 가이드라인을 제공하였기 때문에 임진왜란이라는 엄청난 비극을 충분한 대비 없이 맞이하게 된다.[15]

그렇다고 해서 100% 정확하지 않은 정보를 바탕으로 한 판단이 꼭 나쁜 것은 아니다. 경영자나 정책담당자나, 아니면 사회생활을 하는 그 누구도, 100% 정확한 모든 정보를 갖고 중요한 의사결정을 하지는 않는다. 사회학자 다이앤 본Diane Vaughan은 우주왕복선 챌린저호 폭발사건을 분석하면서 당시 발사결정을 내린 나사NASA를 '맥락적 합리성(contextual rationality)'이라는 틀에서 설명하였다.[16] 챌린저호 발사결정을 내린 나사의 간부들에게는 모든 정보가 주어지지 않았고, 시간적 제약과 예산의 압박이 있었다. 본의 분석에 따르면 그들의 발사결정은, 나사라는 조직이 갖는 역사, 문화 등의 맥락 안에서는 나름 합리적인 선택이었다.

이런 경우 최악의 시나리오는 임진왜란이나 챌린저호처럼 돌이킬 수 없는 비극으로 끝나는 것이다. 그렇다고 해서 우리가 이 '맥락적 합리성'을 배제하고 '절대적인 합리성'을 추구하는 것은 불가능하다. 우리가 사는 세상에서는 우리의 의사 결정과 그에 따른 행동을 위한 모든 정보와, 주어진 모든 옵션을 객관적으로 비교할 수 있는 무한정의 시간이 절대로 주어지지 않는다. 그렇게 때문에 센스메이킹에서는 '맥락적 합리성'을 추구하면서 동시에 비교적 정확한 '제작된 현실(constructed reality)'을 바탕으로 의사결정하고 그에 따른 행동을 하는 것이 중요하다. 이 원칙들에 대해서는 앞으로 계속 되풀이 하면서 실례를 들어 설명하도록 하겠다. 다음 절에 나오는 간호사 제인은 맥락과 회고를 이용한 센스메이킹을 하고 있다.

3. 조직과 센스메이킹: 맥락(context)과 회고(retrospective)의 중요성

간호사의 발견

칼 와익은 조직 내에서 일이 진행되는 것은 센스메이킹의 과정이라고 설명한다. 어떤 의미에서는 조직화(Organizing)라는 말 자체가 와익에게는 센스메이킹을 뜻하는 말이기도 하다. 와익은 두 명의 동료들과 함께 쓴 논문에서, 조직 내에서 이루어지는 센스메이킹을, 간호이론의 대가 패트리샤 베너Patricia Benner의 책에 나오는 제인이라는 이름의 한 간호사와의 인터뷰를 통해 설명하였다.[17]

간호사 제인　여러 해 전에 나는 임신 26~27주 정도 되는 900그램의 미숙아를 돌본 적이 있었죠. 그 애는 그 전 2주 정도는 괜찮았는데 그날따라 정맥관(Ductus)이 열려 있었어요. 아침 9시경의 그 애 모습과 11시경의 그 애 모습이 드라마틱할 정도로 달랐어요. 나는 당시 앞으로 벌어질 일이 정말로 걱정이 되는 단계에 이르렀어요. 그 애의 정맥관에는 많은 문제가 있어 보였어요. 정맥관 자체뿐 아니라 그것이 야기하는 많은 문제들이요. 나는 아기가 그 때문에 여러 가지 증상을 나타내는 것을 보고 정말로 걱정하기 시작하였어요.

인터뷰어　단 두 시간 만에요?

간호사 제인　왜냐하면 그 아기는 내가 아는 아기니까, 그래서 그 아기를 주시했던 거고, 그리고 그 애가 두 시간 전에는 어땠는지도 알고 있었으니까. 그건 나에겐 정말로 드라마틱한 차이지만 다른 사람에게 말로 설명하기는 어렵습니다. 당신이 그때 레지던트들에게 가서, "보세요. 나는 정말 (이 아기의) X, Y, Z가 걱정이 돼요"라고 하면 그 사람들은 "OK"라고 답변합니다. 그리고 당신이 그때부터 30분에서 40분 정도 기다리다가 펠로우(레지던트를 감독하고 가르치는 의사)에게 (다시) 가서 이렇게 말하죠. "저기요, 저는 정말 (이 아기의) X, Y, Z가 걱정이 됩니다." 그럼 그들은 이렇게 말합니다. "정기 회진 때에 (이 문제를) 이야기하기로 하지요."

인터뷰어　당신이 걱정한다는 X, Y, Z는 무엇이었습니까?

간호사 제인　그 아기가 점점 활발하지 못하게 되고 있다는 것, 더욱 창백해졌다는 것, 배는 부풀어 오르고, 영양분을 잘 받아들이지 못한다는 것, 피검사를 위한 켐 스트립chem strip이 조금 이상하다는 것. 이런 모든 것들이지요. 이 건에 대해서 나도 자세한 것 모두를 기억하지는 못하지만, … 뭔가 잘못 돌아간다는 것이 뭉텅이로 나타나고 있었어요. 아기의 소변이 밑으로 내려오고 그 소리도 뭔가 잘못되었다고 느꼈고, 이런 것들이요. 맥박이 나빠지고, 혈압이 변화하고 … 백만 가지 정도의 일들이 진행되고 있었지요.[18]

이 단계에서 간호사 제인은 미숙아의 상태에 이상 조짐을 발견하고 그 조짐에 "의미를 부여하는 과정"을 한다고 와익과 그 동료들은 설명했다. 그 간호사는 인생 경험과, 훈련과, 직업상의 경험을 통해 이 아기에게 문제가 있다는 것을 알아낸다. 이 단계에서 제인의 두뇌는 이 문제에 일종의 라벨링Labeling(이름 붙이기)과 분류(categorizing)를 한다는 것이다. 와익은 이러한 라벨링이 센스메이킹의 과정에 자주 등장하며, 이런 과정은 종종 앞서 언급한 센스메이킹의 원칙 중 하나인 회고(retrospective)에 의존한다고 설명한다.

간호사 제인의 조치

간호사 제인이 이 아기에게 문제가 있다고 생각한 것은, 일단 그 사건이 일어나기 2주 전부터 돌보고 있었기 때문에 그 미숙아를 잘 알고 있었고, 아침 9시의 상태와 아침 11시의 아기 상태가 현격히 달랐기 때문이다. 그렇기 때문에 센스메이킹의 과정은 진행형(ongoing)이라는 것이다. 만약 11시의 아기만을 보았다면 간호사는 아기의 문제점을 눈치채지 못했을지도 모른다. 그러나 9시의 아기 상태를 기억하고 있는 간호사는 11시의 아기가 두 시간 전과 확연히 다르다는 맥락(context)을 '회고'를 통해 깨닫고 이 '사건'에 의미를 부여하고 그 문제를 이름 짓고 그 해결책을 구하게 된다. 센스메이킹에서 정말로 중요한 것은 상황을 파악하는 것으로 그치지 않고 그에 맞는 바람직한 행동을 실행하는 것이다. 조직 내에서 바람직한 행동은 종종 많은 경우 올바른 소통(communication)을 통해서 이루어진다. 미숙아를 돌보던 간호사 제인의 회고는 다음과 같이 계속된다.

간호사 제인 이 당시 나는 (병원의) 그 유닛에 온 지 2년 아니면 3년 정도 되었을 거예요. 나는 (그 병원에서) 뭐가 어떻게 돌아가는지 정도는 안다고 느끼기 시작했지만 이런 일에 앞장서서 나서는 것은 잘 하지 못했어요. 그래서 나보다 더 경험 있는 간호사에게 가서 말했죠. "이 아기를 보세요." 그리고는 그녀에게 제 생각을 이야기 해 주었죠. 그녀는 "OK"라고 답했고, 곧 회진이 시작되자 그녀는 즉시 어텐딩Attending(역주: 주치의로, 펠로우나 레지던트의 상관)에게 조용히 다가가 가까이에서 말했어요. "이 아기 말이에요. 제인이 이 아기를 정말 걱정하고 있어요." 그녀는 의사에게 제가 해준 이야기를 하고는 "이 아기는 3주 전 우리가 돌봤던 그 아기, 지미를 연상시켜요." 그러자 의사는 "오" 한마디를 했고 모두가 멈춰 섰어요. 그는 즉시 청진기를 꺼내더니 아기의 가슴과 배에 대고 아기를 검진했어요. 그리고는 "외과의사들을 불러요"라고 말했죠. 그때쯤 되면 우리는 무슨 일을 해야 하는지 다 알죠. 더 지체할 시간이 없었습니다. 어텐딩만이 그런 결정을 내릴 수 있어요. 그 (아기)건은 우리가 다른 의사들에게 가져갔었던 케이스였고 그들이 결정을 내렸어야 하는 사안이지만 그들은 그렇게 하지 않았습니다. 우리는 단 두 마디의 문장들로 주치의에게 결정을 얻어냈습니다, 우리가 무슨 말을 하는지 정확히 알고 있었던 덕분에요. (중략) 이 간호사는 자신이 무슨 일을 하고 있는지 정확히 알고 있었고, (주치의는) 그녀가 자신이 하는 일을 명확히 알고 있다는 사실을 알고 있었습니다. 그녀는 주치의의 어떤 버튼을 눌러야 일이 되는지 알고 있었고, 어떻게 그렇게 하는지도 알고 있었지요. 그래서 그 두 사람 간에는 당시 무슨 일이 일어나고 있고, 어떻게 행동해야 하는지에 대해서 이견이 없었어요. 나는 그 일을 통해서 많은 것을 배웠습니다. 당신이 여러 사람에게 같은 이야기를 해 주어도 아마 제대로 된 대응책을 얻지 못할 거라는 것을요. 그리고 당신이 이야기하는 것을 진짜로 들어줄 사람을 만날 때까지 계속 이야기해야 한다는 것을요.[19]

이 간호사 에피소드의 저자인 패트리샤 베너는 이러한 과정을 '아티큘레이션articulation'이라 설명한다. 이 단어는 영한사전에서 찾으면 유절화有節化, 또는 '똑똑히 발음하기' 정도로 번역되는 말이나 이 상황에서는 말이나 글로 표현하기 어렵고 경험을 통해 얻어진 지식, 즉 "암묵적 지식(tacit knowledge)이 보다 명확하게 되거나 더 쓸모 있어지는 사회적 과정" 쯤으로 설명할 수 있다.[20]

제인과 대화를 나눈 그 경험 있는 간호사는 이 건은 주치의의 관심이 필요한 사안이라는 것을 제인의 목격담과 자신의 경험으로 알아차렸고, 3주 전 치료했던(아마도 의학적으로 몹시 안 좋은 상황에 처해 있었을) 지미라는 아기를 언급함으로써 주치의가 관심을 보이게 될 것이라 생각했던 것이다. 그녀의 예상대로 주치의는 관심을 보이며 아기를 검진했고 수술이 필요한 사안이라고 판단하여 즉각 외과의사들을 불렀던 것이다.

베너는 이 사례를 설명하면서 임상지식은 사회적으로 배태 (embedded)되고 많은 경우 대담, 즉 대화를 통해 형성되는 것이라 주장한다. 이것은 임상지식에만 해당되는 것이 아니다. 많은 기업 특정지식(firm specific knowledge), 즉 특정기업만이 갖고 있는 지식은 이러한 과정을 통해 형성된다. 센스메이킹은 해당 조직 내의 집단 경험과 지식, 그리고 상황에 따른 학습효과가 더해져 새로운 상황에서도 이 상황을 과거의 상황과 비교해 분류하고 이름 짓고, 그 해결책을 구하는 행위이다. 그리고 그 과정은, 앞서 설명한 대로 단 한 장의 스냅샷처럼 일어나는 것이 아니라 '진행형(ongoing)'이다. 즉 센스메이킹은 조직 환경 내에서 일정 시간에 걸쳐 일어난다. 조직원들은 그 와중에 '파악한(또는 추출된) 단서에 초점을 맞추어 (focused on and by extracted cues)' 현실을 해석하고 그 해석을 바탕으로 행동한다.[21]

그런 의미에서 센스메이킹은 형사나 스파이들이 하는 작업과 비슷하다. 형사들은 단서를 찾고 그것들에서 '메이크 센스'한 그 무엇을 얻어낸다. 그리고 앞서 언급한 대로 '100%의 정확성보다는 그럴듯함에 의해(driven by plausibility rather than accuracy)' 센스메이킹을 하게 된다.[22] 예컨대 내가 찾아낸 단서가, 특정인이 범인이라는 100%의 직접증거는 될 수 없어도 '그 사람이 범인일 수도 있다'는 정황증거가 될 수 있다면 그걸로 센스메이킹이 되는 것이다.

4. 왜 센스메이킹이 필요한가?

현대의 기업 리더는 끊임없이 자신의 조직이 운영되는 내·외부적 맥락을 이해하려 노력하는 존재들이다. 그들은 끊임없이 스스로 질문을 던지고 자답自答을 하는데 예를 들면 다음과 같은 질문들이다. "새로운 기술이 우리 산업을 어떻게 재편할 것인가?"라든가 또는 "변화하는 새로운 세대를 기존 기업에 적응시키려면 어떻게 해야 할 것인가?"라든가, 또는 "산업 간의 경계가 무너져 나타난, 과거에 보지도 못한 새로운 경쟁자가 우리에게 어떤 영향을 줄 것인가?" 등이다. 그 어떤 질문도 간단치 않고 정답을 알기 어려운 문제들이다. MIT 슬론 경영대학원의 리더십센터를 만들고 초대 센터장을 지냈으며 리더십의 주요 덕목 중 하나로 센스메이킹을 강의하는 데보라 안코나Debora Ancona는 센스메이킹이 가장 필요한 순간은 위에 나온 질문들처럼 "우리가 알고 있는 세계가 어떤 식으로든 이해되지 않는 방향으로 움직일 때"라 주장한다.[23]

즉 요즘 같은 불확실성의 시대에 리더가 갖추어야 할 가장 큰 덕목은 센스메이킹이라는 것이다. 칼 와익은 자신의 저서 『조직 내에서의 센스메이킹Sensemaking in Organizations』에서 노벨의학상 수상자이자 헝가리 레지스탕스였던 알버트 센트-디외르디Albert Szent-Gyorgyi가

목격한 제2차 세계대전 중의 헝가리 소대원들 이야기를 인용하고 있다. 미로슬라브 홀러브Moroslav Holub라는 시인의 시, 'Brief thoughts on Maps'으로 알려진 이 이야기는 1944년에 벌어진 실화이며 다음과 같은 내용이다.

알프스 산맥에 있는 작은 헝가리 부대의 젊은 소대장이
얼음처럼 차가운 황무지로 정찰대를 내보냈다.
즉시 눈이 내리기 시작했다.
이틀 동안 눈은 그치지 않았고, 정찰대는 돌아오지 않았다.
소대장은 절망스러웠다:
내가 부하들을 동토의 황무지에서 죽게 했구나.
그러나 사흘째 되던 날 부대가 돌아왔다.
어디에 있었을까? 어떻게 돌아왔을까?
그들은 말했다. 그래요. 길을 잃었다고 체념하고 죽음을 기다렸죠.
그때 우리 중 한 명이 주머니에서 지도를 하나 찾았어요.
그것이 우리를 진정시켰지요.
우리는 캠프를 치고, 눈보라를 견디고, 그리고 지도를 가지고
나갈 방향을 찾아냈습니다.
그래서 우리는 여기에 온 거죠.
소대장은 이 놀라운 지도를 받아 자세히 보았다.
그것은 알프스가 아니라 피레네 산맥의 지도였다.[24]

칼 와익은 이 우화偶話같은 이야기를 전하면서 사람들이 혼란스

런 상황에 처했을 경우 겁에 질려 가만히 있는 것보다는 설사 틀린 방향이라도 움직이는 것이 훨씬 유리하다는 점을 강조한다. 또한 요즘처럼 한 치 앞을 내다볼 수 없는 경영환경에서는 '어떤 낡은 지도라도 좋다(Any old map will do)'고 주장한다.[25] 어떤 기준이나 지침이라도 갖고 있다면 사태를 파악하고 행동하는 데 도움이 된다는 것이다. 이 엉뚱한 지도야말로 소대원들에게 없던 길도 찾을 수 있게 한 생명수였고 센스메이킹을 제공한 셈이다.

현대 경영환경은 그 변화의 속도가 워낙 빠르다 보니 어차피 누구에게도 정확한 지도란 없다. 중요한 것은 있는 정보를 최선을 다해 수집하고 움직이면서 상황을 타개하는 것이다. 100% 맞는 전략보다는 70%쯤 맞더라도 빨리빨리 움직이면서 그때그때 상황에 맞는 방안을 강구하는 것이 성공 가능성을 높인다는 주장인데, 그러한 상황에서 리더의 가장 중요한 덕목이 센스메이킹이라는 것이다. 산맥에서 길을 잃은 헝가리 소대원과 현대 기업을 경영하는 경영자들의 처지는 다르다고 반론을 제기할 독자가 있을지 모르겠다. 그러나 기업경영에서야말로 센스메이킹은 절실한 덕목이다.

5. 샤프의 몰락과 하이테크 산업의 리스크

일본 기업 샤프는 '기술의 일본'을 대표했던 기업이고 삼성전자가 처음 반도체 사업에 진출하던 1980년대 초반 삼성의 스승 역할을 했던 기업이기도 하다. 그런 샤프가 2016년 4월 애플의 아이폰을 하청 조립하는 폭스콘의 모기업인 대만의 홍하이 그룹에 팔리는 신세가 되었다. 샤프의 표면적인 실패 원인은 수요 감소와 공급 과 잉이라는 외부 변화를 예측하지 못한 채 액정 화면에 대한 투자를 늘린 탓에 중소형 LCD부문의 적자가 늘어났기 때문이다. 즉 경영 자들이 신중한 수요예측을 하지 못한 탓에 그렇게 되었다는 것이 다. 그러나 『닛케이日經비즈니스』는 샤프의 몰락에 관한 심층 분석 기사에서 오히려 경영진의 지나친 꼼꼼함이 패착이었다고 지적하 였다. 샤프는 전통적으로 세밀한 시뮬레이션을 통해 히트상품을 내어 놓는 기업으로 유명하다. 특히 1980년대 중반 엔고로 인한 매 출 감소에 당시 샤프는 철저한 시장조사를 통해 양문형 냉장고, 가 정용 팩시밀리, 자동응답기를 갖춘 무선전화기 등을 내어 놓아 꾸 준한 성장을 지속한 바 있다.

그러나 2000년대 이후 공급과잉으로 인한 LCD패널의 단가 하 락, 한국과 중국업체들의 급성장 등은 샤프의 경영진이 정확히 예 측하기는 어려운 변수들이었다. 샤프는 이렇게 급속하게 변하는 환경에 지나치게 신중한 대응을 하다가 오히려 기회를 놓쳤다는 분석이다. 불확실성이 지나치게 클 경우 아무것도 안 하거나 신중 하게 상황이 확실하게 될 때까지 기다리는 것보다는 센스메이킹을 바탕으로 조금씩 움직이면서 상황을 보는 것이 나을 수 있다는 것 이다.

스탠포드 대학의 경제학 교수이자 수확체증 이론으로 유명한 브라이언 아서Brian Arthur는 1996년 쓴 『하버드 비즈니스 리뷰』의 논문에서 당시의 하이테크 사업의 리스크를 언급하면서 다음과 같은 우화를 예로 들었다. 이 우화를 보면 우리가 얼마나 아무것도 모르는 상태에서, 정확한 정보 없이 하이테크 사업을 운영하는지 설명한다.

이것은 카지노에서 하는 게임이다. 단 게임을 요령껏 하는 것뿐 아니라 게임 자체를 선택하는 것도 게임의 일부가 된다. … (중략) … 한 테이블에는 '멀티미디어'라는 이름의 게임이, 또 한 테이블에서는 '웹 서비스'라는 이름의 게임이 시작되고 있다. 다른 구석에서는 전자은행(electronic banking)이라는 게임이 진행된다. 그러한 많은 테이블 중 하나에 당신이 앉는다. 당신이 묻는다. "판돈이 얼마요?" 딜러가 답변한다. "30억 달러입니다." 당신이 다시 묻는다. "누구누구가 게임에 참여할 거요?" 딜러가 답변한다. "게임이 시작되고 모두가 나타나기 전에는 알 수 없습니다." 당신이 다시 묻는다. "게임의 규칙은 뭐요?" 딜러가 다시 답변한다. "게임이 진행되면서 정해질 것입니다." 당신이 다시 묻는다. "일반적인 승률은 어떻게 되오?" "알 수 없지요." 딜러가 답변 후 묻는다. "게임에 그래도 참여할 겁니까?"[26]

전미 리더십 포럼(American Leadership Forum)의 창시자 죠셉 쟈워스키Joseph Jaworski와 MIT의 아이디어스 프로그램IDEAS program의 창립회장인 클라우스 오토 샤머Claus Otto Scharmer는 브라이언 아서의 이 카지노 게임에 대한 비유를 언급하면서 리더의 덕목을 다음과 같이 설명하였다. "위대한 리더와 평범한 리더의 차이는 그들이

플레이하는 게임(사업)의 규칙과 성격을 파악하는 능력에 달려 있다."[27] 그러한 능력은 결국 센스메이킹의 능력인 것이다.

　다음 절에서 소개할 사례는 『뉴욕타임스』에 실린 칼럼이다. 이 칼럼의 저자는 같은 경제 현상을 보고도 그 현상을 어떻게 해석하느냐에 따라 다른 해결책이 나올 수 있다고 주장한다. 그렇기 때문에 더더욱 현상의 본질을 파악할 수 있는 센스메이킹이 중요해진다.

6. 하나의 증상, 다섯 개의 진단

　한국에서는 『맨큐의 경제학』이라는 경제학 교과서로 유명한 하버드 대학 경제학과의 그레고리 맨큐Gregory Mankiw 교수가 2016년 6월 17일(한국판에는 6월 21일자에 실렸다) 『뉴욕타임스』에 「하나의 경제 질환, 다섯 개의 진단(One economic sickness, Five diagnoses)」이라는 칼럼을 실었다.[28] 이 칼럼에서 맨큐 교수는 2016년 미국경제가 저성장이라는 문제를 안고 있는 것은 명백하다고 지적한다(이 칼럼이 나온 지 불과 2년 만인 2018년 미국 경제가 고성장에 경기과열을 걱정할 정도였으니 경제 예측이 얼마나 어려운지 알 수 있다).

　맨큐의 분석에 의하면 미국경제는 1982년 실업률이 10.2%에 달해 금융위기 직후인 2009년의 실업률인 10%보다도 높았지만, 그 후 10년간 연평균 GDP 증가율이 2.1%에 달하는 건조한 회복세를 보이며 위기에서 벗어났다. 연평균 2%의 경제성장률이라면 GDP가 두 배가 되는 데 35년이 걸린다. 즉 한 세대가 지나면 1인당 명목

소득이 두 배가 된다는 이야기로 미국 같은 선진국으로서는 대단히 빠른 성장률이라 할 수 있다. 그러나 2000년대의 미국에서는 그런 증가율을 꾸준하게 기대하기 어렵다는 것이다. 2006년부터 10년간 미국 GDP 연평균 성장률은 불과 0.44%로 이 속도로는 GDP가 두 배가 되는 데 160년이 걸린다. 즉 맨큐는 미국 경제가 명백한 저성장 구도에 접어들었다는 병을 안고 있다고 지적하였다. 문제는 이 병의 원인을 알아야 거기에 맞는 처방을 할 터인데 저성장이라는 한 가지 질환에 최소한 다섯 가지의 각기 다른 진단이 있다는 것이 맨큐의 주장이었다.

맨큐는 이 다섯 가지 진단을 각기 '통계적 허상(Statistical mirage)', '금융위기로 인한 숙취(Hangover from the Crisis)', '세속적 경기침체 (Secular Stagnation)', '늦어지는 혁신(Slower innovation)', '정책 실수 (Policy missteps)'라고 명명하면서 이 중 어떤 진단을 따르느냐에 따라 처방전이 달라질 것이라 주장한다. 예컨대 경기 침체가 '통계적 허상'이라는 진단에 따르면 실제 미국민의 삶은 한 세대 전에 비해 훨씬 나아졌지만 통계가 이를 제대로 잡아내지 못한다는 것이다.

예컨대 스마트폰의 등장으로 많은 미국 국민들이 전에 비해 훨씬 나은 삶 ─ 멀리 있는 친척에게 쉽게 사진과 사연을 보내고, 길을 찾고, 아무데서나 멋진 사진을 찍고 음악을 들을 수 있는 등 ─ 을 누리게 되었지만 이는 많은 기존 산업(디지털 카메라산업, MP3 플레이어산업, 내비게이션 산업과 그 산업에서 일하는 많은 기업들과 근로자들)을 대체하였기 때문에 통계적인 GDP상승에는 별 기여를 못할 뿐 아니라 오히려 GDP성장을 저해할 수도 있다는 것이다. 이 진단에 따르면 문제가 있는 것은 통계이지, 경제 자체는 별 문제가 없다.

반면 '금융위기로 인한 숙취'가 원인이라는 주장은 아직 미국이 금융위기에서 완전히 벗어났다는 확신이 없기 때문에 기업이 위험한 대규모 투자를 꺼리고, 그래서 정체가 일어난다는 것이다. 이 진단에 따르면 미국 국민이 필요한 것은 기업들이 안심하고 투자할 때까지 기다릴 수 있는 인내심이다. 이 두 주장이 비교적 증상에 대해 낙관론을 펴는 데 반해 '세속적 경기침체(Secular Stagnation)', '늦어지는 혁신(Slower innovation)'의 두 가지 진단은 대단히 비관적이다. '세속적 경기침체' 시각에 따르면 낮은 인구증가율, 낮은 자본재 가격, 그리고 최근 들어 일어나는 혁신의 성격(오프라인 상점이 온라인으로 대체되는 등) 때문에 새로운 고용을 창출하기 어렵다. 이 경우 해결책은 정부 지출을 늘리는 것 밖에는 없다.

'늦어지는 혁신' 진단은 로버트 고든Robert Gordon이 2016년 출간한 문제작 『미국 성장의 흥망: 남북전쟁 이후의 미국 생활수준(The Rise and Fall of American Growth: The U.S. Standard of Living Since the Civil War)』(2017년 『미국의 성장은 끝났는가』라는 제목으로 번역되어 출간됨)을 인용하여 현 미국 상황을 분석한다. 고든의 주장에 따르면 21세기에 벌어진 스마트폰 같은 혁신은 전기, 수도, 내연기관 등 20세기 중반 이전 세대에 이루어진 어마어마한 혁신만큼 우리 삶을 극적으로 바꾸어 놓지는 못했다는 것이다. 사실 생각해 보면 집에서 아무 때나 더운 물을 쓸 수 있고, 전기를 통해 밤을 밝히고, 내연기관을 통해 먼 거리를 자유롭게 갈 수 있게 된 혁신은 그전 세대에 비하면 정말 어마어마한 혁명을 이끌어 낸 것이다. 반면 스마트폰이나 다른 IT를 통해 이루어진 혁신은, 앞서 거론한 20세기의 혁신들에 비하면, 인류의 삶을 조금 편하게 만들기는 하였지만 그 강도와 생활 전반에 미치는 파급력에서는 초라할 정도로 빈약하다. 따라서 혁신의 속도가 늦춰진 만큼 우리는 계속 저성장의 시대를 살게 된다는 것이다.

마지막으로 '정책 실수'라는 주장은, 오바마 대통령의 경제정책과 관련이 있다. '오바마노믹스'는 상당부분 케인즈 이론을 좇아 증세와 정부지출을 늘리는 쪽으로 가닥이 잡혔으나 이것이 실제 경제성장을 이끌어 내는지는 확실치 않다는 것이다. 맨큐는 두 경제학자 올리비어 블란카드Olivier Blanchard와 로베르토 페로티Roberto Perotti의 연구를 인용하여 증세와 정부지출은 확연히 민간부문의 투자를 감소시킬 수 있다고 지적한다.[29] 이보다 최근 두 경제학자 알베르토 알레시나Alberto Alesina와 실비아 아다그나Silvia Ardagna 역시 감세로 인한 투자와 소비가 정부지출보다 더 확실하게 경제성장을 이끈다는 결과를 발표한 바 있다.[30]

필자 자신도 거시경제적인 연구는 아니었으나 박사과정의 제자와 공저한 논문에서 정부의 지원과 중소기업의 연구개발 투자 및 혁신 사이에 역 U자형 관계가 있는 것을 발견하였다. 다시 말해서 정부의 지원이 어느 수준까지는 개별 기업의 연구개발 투자와 혁신에 긍정적인 영향, 즉 마중물의 역할을 하지만 일정 수준 이상에 이르면 오히려 기업의 자체 연구개발 투자와 혁신성을 줄이는 역할을 한다는 것이다.[31] 즉 이러한 시각에 따르면 앞서 세속적 경기

침체 시각에 따른 처방, 즉 정부지출을 늘리는 것은 오히려 경제성장이나 혁신에 독이 될 수도 있다는 것이다.

7. 그럴듯함 對 정확함(plausibility vs. accuracy)과 제한적 합리성

맨큐는 이 다섯 가지 진단 중 어느 것이 옳은지는 자신도 모른다고 칼럼을 마무리하였다. 그는 학자이니 이렇게 신중하게 판단을 유보할 수 있다. 허나 정책담당자라면 이 다섯 가지 진단 중 하나나 그 중 몇 개를 취하여 거기에 맞는 정책과 전략을 펴야 할 것이다. 이때 필요한 능력 중 하나가 센스메이킹이다.

여러 가지 시나리오 중 선택해야 하는 것은 정책담당자뿐 아니라 경영자들도 마찬가지다. 예컨대 10년 후의 자동차 시장에서 친환경차의 점유율이 크게 오르리라는 예측에는 전문가들 사이에 전혀 이견이 없다. 그럼에도 미래 자동차 시장을 놓고 전문가들은 여러 개의 시나리오를 그리고 있다. 첫 번째 시나리오는 10년 후의 미래에도 충전 인프라가 갖춰지지 않은 지역이 많을 것이니 연비가 크게 개선된 내연기관이나 하이브리드차가, 내연기관의 판매가 금지되지 않은 나라를 중심으로 여전히 더 많이 팔릴 것이라는 주장이다. 둘째는 테슬라 같은 완전 전기차가 압도적인 점유율을 갖고 나머지를 내연기관과 하이브리드차가 나눠 가질 것이라는 예측이다. 가장 가능성은 낮은 세 번째 가설은 수소연료전지차가 충전 배터리를 사용하는 전기차만은 못해도 상용차를 중심으로 꽤 큰 점유율을 차지할 것이라는 시나리오다.

현재로서는 첫 번째와 두 번째 가설의 혼합형, 즉 전기차의 비중이 크게 늘어나지만 여전히 내연기관차가 더 많이 팔리는 시나리오가 가장 유력하다. 그럼에도 불구하고 100% 정확한 예측을 하는 것은 불가능하다. 당장 선진 경제권 중 가장 전기차 도입에 앞장서는 서유럽 국가들의 내연기관차 판매 금지 일정표부터 제각각이기 때문이다. 가장 앞서 있는 노르웨이가 2025년, 덴마크·네덜란드·스웨덴이 2030년인 반면 프랑스·영국 등은 더 늦다. 그리고 위의 세 가지 가설 중에 어느 시나리오가 맞느냐에 따라 향후 자동차 시장은 격변을 겪고 그 와중에 많은 기존의 거대 업체가 대열에서 탈락하거나 낙오하게 될 것이다. 반면 별로 들어보지 못한 새로운 업체가 자동차 시장에서 20세기 GM이나 토요타가 차지했던 권좌를 차지하게 될지도 모른다.

학자라면 신중하게 그레고리 맨큐가 그러했던 것처럼 어느 시나리오가 맞을지 잘 모르겠다고 접근하는 것이 옳을 것이다. 그러나 실제 전략적 선택을 해야 하는 자동차 산업의 경영자, 친환경차 시장에 뛰어들려는 IT기업의 경영자, 또는 친환경차 정책을 세워야 하는 관료나 정치인은 이 시나리오 중 어느 것이 맞을지 모르니 손을 놓고 있을 수는 없는 노릇이다. 앞서 언급한 대로 현실적으로 인간이 가진 정보의 한계와 시간적인 제약 때문에 100% 합리적인 판단을 내릴 수는 없다.

1978년 노벨경제학상 수상자 허버트 사이먼Hebert Simon이 제시한 제한적 합리성(bounded rationality)은 바로 이런 전제로 만들어진 개념이다. 인간은 자신의 제한적 인지능력과 정보를 바탕으로 거기에 맞는 의사결정을 한다는 것이다. 즉 합리적으로 결정하려는 노력은 하지만 그 합리성은 대단히 많은 제약이 따르는 합리성이다.

그 누구에게도 정확한 진단을 할 수 있는 능력이 없을 때에는 가장 그럴 듯한(plausible) 시나리오를 따라가는 것이 옳은 선택일 것이다. 앞서 제시한 센스메이킹의 원칙 중의 하나인 '정확성보다는 그럴듯함'을 추구한다는 것이 바로 이것이다. 100% 확실한 답이 없을 때는 가장 정답에 근접한 답을 따라갈 수밖에 없다. 경제 경영상의 전략 수립 및 실행에서 가장 그럴듯한 해답은 연구결과나 사례를 통해 가장 많은 주류학자, 또는 성공한 경영자들이 내린 결론을 쫓는 것이다. 그럼에도 불구하고 실패의 가능성은 당연히 존재한다. 이럴 때 센스메이킹을 활용하여 이 문제에 접근하면 실수의 확률을 줄이거나 적어도 길을 잘못 들었을 때 재빠르게 궤도를 수정하여 파국을 모면할 가능성을 높일 수 있다.

8. 경영자나 정치가가 아닌 사람에게도 센스메이킹은 중요하다

현대의 기업환경이 빠르게 바뀌고 있기 때문에 센스메이킹이 필요하다는 말은 대부분의 독자에게는 와닿지 않는 주장일 것이다. 사실 기업경영을 하는 사람은 CEO와 소수의 고위경영자들이지 이 책의 주 독자들이 될 직장인이나 학생들은 센스메이킹을 통해서 기업경영을 할 처지는 아니다. 하지만 개인 레벨에서의 센스메이킹도 중요하다. 예컨대 취업준비생이라면 스스로를 잘 가꾸고, 포장해서 취업시장에서 경쟁력을 갖추는 능력이 중요할 것이다. 정보의 홍수 속에서 쓸 만한 정보만을 골라내어 좋은 지식을 만들어내는 능력도 일종의 센스메이킹이다. 이러한 능력은 분명히 취업에 도움이 된다. 소규모 자기사업을 고려하는 사람이라면 어떤 분야의 사업이 유망할지를 파악하는데도 센스메이킹이 필요할 것이다. 부연설명을 위해 개인적인 경험담을 하나 이야기해 보겠다.

필자가 미국에서 박사학위 코스워크course work를 끝내고 논문 준비를 하면서 시간강사 신분으로 처음 3학점짜리 '경영전략' 강의를 시작하던 때가 1998년 9월이었다. 당시 수업시간에 산업 간의 경계가 무너진다는 설명을 하면서 내 강의를 듣던 텍사스 A&M대학의 경영학과 4학년 학생들에게 이런 이야기를 했었다. "너희들, 지금은 PC와 텔레커뮤니케이션 산업은 완전히 별도의 산업으로 보이겠지? 하지만 10년쯤 뒤면 아마 PC를 통해서 인터넷을 쓰는 시간보다 모바일 디바이스, 즉 휴대폰으로 인터넷을 쓰는 시간이 더 많아질 거다. 지금 우리가 PC로 하고 있는 작업의 상당부분, 즉 웹검색이나, 이메일 작성 같은 행위들은 아마 그때쯤이면 휴대폰으로 훨씬 더 많이 하게 될 걸? 워드프로세싱이나 스프레드 시트 같은 생산적인 작업도 점차 휴대폰으로 하게 될 거야. 즉 PC와 통신 산업이 완전 뒤섞이게 되는 거지. 그러니까 10여 년 뒤의 IT업계의 최고 회사는 인텔이나 마이크로소프트, 또는 델이나, HP같은 PC사업 관련업체가 아니라 현재 휴대폰을 만드는 업체 중에 나올 것 같다."

제법 놀랍지 않은가? 당장 교수직을 그만두고 미아리에 가서 돗

자리라도 깔아야 할 것 같지만, 사실 이런 예언은 내가 유달리 통찰력이 있어서 가능했던 것은 아니다. 당시의 최신 성능 휴대폰들은 이미 인터넷 검색 기능이 달려 나오기 시작할 무렵이었고 PDA의 발전 속도도 눈부시게 빨랐기 때문에 IT산업에 지대한 관심을 기울이고 정보를 종합할 수 있는 사람이라면 누구라도 그 정도 예측은 가능했을 것이다. 그래도 실제 2007년 아이폰이 나오고 그 후 2~3년 내에 내 예언이 맞아 떨어지자(실제 애플이 시가총액으로 마이크로소프트를 앞서 IT기업 1위에 오른 해는 앞서 언급한 대로 2010년이었다) 정작 놀란 것은 나 자신이었다. 그리고 내 강의를 들었던 그 학생들도 만약 그 강의내용을 기억하고 있다면 아마도 내 예언이 맞은 것에 신기해했을 것이다. 문제는 내가 예측을 넘어 확신에 찬 어조로 다음과 같은 말을 당시 수업시간에 덧붙인 것이다. "그래서 말인데, 나는 가난한 박사과정 학생이라 돈이 없지만, 내가 너희들이라면 부모님들을 설득해서 노키아 주식을 살 거야! 주택담보대출이라도 받아서 꼭 사라!"

이 창피스러운 경험담이 주는 교훈은: '(1) 예측을 하되 근거 없는 지나친 확신은 삼가자; (2) 그럼에도 불구하고 센스메이킹을 바탕으로 한 예측은 어느 정도 방향을 맞출 수 있다' 정도일 것이다. 내 예상의 근거는 1998년 당시 노키아 9000 커뮤니케이터 Communicator 같은 최신 휴대폰들에는 이미 인터넷 검색 기능과 이메일 전송기능이 있었다는 점, 그리고 PDA와 디스플레이 산업, 그리고 부품 산업 등의 발전 속도를 볼 때 10년 쯤 후에는 1998년의 PC를 능가하는 모바일 디바이스가 충분히 나올 수 있다는 것이었다.

그리고 노키아를 주목한 이유는 당시 노키아가 가장 성공적이고 강력한 휴대폰 제조업체였고 스마트폰의 개발에도 당시로서는 가장 앞서 있다고 보았기 때문이다.

OS가 있고, 이메일과 인터넷이 가능한 스마트폰 1세대라 할 수 있는 노키아 9000 커뮤니케이터가 나온 것이 1996년, 노키아가 에릭슨과 모토롤라, 그리고 싸이온 소프트웨어Psion Software와 합자해서 심비안을 탄생시킨 것이 1998년 여름이었다. 심비안은 초창기 스마트폰의 OS로 잘 알려져 있지만 아이폰과 안드로이드의 등장 이후 노키아와 함께 몰락하였다. 2011년 나온 노키아 808 퓨어뷰 PureView를 마지막으로 더 이상 심비안을 쓰는 스마트폰은 나오지 않는다. 그리고 잘 알다시피 노키아의 휴대폰부서는 한때 마이크로소프트에 합병되었고 다시 대만 폭스콘의 자회사에 넘어가면서 더 이상 스마트폰 시장의 메이저 플레이어가 아니다.

그러나 지금 시점에서 생각하면 1998년 당시 필자의 예측은 주식시장에서의 개별종목 ─ 즉 애플이 아니고 노키아를 지목한 것 ─ 을 맞추는 데는 실패하였을지언정 적어도 PC보다는 모바일이 대세가 될 것이라는 큰 방향은 상당히 정확히 예측한 것이었다. 즉 스티브 잡스 같은 천재적 경영인이 아니라 보통 사람들도 조금만 주의를 기울여 정보를 모으고, 그 정보를 바탕으로 맥락을 파악하여 센스메이킹을 하면 남들이 보지 못하는 기회를 파악할 수도 있고, 해당 분야에서 앞서 나갈 수 있는 것이다. 그렇다면 센스메이킹은 어떤 프로세스이며, 왜 많은 사람들이 위기상황에서 센스메이킹에 실패하는 것일까?

제2부

복기의
센스메이킹

왜 조직은 센스메이킹에 실패할까?
참혹한 실패로부터 우리는 무엇을 배울 수 있을까?

앞서 소개한, 2000년대 초반 스티브 발머가 경영하던 시절의 마이크로소프트는 센스메이킹의 대표 실패 사례라 할 것이다. 제2부에서는 앞선 사례 외에 조직의 의사결정 실패 사례를 재조명함으로써 그 원인을 찾고 재발을 막는, 일종의 복기를 통한 센스메이킹에 대해 설명하겠다. 복기復碁는 바둑, 체스, 장기 등의 두뇌 게임 중에서 유일하게 바둑에만 존재하는, 기괴하고 아름다운 의식이다. 게임이 끝나고, 불과 몇 분 전까지 수억의 상금을 놓고 치열하게 싸우던 승자와 패자가, 자리를 뜨지 않고, 차분하게 이야기를 나누며 끝난 바둑을 다시 둔다. 아직 기억이 생생할 때 게임을 그대로 재현함으로써, 패자는 지금 막 생긴 상처에 소금을 뿌리면서 패인이 무엇인지 찾는다. 승자는 이 과정에 동참하여 승리의 과정에서 어리석은 실수를 저지르지 않았는지 검토한다. 실수를 덜 하는 사람이 이기는 게임이 바둑이다. 승자와 패자는 다음 대국에서 같은 실수를 되풀이하지 않기 위해 이 의식을 치른다.

　나는 이미 벌어진 사건을 재분석하여 의미를 구하고 원인을 찾고, 그럼으로써 같은 실수를 반복하지 않도록 하는 작업을, 바둑의 복기에 착안해, '복기의 센스메이킹'이라 명명하였다. 이 2부에서는 세 개의 역사적 사건이 주된 복기 대상이다. 첫째는 1949년 8월 미국 몬태나 주의 맨 협곡에서 일어난 대형 산불 진압작전에서 일어난 일을, 두 번째는 16세기 말 임진왜란 직전의 조선 조정의 판단 과정을 다룬다. 마지막으로 4장에서 1986년 1월 일어난 미국의 우주왕복선 챌린저 호 폭발사건을 센스메이킹이라는 관점에서 분석한다.

제2장
위기는 조직을 드러낸다

이 장에서 다룰 내용은 주로 다음의 세 문헌을 참고하여 작성하였다. 첫째, 동명의 영화로 제작된 소설,『흐르는 강물처럼』의 저자로 유명한 노먼 맥클린Norman Maclean의 1992년 논픽션이자 1993년 미국 국립 외부 비평가상 수상작인『젊은이들과 산불(Young Men and Fire)』, 둘째, 리처드 로써멜Richard Rothermel이 1993년에 작성한 미국 농무부 발간 보고서인「맨 협곡의 산불: 이길 수 없었던 경주」, 그리고 세 번째로 이 사건에 대한 사회심리학적 해석을 시도한 센스메이킹의 아버지 칼 와익의 1993년도 논문인「조직 내 센스메이킹의 붕괴: 맨 협곡의 참극」이다. 당시 상황에 대한, 이 산불이 났던 현장에서의 생생한 설명을 듣고 싶다면 영어 자막이 나오는 유튜브 동영상 '맨 협곡: 자연의 분노(Mann Gulch: The Wrath of Nature)'를 추천한다.

무려 70여 년 전의 산불 사건이고 당사자 대부분이 현장에서 즉사했음에도 불구하고 비교적 정확한 상황파악이 가능한 것은 로써멜이 미국 농무부 발간 보고서에서도 지적한 대로 다음 조건들이 충족된 덕분이다. 첫째는 맥클린의 집요한 연구 정신과 그 결과물인 책『젊은이들과 산불』이다. 그는 연구 동료인 레어드 로빈슨Laird Robinson과 함께 이 맨 협곡을 1976, 1977, 1978년 세 번에 걸쳐 방문해 철저히 현장조사를 하였다. 특히 당시까지 살아 있던 참극의 두 생존자 로버트 샐리Robert Sallee와 월터 럼지Walter Rumsey를 대동하여 각 사건이 벌어진 장소와 그 장소 간의 거리 등을 기록하였다.

둘째는 소방대원들의 대장이었던 와그너 닷지Wagner Dodge, 그리고 다른 두 생존자인 샐리와 럼지가 사건 직후의 조사에서 당시의 상황에 대한 증언을 남겼다는 점이다. 셋째, 당시의 기온, 풍속 등의 기상정보가 기록으로 남아 있고, 사건 현장 근처에 있었던 다른 사람들, 예를 들면 캐년 훼리 레인저 로버트 잰슨Robert Jansson 등이 현장의 돌풍 속도 등에 대해서 생생한 증언을 남겼다. 그리고 마지막으로 당시 미국 산림국에서 발간한 공식 보고서가 비교적 정확한 정보들을 담고 있다는 점이다. 이러한 정보들을 바탕으로 로써멜은 보고서에서 당시 상황을 세 개의 도면으로 축약해 보여 준다. 명료한 그래픽으로 설명하는 것이 말보다 더 확실하게 현장상황을 전달하는 것 같아 본서에서도 그 그림 중 두 개를 인용하였다.

무엇보다도 맥클린의 책은 그 수상경력에서 알 수 있듯이 논픽션 문학의 진수를 보여준다. 맨 협곡 근처 미졸라에서 자란 그는 자신의 노년을 오로지 이 맨 협곡의 참극을 재구성하는 데 천착해 흥미진진하고 박진감 넘치면서 비극적인 이야기를 만들어냈다. 본 장에 나오는 모든 인물 묘사는 그의 책을 바탕으로 하였다.

1. 건장한 청년들

1949년 8월 5일 오후, 미국 몬태나 주의 헬레나 국립수림(Helena

National Forest)의 맨 협곡(Mann Gulch)에서 연기가 오르고 있었다. 기온은 화씨 97도로 섭씨 30도를 훨씬 웃도는 무더운 날씨였고 습도는 매우 낮아서 산불 경보 수준은 100점을 최고로 했을 경우 74라는 꽤 높은 수준이었다. 불은 협곡의 남쪽에 전날 오후 4시경 떨어진 낙뢰에 의해 시작되었고, 산림대원 얼 쿨리Earl Cooley에 의해 8월 5일 오후 12시 25분에 화재 사실이 확인되었다. 16명의 산림소방대원이 불을 끄기 위해 오후 2시 30분 몬태나 주의 미졸라에서 출발했다. 산불이 날 경우 비행기로 빠르게 현장에 접근해 낙하산으로 뛰어내려 초기에 화재를 진압하는 소수의 정예그룹 젊은이들을 미국에서는 스모크점퍼Smokejumper라 부르는데 이들이 바로 스모크점퍼들이었다. 그들은 C-47 수송기로 이동했는데 비행기 안에서 멀미를 한 대원을 제외한 나머지 15명이 미주리 강가에서 조금 떨어진 협곡에 낙하산으로 오후 3시 30분경부터 차례로 착륙했다.

착륙한 대원들이 모여 맨 협곡의 남쪽 편에 도착한 시간은 4시 10분이었다. 착륙과정에서 보급품에 연결된 낙하산이 펴지지 않아 무전기는 산산조각이 난 상태였다. 게다가 낮은 고도의 강풍을 피해 비행기가 높은 고도에서 보급품을 낙하시켰기 때문에 보급품들은 여기저기 흩어져 떨어졌다. 대원들은 거기서 낙하산을 접고 흩어진 보급품들을 챙기느라 약 45분을 소비했다. 아직 화재는 잘 보이지도 않았고 따라서 대원들은 잡담을 주고받으며 대장인 와그너 닷지의 지시대로 협곡 아래쪽으로 이동했다. 거기서 그들은 화재를 진압하기 전에 기운을 차리기 위해 식사를 하고 수통에 물을 채웠다. 그리고 각자 화재 진압을 위한 장비들, 즉 삽과 도끼를 챙

기고 두개의 톱은 가장 어린 샐리와, 대원 중에서 가장 연장자인 데이비드 네이본David Navon이 하나씩 들었다.[1]

닷지는 거기서 누군가 소리치는 소리를 듣고 일행과 떨어져서 화재 장소 근처까지 갔다가 혼자 불길을 네 시간 가량 잡으려 애쓰던, 불과 스무 살의 산악 레인저 제임스 해리슨James Harrison을 만나게 된다. 닷지와 해리슨은 등성이에서 본 불길을 보고 그 등성이가 산불을 진압하기에는 안전한 장소가 아니라고 여겼고 다시 보급품이 낙하된 장소로 돌아왔다. 당시 서른 세 살이었던 대장 닷지를 제외한 나머지 대원들은 17~28세 사이의 미혼의 젊은이들로 육체적으로 매우 건장한 그룹이었다. 그 중 일곱 명은 산림학 전공 대학생이었다. 다섯 명은 몬태나 주립대, 두 명은 미네소타 주립대 출신이었다. 15명 대원 중 12명이 군복무 경험이 있었다. 논픽션 미니시리즈 〈밴드 오브 브라더스〉로 유명해진 미 육군 제101공수사단의 장교 출신 데이비드 네이본을 비롯한 그들 대부분은 제2차 세계대전 참전용사들이었다. 육안으로 불이 멀리 보이는 그곳에서 그들은 농담을 주고받았고 긴장감이라고는 찾을 수 없었다. 마치 소풍이라도 나온 기분이었다. 다음은 생존자 로버트 샐리의 증언이다.

> 나는 화재현장을 살펴보고는 그다지 나쁘지 않다고 생각했어요. 능선 꼭대기에서 산불이 타고 있었고 아마 능선 위로 불길이 더 올라갈 것이라 생각했습니다. 그날 밤 더 이상 많이 타지도 않을 것이라 생각했습니다. 거의 화재의 끝물이라 생각했기 때문이죠. 능선 위로 더 올라가기 전에 등성이에서 조금 더 탈 것처럼 보였어요.[2]

모두가 장비를 챙긴 5시 10분경, 그들은 협곡의 남쪽 편으로 화재 현장을 에워싸기 위해 이동했다. 닷지는 해리슨을 만나서 같이 돌아와 무리의 2인자인 윌리엄 헬멘William Hellmen에게 지시하여 다시 협곡의 북쪽 산등성이를 따라 강 쪽으로 이동하게 하였다. 샐리는 당시 닷지가 대원들이 있는 장소가 '죽음의 덫(death trap)'이라며 안전한 북쪽 협곡을 통해 미주리 강 쪽으로 이동하라고 지시했다고 나중에 위원회에서 보고했다. 닷지와 해리슨은 보급품 낙하지역으로 돌아가 잠깐의 틈을 이용해 간단한 식사를 했고, 그동안 대원들은 헬멘의 인솔 하에 강 쪽으로 이동하였다. 닷지와 해리슨은 식사를 재빨리 마치고 약 20분 후인 5시 40분경 다시 무리와 합류하였다.[3]

2. 불길과 마주하다

한편 오후 5시경 협곡 훼리 레인저 로버트 잰슨은 보트를 타고 협곡 쪽에 접근하여 산길로 화재 현장에 올라가고 있었다. 그는 당시의 풍속을 초속 20에서 30마일, 순간 돌풍은 초속 40마일에 이를 것이라 추정하였다. 즉 어마어마한 속도의 바람이 산 위쪽, 즉 대원들 쪽을 향해 불고 있었다는 것이다.[4]

닷지와 해리슨이 무리와 합류한 후에도 대원들은 별로 걱정하는 기색이 없었다고 나중에 생존자 샐리와 럼지는 증언했다. 불은 아직 협곡 저편에 머물러 있는 것으로 보였고 대원들의 위치는 고도가 훨씬 더 높은 지역이었기 때문에 그들은 산불의 중앙까지 훤히 내려다 볼 수 있었다. 능선을 내려가는 도중 협곡 건너편의 불이 더 심하게 타올랐지만 생존자 럼지는 그것을 보고도 '아주 흥미로운 장관'이라 생각했다고 나중에 위원회에서 증언했다. 반면 또 다른 생존자 샐리는 닷지가 그곳이 폰데로사ponderosa 소나무의 덤불이 많은 지역이라며 또 다른 '죽음의 덫(death trap)'이 될 수도 있다는 걱정을 했다고 증언했다.[5]

소방대원들은 협곡을 5분 동안 약 400야드(366미터) 정도 내려갔다. 그 지점에서 닷지가, 협곡 저편에 머물 줄 알았던 불길이 대원들이 있는 쪽의 협곡에서도 타오르는 것을 목격한다. 그때가 5시 45분, 불길은 약 200야드 아래쪽, 즉 약 180미터 지점부터 돌풍에 가까운 빠른 바람을 타고 최고 분속 610피트(약 186미터)의 속도로 순식간에 대원들을 향해 올라오고 있었다.[6] 맨 앞에 서서 유일하게 불길을 목격한 닷지는 대원들에게 방향 전환을 명령했다. 샐리와 럼지는 불길을 보지 못하였지만 자욱한 연기와 닷지의 표정으로 상황이 심상치 않음을 감지하고 닷지 곁에 바짝 붙어서 움직이기 시작했다.

닷지가 향한 방향은 그들이 내려온 길, 즉 산 정상으로 바로 가는 직선 코스가 아니라 약간 더 북쪽 능선 쪽이었다. 나중에 닷지는 바로 산 정상으로 향하는 길은 바로 불길이 직선으로 다가오는 길목인데다가 바위도 많고 경사도 더 심해서 북쪽 루트를 택했다고 증언하였다. 하지만 그쪽 루트도 경사가 심한 것은 마찬가지여서 소방대원들은 불길을 피해 최고 경사가 45도에 이르는 가파른 산길로 약 8분간 450야드(약 411미터) 거리를 올라갔다.[7] 후일 럼지와 샐리는 닷지가 방향 전환을 지시한 순간부터는 대원들이 확실히 긴장하여 전속력으로 움직였다고 증언했다. 유일한 예외는 데이비드 네이본으로 그는 그 와중에도 소풍이라도 온 듯 중간에 멈춰 서서 카메라 셔터를 눌렀다.[8]

3. 목숨을 건 달리기

5시 53분경, 다음 쪽 지도에 나오는 포인트 2 지점에서 닷지는 "장비를 버려!"라고 외쳤다. 그리고는 산꼭대기 쪽으로 달려가는가 싶더니 곧 멈춰 서서 주머니에서 성냥을 꺼내 들었다. 그리고는 대원들의 앞에 있는 초원에 이스케이프 파이어escape fire를 놓으면서 다 태워진 지역에 엎드리라고 손짓과 말로 명령하였다. 이스케이프 파이어는 초원으로 덮인 지역에서의 산불에 대처하는 방법 중 하나로 불에 탈 수 있는 물질을 미리 태워버림으로써 연소된 지역에 더 이상 불길이 덮치는 것을 막는 방법이다. 더 이상 탈 것이 없기 때문에 산불이 그 지역을 태울 수 없고 따라서 불이 나고 소화된 그 지역은 산불이 덮쳐도 더 이상 화재가 나지 않는다.

　그러나 소방대원들은 닷지의 말과 행동을 도저히 이해할 수 없었다. 아마 그들은 '우리가 소방대원인데 장비를 다 버리라니? 게다가 앞에 있는 불도 걱정인데 새로운 불을 놓다니? 그리고 다가오는 불길을 피할 생각을 하지 않고 불을 놓은 후 그 자리에 엎드리라

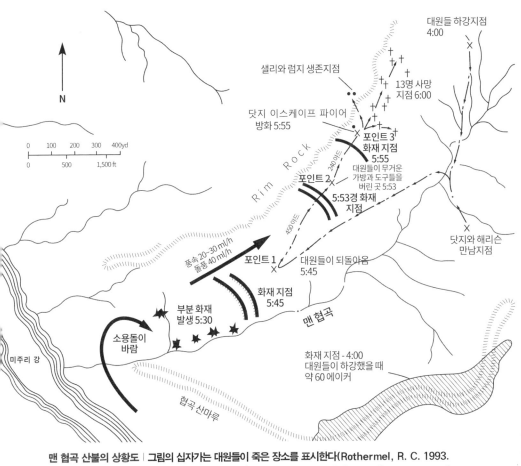

맨 협곡 산불의 상황도 | 그림의 십자가는 대원들이 죽은 장소를 표시한다(Rothermel, R. C. 1993. Mann Gulch Fire: A Race That Couldn't Be Won. United States Department of Agriculture, General Technical Report INT-299, 2쪽에서 발췌).

니?'라는 생각들을 했을 것이다. 스모크점퍼 경험이 많지 않은 이들은 이스케이프 파이어가 무엇인지, 이 상황에서 어떻게 해야 하는지 전혀 생각이 나지 않았다. 1970년대 중반 맥클린과 맨 협곡을 다시 방문한 샐리는 닷지가 불을 지르던 당시를 회고하면서 "우리는 그(닷지)가 완전히 미쳐 버린 거라고 생각했어요"라고 되풀이해서 말했다.[9]

사실 일부 대원들은 닷지가 장비를 버리라는 말을 하기 전부터 이미 장비를 버린 상태였다. 그러나 일부는 닷지의 명령이 나온 후에도 그대로 장비를 들고 있었다. 대원들 중 가장 영리하다는 평을 받은 엘든 디터Eldon Diettert는 닷지의 명령이 나온 후에도 계속 두 개의 연장, 즉 삽과 도끼를 들고 뛰었다. 럼지는 그를 따라잡고 그의 팔을 잡아 삽을 빼앗아 소나무 숲으로 던졌다고 나중에 증언하였다. 제임스 해리슨은 네 시간 동안의 산불과의 싸움에 지쳐서 기운이 다 빠졌는지 백팩과 장비를 맨 채로 멍하니 앉아 있었다.[10]

닷지의 명령이 내린 후 누군가가 "젠장 (명령이고 뭐고) 나는 여기서 벗어나야겠어(To hell with that, I am getting out of here)"[11]라고 말하고 뛰기 시작했고 나머지 대원들도 누가 먼저랄 것도 없이 달리기 시작했다. 나중에 럼지는 상당수의 사람들은 닷지의 명령을 듣지 조차 못할 만큼 거리가 멀었고, 설사 가까운 거리였다고 하더라도 화염에서 나오는 무서운 열기와 소리 때문에 무슨 의미인지 몰랐을 것이라 증언했다.[12] 결국 모든 사람들이 닷지의 명령과는 별로 상관없이 장비를 내던지고 오로지 살기 위해 달렸다. 닷지의 명령 따위는 귀에 들어오지도 않았다. 생존자 럼지와 샐리는 자기들의 일생 동안 그렇게 빨리 달린 적은 그 전에도 그 후로도 없었다고 회고하였다. 맨 앞에서 달리던 네 사람을 맥클린은 그의 책에서 네 명의 호스멘4 horsemen이라 표기하였는데, 그만큼 그들은 앞서서 달려갔다.

4. 자메 뷰Jamais Vu

당시 소방대원들은 말 그대로 자메 뷰jamais vu의 상태에 빠져 있었다. 데자 뷰déjà vu(기시감)가 한 번도 와본 적 없지만 왠지 와본 듯하고 경험한 듯한 상태라면 자메 뷰는 '나는 여기 와본 적은 있을지 모르나, 이 상황이 어떤 상황인지 전혀 감을 잡을 수 없으며, 따라서 어떻게 행동해야 하는지 모른다'는 상태에 가깝다. 결국 그들은 아무도 닷지의 지시를 듣지 않고 불길을 피해 불길 반대 방향 산꼭대기로 힘껏 달아나기 시작한 것이다. 그러나 평지라면 몰라도 최고 경사 45도라는 가파른 산길에서, 로써멜의 추정으로는 분속 360에서 610피트, 즉 시속 7에서 11킬로미터의 속도로 다가오는 불길을 무거운 장비를 맨 대원들이 당해낼 수는 없었다.

대원들이 무거운 연장을 버리기 시작한 시점이 5시 53분경. 그러나 맨 협곡 산불의 상황도에서 보듯이 그 무렵에는 산 아래 쪽에서 번지기 시작한 불길 뿐 아니라 협곡의 좌측에서 번진 불까지 더해져 소방대원 전원을 에워싸게 되었다. 닷지의 회고에 따르면 당시 불길은 대원들을 75야드에서 100야드, 즉 약 69미터에서 91미터 거리를 두고 뒤쫓고 있었다. 분당 360~610피트(110~186미터)의 불길 속도에 45도의 경사라면 그 정도 거리는 1~2분 남짓한 시간에 따라잡히게 된다. 과연 불길은 약 2분 후, 5시 55분에서 56분 사이에 포인트 3 지점에 도달한 것으로 추정되고, 장비 없이 맨 몸으로 달려도 대원들이 불길을 따돌리기에는 이미 늦어 있었다.[13]

닷지가 이스케이프 파이어를 지른 시간이 5시 55분. 죽기 살기로 달리다가 협곡을 가로 지르는 림 락Rim Rock이라 불리는 바위벽에서 틈을 발견한 샐리와 럼지, 그리고 이스케이프 파이어로 불탄 지역에 엎드린 닷지만이 살아남았다. 죠셉 실비아Joseph Sylbia는 불길이 지나간 다음인 10여 분 후 닷지가 되돌아갔을 때 숨이 붙어 있었으나 곧 죽었고, 무리의 2인자 윌리엄 헬멘은 림 락 반대편까지 가까스로 도달했지만 지독한 화상으로 다음날 사망하였다. 그들을 제외한 대원들은 모두 새까맣게 탄 시체가 되었다. 가장 늦게 달린 그룹에 속한 해리슨의 시계가 반쯤 녹아서 멈춘 시점이 5시 56분, 가장 앞서 달린 네 명의 호스멘을 불길이 덮친 순간은 그 1분 후인 5시 57분으로 추정된다.[14] 불과 10분 남짓한 사이에 소방대원 열세 명이 죽음에 이르게 된 것이다.

5. 칼 와익의 시간대별 분석

와익은 그의 논문에서 맨 협곡 소방대원들의 센스메이킹을 넓은 의미에서 조직 와해와 패닉과 연결 지어 설명하였다. 그들이 처음 현장에 도착한 오후 4시경부터 해리슨의 시계가 녹아서 멈춘 5시

56분까지의 약 두 시간 동안 그들에게 상황은 점점 더 '메이크 센스' 하지 않은, 즉 이해가 가지 않는 방향으로 흘러갔고 그것이 조직의 와해와 패닉으로 이어졌다는 것이다.

맥클린의 책에 실린 내용을 기초로, 와익은 소방대원들의 심리 상태를 시간대별로 유추하였다. 일단 그들이 오후 4시 화재현장에 떨어지면서 예상하였던 상황은 '열 시 산불(a 10:00 fire)'이었다.[15] 그들이 낙하를 위해 탑승했던 C-47 수송기 안에서, 산불을 처음 발견한 1세대 스모크점퍼 얼 쿨리와 닷지는, 하늘에서 내려다 본 화재 현황을 토대로, 대원들이 착륙한 후 산불을 에워싸 진화작업을 개시하면 다음 날 아침 10시까지는 불길이 통제될 것으로 결론 내렸다.[16] 이것이 '열 시 산불'의 의미였다.

스모크점퍼 집단의 창설 목적 자체가 산불 발생 초기 단계에 신속하게 낙하산으로 투입되어 그 불이 더 커지기 전에 조기 진압하는 것이었다. 따라서 스모크점퍼들에게 있어서, 그들이 진화하기 위해 투입되는 모든 산불은 사실상 '열 시 산불', 즉 그렇게 크지 않은 산불이라는 것이 와익의 지적이다.[17] 그러나 현장에 도착해 보니 상황은 그렇게 간단하지 않았다. 거기서부터 대원들은 조금씩 센스메이킹 능력을 상실하게 되는데 다른 대원들의 행동들이 그것을 더 부채질하게 된다. 와익은 논문에서 시간 순으로 1, 2, 3 번호를 붙여가며 대원들의 심리를 다음과 같이 분석하였다.[18]

1. 소방대원들은 (착륙 직후) 열 시 산불을 기대하였으나 상황이 그렇지 않다는 것을 깨닫고 점차 편하지 않은 심정이 된다.

2. 대원들은 만약 산불이 그렇게 심각하다면 자신들이 산등성이 밑으로 내려가는 도중에 어떻게 해리슨과 닷지가 그 상황에서도 식사를 하는 여유를 가질 수 있었는지를 의아하게 생각했다.

3. 대원들은 무리의 지휘자가 누구인지에 대한 인식이 명확하지 않았다(맥클린의 책, 65쪽).

4. 협곡 남쪽의 불꽃이 강렬하게 보였음에도 불구하고 대원 중 하나인 데이비드 네이본은 그것을 사진기로 찍고 있었다. 이에 대원들은 자신들의 직감으로는 결코 그렇게 생각하지 않았지만, 화염이 심각하지 않다고 결론지었다.

5. 대원들은 자신들이 안전한 곳이라 생각한 강 쪽으로 이동하는 것으로 알고 있었다. 그런데 닷지가 이해할 수 없게도 대원들의 방향을 틀어 강을 등지고 산 위를 향하게 하고, 정작 산꼭대기로 가는 직선 루트를 택하지도 않는 것을 보고 어리둥절하게 되었다(일행 중 닷지만이 유일하게 화염이 협곡을 넘어 그들에게 정면으로 다가오는 것을 보았다).

6. 불길이 다가오자 닷지가 '장비를 버려'라 외쳤다. 그러나 만약 소방대원들이 소방 장비를 버린다면 그들은 무엇이 되는가? 장비 없는 소방대원?

7. 대장(닷지)은 대원들이 보기에 유일한 탈출 경로라 여겨지는 장소의 한복판에 불을 질렀다.

8. 대장은 자신이 지른 그 불을 가리키며 '나를 따르라(그게 무슨 의미이건 간에)'고 명령했다. 하지만 무리의 2인자는 "젠장, (명령이고 뭐고) 난 여길 벗어나야겠어(To hell with that, I am getting out

of here)"라고 말하는 것처럼 행동했다(맥클린의 책, 95쪽).**19**

9. 각 개인은 다음과 같은 딜레마에 빠졌다. '내가 이 상황에서 주체적으로 행동해야 하는가, 아니면 명령에 무조건 복종해야 하는가. 그런데 나는 그 명령이 도대체 무슨 뜻인지조차 모르겠다. 게다가, 그 와중에 나는 산불과의 경주에서 지고 있다'(맥클린의 책, 219~220쪽).

6. 센스메이킹의 렌즈로 분석한 맨 협곡의 참극

대원들이 상황을 해석하고 이해하는 데 실패한 첫 번째의 이유는 와익의 지적대로 그들이 목격한 불이 '열 시 산불'이 아니라는 점이었다. 다음날 아침 열 시 정도까지면 진압이 완료될 만한 작은 산불, 그것이 스모크점퍼들이 투입되어 상대하는 전형적인 산불이다. 그런데 그 산불은 열 시 산불이 아니었다는 점에서 일단 대원들은 낙하산으로 착륙한 직후부터 편하지 않은 심정이 되었다. 즉 앞서 1장에서 센스메이킹의 원칙으로 거론한 기본 추정(presumption)에서부터 현실과 그들의 생각이 동떨어져 있었던 것이다.

두 번째의 문제점은 닷지와 나머지 멤버들은 서로 잘 알지 못했고, 닷지가 리더라는 확실한 인식조차 없는 상태였다는 점이다. 앞서 1장에서 센스메이킹은 단 한 장의 스냅샷으로 설명될 수 있는 것이 아니라 진행형(ongoing)으로 봐야한다고 설명한 바 있다. '진행형'의 설명을 위해서는 닷지가 이 스모크점퍼 대원들을 이끌기 전에 어떤 직책에서 일했는지를, 즉 그 전의 맥락을 파악하여야 한다.

맥클린에 따르면 닷지는 이 산불 이전의 스모크점퍼 훈련기간에 주로 기지 운영의 책임을 맡고 있었고, 따라서 대원들과 접촉이 거의 없었다. 또한 협곡에서 닷지가 약 20분간 2인자인 윌리엄 헬멘에게 대원들 인솔을 맡기고 자신은 해리스와 짧은 식사를 함으로써 일시적이나마 리더 부재의 상태를 초래한 것도 대원들이 닷지를 전적으로 신뢰하지 않게 된 이유였다.

세 번째의 문제점은 닷지가 없었던 이 20분간 조직의 와해가 이미 시작되었다는 것이다. 이 20분 동안 실질적으로 대원들을 앞에서 '리드'한 것은, 공식적인 2인자 헬멘이 아니라, 대원들 중 제일 나이가 많고 제2차 세계대전에 참전한 공수부대 장교 출신 데이비드 네이본이었다. 스모크점퍼들이 산에서 이동할 때는 항상 대장이 앞에 서고 2인자가 맨 뒤에서 낙오자가 없는지 확인하며 움직이는 것이 불문율이었다. 이동 중에 선두의 대장이 상황을 판단하고 명령을 내리면, 후미의 2인자가 명령을 복창함으로써, 모두에게 명령이 전달되었고 이해되었음을 확인하는 것이 스모크점퍼들의 방식이었다. 그런데 이 20분 동안은 그 불문율이 전혀 지켜지지 않았다. 맨 뒤에서 혹시 생길지 모르는 낙오자를 챙기는 2인자도 없었을 뿐 아니라, 그룹은 둘로 쪼개져 이동했다. 앞 그룹과 뒷 그룹의 거리는 500피트(약 152미터) 가량 떨어져서 두 그룹이 서로 잘 보이지도 않을 정도였다.[20]

결국 이 리더와 부하 간의 신뢰 결여, 그리고 152미터 떨어진 두 그룹이 상징하는 조직의 와해가 맨 협곡의 참극을 잉태한 또 하나의 변수였다. 이 맨 협곡의 참극을 주제로 쓴 논문에서 칼 와익은 정신분석학의 창시자 프로이트Sigmund Freud의 말을 빌려 군대 조직 내에서 발생하는 패닉, 즉 공황상태에 대해 설명하였다.

> 이런 (군사)조직이 붕괴될 때 패닉이 일어난다. 그러한 공황의 특성은 상관이 지시한 그 어떤 명령도 더 이상 듣지 않고 각 개인은 다른 그 어떤 것에도 관심을 두지 않고 오로지 그 자신의 안위에 대해서만 관심을 갖고 그에 따라 행동한다는 것이다. 상호간의 신뢰는 그 존재를 상실하며 엄청나고 알 수 없는 공포심이 그 자리를 대신한다.[21]

와익은 여기서 프로이트가 '패닉 심리가 조직을 와해한다'는 당시 기존 학계의 주장과 달리 패닉과 조직 와해 사이에 역인과관계를 제시한다는 점을 지적하였다.[22] 즉 조직의 와해(disintegration)가 먼저 발생하면서 패닉 상황을 야기한다는 것이다. 사실 조직 내 공황과 조직 와해라는 두 변수간의 관계에서 어느 쪽이 원인이고 어느 쪽이 결과인지를 증명하는 것은 필자의 몫이 아니고, 그걸 증명할 수 있는 데이터도 없다. 다만 기존의 이론대로 패닉이 일방적으로 조직을 와해시키는 것이 아니라 상호연계효과(reciprocal relationship), 즉 두 변수가 모두 서로의 원인도 결과도 될 수 있을 것이라는 것이 학자로서의 내 추측이다. 단 이 맨 협곡의 경우에는 조직 와해가 먼저 시작되었고 그것이 위기상황에서 조직원들을 공황상태로 몰고 갔다는 분석이 맞을 것이다. 불길을 정면에 마주하고 소방대원들은 패닉과 조직 와해를 동시에 경험하게 된다.

마지막으로 맨 협곡에서 닷지가 5시 53분경 명령을 내린 당시의 상황을 복기해 보면, 닷지의 명령은 산불전문가로서는 합리적인 것이었다. 그는 (1) 장비를 버리고, (2) 뒤쪽의 산등성이에 불을 질러 태워 버릴 테니, (3) 그 불타고 남은 곳 한가운데에 엎드려 있으라고 명령하였다. 그러나 앞서 설명한 대로 이는 소방대원들에게는 전혀 '메이크 센스' 하지 않은, 즉 말이 되지 않는 명령이었다. 우선 그들은 장비를 버리라는 말을 이해하지 못했다. 이는 마치 전투 중인 군인에게 총을 버리라는 명령으로 들렸을 것이다. 그렇기 때문에 일부 대원은 화마가 자신의 뒤를 빠른 속도로 쫓아오는 그 순간에도 장비를 들고 뛰었다.

　　무엇보다도 그들은 닷지가 불을 지르는 행동을 전혀 이해하지 못했다. '이미 난 불도 문제인데 거기에 더 불을 질러? 저 사람 미친 거 아니야?'라는 것이 대부분 대원의 생각이었을 것이다. 닷지는 훌륭한 산불 소방수였고 따라서 맞바람이 치던 상태에서 뒤쪽에 불을 놓으면 그 불은 대원들을 덮치지 못한다는 것을 순식간에 파악하였다. 따라서 닷지의 명령은 적어도 닷지 자신에게는 완벽하게 '메이크 센스' 한 것이었다.

　　그러나 대부분의 대원은 앞서 설명한 대로 경험이 부족한 산림학과 대학생들이었고, 상당수가 군복무 경험은 있었지만 실제 산불을 진압해 본 경험자는 드물었다. 럼지와 샐리를 비롯한 상당수는 이 맨 협곡 화재가 스모크점퍼로서 처음 투입된 진압작전이었다. 그러니 이들에게는 이 '이스케이프 파이어'라는 기법은 전혀 생소했다. 따라서 이미 산불이 사방에서 접근해 오는 상황에서 새롭게 불을 지른다는 것은 샐리가 회고한 대로 완전히 미친 짓으로 보였다. 맥클린은 이 대목에서 아마 당시 닷지의 행동을 본 대원들이 속으로 '저 바보 같은 자식이 도대체 무슨 짓을 하는 거지?'라고 생각했을 것이라 기록했다.[23] 게다가 앞서의 언급대로 닷지가 리더라는 인식이 희박했던 대원들 사이에서 이런 '말도 안 되는 명령'을 들을 사람은 없었던 것이다.

7. 참극의 교훈

파트너의 중요성

맥클린과 와익은 이 비극에서 몇 가지 교훈을 들고 있는데 그 중 하나는 샐리와 럼지의 행동이다. 샐리는 이 15명의 소방대원들 중 가장 어린 17세로, 스모크점퍼에 지원할 수 있는 최저연령보다도 한 살 적었고, 럼지 역시 21세에 불과했다. 두 사람 모두 1년차 스모크점퍼였고, 앞서 말한 대로 이 맨 협곡으로의 출동이 스모크점퍼로서는 첫 화재현장 투입이었다. 따라서 이 둘은 경험이 없는 축에서도 가장 경험이 적은 대원들이었다. 그래서 훈련기간 내내 룸메이트였던 이 두 사람은 서로에게 의지하듯이 꼭 붙어 다녔다.[24] 가장 절박한 순간에도 둘은 한 팀이었다. 둘은 어린 만큼 체력도 좋았다. 맥클린은 샐리가 통학할 때 계절에 관계없이 4마일 거리, 왕복 8마일(약 13km)을 걸어서 또는 뛰어다녔다고 기록했다. 럼지 또한 샐리와 같이 여름 내내 육체적으로 가혹한 훈련을 거치면서 체력이 좋아졌다.[25] 이 과정에서 둘은 둘도 없는 단짝이 되었다. 그리고 어쩌면 그 우정이, 이 두 사람을 살렸다.

다음 쪽의 그림은 닷지의 이스케이프 파이어 이후 그 위쪽으로 올라간 네 사람의 경로를 표시하고 있다. 엘든 디터는 닷지가 이스케이프 파이어를 지른 지점부터 샐리, 럼지와 같이 가다가 어떤 이유에서인지 림 락, 즉 협곡을 가르는 바위벽을 사이에 두고 두 사람과 떨어져 혼자 산 정상을 향했다. 럼지와 샐리는 기적적으로 림 락에서 틈을 발견해 그 안으로 같이 들어가 림 락의 반대편에서 초목이 하나도 없는 암석 슬라이드를 발견했다. 초목이 없으니 당연히 탈 연료가 없고, 그래서 이 두 사람은 그 위로 올라가 목숨을 건지게 되었다. 엘든 디터는 이 림 락의 틈으로 가지 않고 독자적으로 산 정상을 향하다가 결국 불길에 잡혔다. 그날은 디터의 열아홉 번째 생일이기도 했다. 헬멘은 이스케이프 파이어 지점의 왼쪽을 돌아 올라갔는데 가는 도중에 얼굴, 배, 등, 팔, 다리 등 전신에 엄청난 화상을 입고 앞에서 언급한 대로 그 다음날 병원에서 사망하게 된다.

칼 와익은 맨 협곡 참극에 관한 논문에서 럼지와 샐리의 생존 이유로 그들이 한 팀으로 움직였다는 것을 들고 있다. 와익은 화재와 싸우는 극단적인 상황에서는 붕괴되는 '조직'의 일원이 되는 것보다는 믿음직한 파트너가 하나 있는 것이 훨씬 더 나을 수 있다고 주장한다. 파트너의 존재는 생각의 폭을 넓혀주고, 조직 구성원들의 의견이 갈릴 때 독자적인 의사결정의 질을 높여준다. 또한 파트너와 함께할 때는 시각적, 청각적, 감각적 정보의 양도 배가되기 때문에 그만큼 상대적으로 더 정확한 판단을 할 수 있다는 것이다.[26]

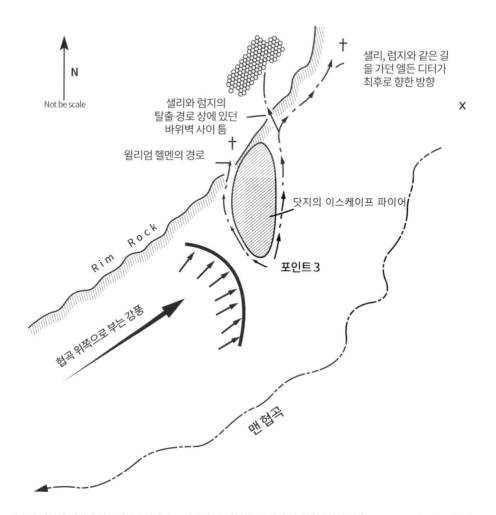

N

Not be scale

샐리, 럼지와 같은 길을 가던 엘든 디터가 최후로 향한 방향

샐리와 럼지의 탈출 경로 상에 있던 바위벽 사이 틈

윌리엄 헬멘의 경로

닷지의 이스케이프 파이어

포인트 3

Rim Rock

협곡 위쪽으로 부는 강풍

맨 협곡

생존자 럼지와 샐리의 탈출경로 | 십자가는 최후의 두 희생자, 헬멘과 디터의 발견장소다(Rothermel, R. C. 1993. Mann Gulch Fire: A Race That Couldn't Be Won. United States Department of Agriculture, General Technical Report INT-299, 9쪽에서 발췌).

13명 희생자들의 사망 장소는 여기저기 흩어져 있어서, 이들이 다 각자 독립적으로 살 길을 찾다가 죽었다는 것을 알 수 있다. 두 명 또는 세 명의 대원이 같은 곳에서 죽음을 맞이한 경우는 한 건도 없었다. 반면 럼지와 샐리는 처음부터 같이 다녔고, 대장 닷지가 정면으로 다가오는 불길을 목격하고 방향전환을 명령한 다음부터는 줄곧 같이 닷지 가까이에서 움직였다. 단 그들은 닷지의 마지막 지시, 즉 이스케이프 파이어가 태워버린 지역에 들어가 같이 엎드려 있자는 명령은 거부했다. 그것은 당시 그들의 위치가 훨씬 산 정상 쪽이어서 다시 닷지가 있는 곳으로 가기 어려웠고, 닷지의 명령이 그들 입장에서는 너무도 말이 안 되는 것이었기 때문이었다.

지식과 경험의 중요성

한편, 대장 닷지는 혼자 행동하였음에도 불구하고 살아남았다. 그의 임기응변은 소방대원으로서의 비교적 오랜 경험, 특히 초원에서의 화재에 대한 사전지식 등이 더해져 나온 것이다. 사실 이 이스케이프 파이어는 산불 진압 현장에서 흔히 쓰이는 방법은 아니었고 따라서 대원들이 이 방법에 대해서 생소한 것도 전혀 무리가 아니었다.

소설『모히칸 족의 최후』의 저자로 유명한 미국 작가 제임스 페니모어 쿠퍼James Fenimore Cooper가 1827년에 발표한 소설『대평원』에 이 이스케이프 파이어에 대한 묘사와 구체적인 방법이 기술되어 있고, 미국 원주민 부족 중 하나인 플레인즈 인디언Plains Indians들이 이런 기술을 사용하였다는 기록이 있지만 실제 일반에게는 맨 협곡 참극이 계기가 되어 이 방법이 알려졌다.[27] 이스케이프 파이어는 앞서 설명한 대로 불씨, 탈 것(연료), 그리고 산소, 즉 화재가 일어나는 이 세 가지 조건 중 연료를 없앰으로써 주 불길이 닥쳤을 때 그 연소된 지역으로 탈출하는 방법이다. 닷지가 쿠퍼의 소설 『대평원』에 기술된 이 방법을 읽었다는 기록은 없고, 진상조사위원회에서도 그는 이 참극 이전에는 그런 시도를 해 본 적이 없다고 말하였다. 그러나 오랜 소방 경험을 가진 닷지는 탈 것이 없는 장소에 불은 더 이상 옮겨 붙을 수 없다는 것을 당연히 알고 있었기 때문에 탈출을 위해 불을 지른다는 생각이 '논리적'으로 보였다고 진술했다.[28] 결국 그는 이 '논리적'인 생각을 실천에 옮겨 살 수 있었다.

실제 이스케이프 파이어는 숲이 우거진 산에서 난 불보다는 작은 풀들이 나 있는 초원에서 잘 된다는 것이 통설이다. 숲에서는 탈 연료가 너무 많으므로 사람이 안전하게 피신할 만한 공간을 태우는 시간이 너무 오래 걸린다는 것이다. 어쨌건 당시 닷지는 맨 협곡의 경사진 초원에 처음 불을 지르고 곧 그 불이 단 몇 초 만에 자신의 위쪽 약 100평방피트 넓이의 경사진 땅을 모두 태워버린 것을 확인하였다. 그는 곧 두 번째로 이스케이프 파이어를 지르면서 자신의 아래쪽에 있는 대원들에게 "이쪽으로"라고 되풀이해서 말했다. 닷지는 위원회 앞에서의 증언을 통해 당시 대원 중 여덟 명 정도는 그 불탄 지역에서 가장 멀어도 150피트, 즉 32미터 이내에 있어서 그들이 자신의 말을 들었다면 살아남을 수 있었을 것이라 회고했다.[29] 유감스럽게도 아무도 그의 말을 듣지 않았고, 닷지만이 불탄 자리에 엎드려 누움으로써 생명을 부지할 수 있었다.

닷지가 지른 이스케이프 파이어의 불길이 아직도 활활 타오르던 그 시각, 샐리는 럼지와 같이 산 정상에 가까이 있는 림 락에서 사람이 들어갈 수 있는 틈을 발견하였고 그 틈으로 들어가려던 중이었다. 샐리는 몇 십 미터 아래쪽의 화염과 연기 속에서, 대장 닷지가 자신이 지른 불길을 뚫고 그 잿더미 속으로 들어가 엎드려 눕는 것을 목격하고, 드디어 닷지가 불을 지른 의도를 알아차리게 된다. 그는 그 장면을 맥클린에게 다음과 같이 증언하였다.

나는 닷지가 자기가 지른 불길의 가장자리로 뛰어 들어가서 다른 대원들에게 따라오라고 팔을 흔드는 것을 보았지요. 그 순간 나는 대원들의 위치를 볼 수 있었어요. 그들은 닷지와 불타는 지역의 가장자리로부터 불과 20에서 50피트(약 6미터에서 15미터) 거리에 있었습니다. 마지막으로 내가 기억하는 것은 몇 명의 대원들의 모습이에요. 그들은 아직 타지 않은 초목이 있는 산 위로 향하고 있었습니다. 닷지가 지른 불과는 정말 가까운 거리였어요. 나는 닷지가 처음 불을 질렀을 때는 닷지가 원했던 것, 즉 불을 지른 후 몇 초 기다린 다음 대원들이 그 불이 태워버린 지역으로 같이 들어가 주 불길(main fire)로부터 피하길 원한다는 것을 이해하지 못했어요.[30]

닷지는 바로 그때의 상황을 위원회에서 이렇게 증언했다고 한다.

내가 탈출을 위해 지른 불의 북쪽 가장자리를 걷는 도중 나는 누군가가 "젠장 (명령이고 뭐고), 난 여길 벗어나야겠어!"라고 말하는 소리를 들었습니다. 그리고 계속 외쳤지만 나는 대원 그 누구도 내가 지른 불이 태운 (안전)지역으로 끌어들일 수 없었어요. 나는 곧 이스케이프 파이어의 불길을 뚫고 한가운데로 들어가서도 계속해서 지나가는 모든 대원들에게 외쳤습니다. 하지만 다들 내 명령을 듣지 않았어요. 마지막 대원이 내 옆을 통과하고 불과 몇 초 만에 주 불길(main fire)이 내가 있던 지역을 덮쳤습니다.[31]

닷지는 1세대 스모크점퍼이자 이 맨 협곡 산불을 처음 발견한 얼 쿨리가 1984년 쓴 책에서 주 불길이 이스케이프 파이어로 불탄 지역을 덮칠 때 상황을 다음과 같이 회고하였다.

산불이 내 근처로 왔을 때, 나는 바닥에 엎드리고 내 손수건에 물을 부어 입과 코를 막고 땅바닥에 얼굴을 최대한 가까이 붙였습니다…. 불길이 내게 닥치던 바로 그 순간에요. 불길이 지나는 동안 세 번 정도 뜨거운 공기를 품은 돌풍이 나를 거의 땅바닥에서 날려 보낼 뻔 했어요. 불길은 잔디 위를 지나고 그리고 나무 위까지 다 태워버렸어요. 오후 6시 10분경에 불길이 다 지나가고 나는 일어섰지요. 내 옷은 전혀 그을린 데가 없고 나 역시 화상을 입지 않았어요.[32]

만약 나머지 대원들이 닷지의 말을 듣고 닷지처럼 이스케이프 파이어가 불태운 장소에 바싹 엎드려 물을 적신 수건으로 코와 입을 가렸다면 그들 역시 목숨을 건질 수 있었을 것이다. 그러나 그들

맨 협곡 산불의 생존자 샐리(왼쪽)와 럼지 | 이 두 사람이 살아남을 수 있었던 것은 대원들 중 가장 젊어 체력이 좋았다는 점, 둘이 함께 움직였다는 점, 그리고 매우 운이 좋았다는 점의 복합적인 결과이다(사진출처: Life Magazine).

소방대원들의 대장 R. 와그너 닷지 | 그는 '이스케이프 파이어'라는 창의적인 방법으로 본인은 살아남을 수 있었으나 다른 대원들을 구해내지는 못했다.

은 그저 혼돈 속에서 갈팡질팡하며 무기력하게 엄청난 고통 속에 죽어갈 수밖에 없었다. 맨 협곡의 불길은 그 참극 이후에도 5일간 더 타고 나서야 잡혔다. 450명의 소방대원이 동원되어서야 4,500 에이커, 즉 1,800헥타르에 이르는 지역에 걸친 불을 끌 수 있었다.

리더의 소통 노력의 중요성

마이크로소프트 CEO 사티아 나델라는 2017년 출간한 책『히트 리프레시(Hit Refresh: The Quest to Rediscover Microsoft's Soul and Imagine a Better)』에서 이 노먼 맥클린의 논픽션『젊은이들과 산불』에 묘사된 맨 협곡의 참극을 언급하고 있다. 나델라가 MS의 CEO로 취임했던 2014년 초, 마이크로소프는 위기에 처해 있었다. 스마트폰은 IT산업 전체의 지도를 바꾸어 놓았고, MS의 주요 먹거리인 PC 시장은 감소하고 있었다. 나델라는 자신이 닷지처럼 조직을 구할 수 있는 올바른 판단을 할 수 있다는 것을 알았다. 소방대장 닷지는 이스케이프 파이어를 내고 거기에 엎드리는 옳은 판단을 함으로써 스스로의 목숨은 구했으나 그의 부하 누구도 그의 뒤를 따르지 않았다. 나델라는 닷지가 팀 내에서 신뢰를 쌓지 못했다는 것이 이런 참극을 발생하게 했다고 진단했다. 그리고 무엇보다도 부하들이 직관(intuition)에 어긋나는 명령 ─ 불을 지르고 나서 타고 난 자리에 엎드리라는 ─ 에 무조건적으로 응할 만큼 닷지가 부하들과의 평소 소통하는 노력을 하지 않았던 것이 실패 원인이라 생각했다.

나델라의 문제는 그가 상황전환을 위해서 닷지처럼 비직관적(counterintutitve)인 명령을 내려야 했다는 점이다. 나델라의 '이스케이프 파이어'는 클라우드 사업이었다. 큰 수익을 내고 있는 대형 서버와 툴tool 사업에서 수익이 미미한 클라우드 사업으로 우선순위를 바꾸라는 명령이 그의 부하들에게는 도저히 '메이크 센스'하게 들리지 않았다. 이 대목에서 나델라와 닷지의 차이가 나타난다. 나델라는 MS 직원들이 클라우드로 전환해야 하는 상황을 이해하고 리더인 자신을 신뢰할 수 있도록 소통과 신뢰구축의 노력을 아끼지 않았다. 그는 서버와 툴 사업의 리더들을 개별 면담하고, 그들의 의견을 경청하고, 그럼에도 불구하고 왜 MS가 클라우드를 우선순위에 두어야 하는지 차분히 설득했다.[33]

조직의 성공과 실패는 이렇게 간단해 보이지만 중요한 것에서 시작한다. 이 책을 읽는 여러분이, 큰 조직이건 작은 조직이건, 리더의 자리에 있다면 자문해 보기 바란다. "나는 내 조직의 목표와 그 달성 방법을 구성원들과 항상 공유하고, 그들이 그것을 이해하는가?" 만약 위 질문에 대한 답이 '그렇다'이면 당신은 리더로서의 필요조건 하나를 갖춘 셈이다. 만약 '그렇지 않다'면 내일부터라도 그렇게 하길 바란다.

제3장

우리는 결코 예견할 수 없다

1. 임진왜란은 블랙 스완이었다

임진왜란(정유재란 포함)은 조선왕조 500년 역사에서 가장 큰 전쟁이었고, 세계사적으로 특히 피로 얼룩진 16세기에 벌어진 전쟁 중에서도 가장 큰 전쟁 중 하나였다. 15세기 말에서 16세기 중반까지의 이탈리아 대 전쟁은 무려 60여 년에 걸쳐 여덟 차례로 나뉘어 일어났고, 16세기 초에서 중반 동안 일어난 오토만제국과 합스부르크 제국들의 전쟁도 40여 년에 걸쳐 일어났기에 직접 비교하기 곤란하다. 하지만, 임진왜란 개전 4년 전인 1588년 영국이 스페인의 무적함대를 무찌를 때 양국의 전 병력을 합쳐도 스페인이 수병 8천, 육군 19,000명, 영국군이 8천 명으로 4만이 채 되지 않았다. 오토만제국과 합스부르크 사이 대결의 하나로 유명한 1571년 레판토 해전의 전투 병력도 베네치아, 로마, 스페인의 크리스트교 측 2만 명, 오토만 측이 16,000명이었다. 노를 젓고 항해하는 데 투입된 선원들은 이보다 훨씬 많아 각각 64,000명과 72,000명이었으나 그 병력을 합해도 전 참전 인원은 20만 명이 채 되지 않았다.

반면 임진왜란은 임진년 당시 일본 측 병력 20만 명에, 정유재란 개전 시 일본 병력 14만 5천, 그리고 조선군, 의병, 명군을 더하면 참전 인원만 3개국에서 50여 만 명에 이를 것이고, 전사자와 민간인의 피해도 어마어마한 국제전이었다. 이 엄청난 전쟁은 지금의 시각으로 보면 조선 측으로서는 충분히 예측 가능한 참사였고, 당시 왜의 히데요시 정권은 직접, 또는 대마도 정권을 통해서 실제로 전쟁 전 선전포고에 가깝게 여러 차례 미리 조선 측에 경고를 했다. 따라서 조선 측에서는 대비를 하려면 어느 정도는 할 수 있는 상황이었다. 그럼에도 불구하고 조선 측에서는 방비가 턱없이 부족한 상태로 있다가 기습공격을 당한 셈이 되어 불과 20일 만에 수도인 한양을 적에게 내어 주고 평양도 개전 60일 내에 내어 주게 된다.

　내가 이 장에서 주장하려는 것은 당시 조선 조정이 무책임했기 때문에 이렇게 된 것은 결코 아니라는 것이다. 그런 면에서 내 주장은 전근대 일본의 대외전쟁사 전문가인 김시덕 교수나 청주대의 민덕기 교수 같은 사학자들과 그 궤를 같이 한다. 김시덕 교수는 당시 조선이 북쪽의 여진과 남의 왜구에 의한 국지전 정도는 막아낼 수 있는 군사 능력을 가지고 있었고, 조선 조정이 왜란 발발 전까지 통상적인 왜구의 침략을 상정한 대비를 하고 있었다고 주장한다.[1] 다만 그는 20만 명의 대규모 침공을 조선이 예상치 못한 것은 조선 조정의 잘못이라 지적하였다.

　청주대의 민덕기 교수 역시 비슷한 견해를 피력하면서 당시 조선은 점령자로서의 왜군倭軍이 아닌 약탈자로서의 왜적倭賊의 내습, 즉 최대 1만 명 정도 왜구의 침입에 대비하고 있었던 것이라고 주장하였다.[2] 실제 선조실록과 류성룡의 징비록에는 황윤길, 김성일의 방일을 전후하여 지휘관을 국경 사정에 밝은 인물로 교체하고 남부의 성을 보완, 수축한 바를 기록하고 있다. 나의 주장은 여기서 한 걸음 더 나아가 당시의 조선 조정으로서는 임진왜란 같은 일본에 의한 대규모의 전면침공은 도저히 일어날 것이라 상상하기 어려운 일종의 '블랙 스완'이었다는 것이다.

『블랙 스완』은 2007년 출간된 나심 니콜라스 탈레브의 책 제목이다. 탈레브는 이 『뉴욕타임스』 베스트셀러에서 '블랙 스완'을 '좀처럼 있을 법 하지 않은 중대한 사건'이라 정의했다.[3] 유럽인들은 17세기 말 네덜란드의 탐험가 윌렘 데 블레밍Willem de Vlamingh 일행이 호주 서부에서 검은 백조를 데려오기 전까지 지구상의 모든 백조는 흰색이라 생각했다. 당연하게도 그들은 처음 검은 백조를 목격하고 놀라움을 금치 못하였다. 즉 '블랙 스완'은 그 일이 일어나기 전까지는 상상하기 어려운, 경험 밖의 사건을 지칭하는 메타포다. 탈레브는 블랙 스완은 일종의 극단값(outliers)이라 주장한다. 극단값은 '과거의 경험으로는 그 존재 가능성을 확인할 수 없기 때문에 일반적인 기대 영역 바깥에 놓여 있는 관측값을 가리키는 통계학 용어'다.[4] 9·11 테러는 당시 미국 국방을 책임진 사람들에게, 과거의 경험으로 예측할 수 없는 극단값이었다. 임진왜란 당시의 조선 조정에게도 일본의 한반도 전면침공이란 것은 과거의 경험에 없는 극단값이었다.

이 장에서 당시 일본의 침공이 조선조정에게는 왜 일종의 '블랙 스완'이었는지를, 조직이론의 시각에서, 그리고 센스메이킹의 관점에서 설명하고자 한다. 이 관점에 따르면 조선 조정이 20만 명의 대규모 일본군 침입을 예상하지 못했던 것, 그리고 조선 육군이 개전 초기 연전연패를 거듭한 것은 그들이 전적으로 무책임했기 때문이 아니다. 그들에게는 정보가 부족할 수밖에 없었고, 군사력에서 열위일 수밖에 없었던 제도적인, 역사적인, 구조적인 문제가 있었기 때문이다. 여기서의 제도(institution)는 16세기 조선 조정이라는 조직이 속한 당시 사회 — 여기서는 유학의 중화주의中華主義와 주자학적인 도덕관으로 대표되는 — 를 규정하는 공식, 비공식적 규칙과 관행을 의미한다. 그리고 조선조정에게는 그나마 제한된 정보도 그 해석과 의미부여를 잘 하지 못할 수밖에 없는 역사적, 문화적 이유가 있었다. 즉 이는 결국 센스메이킹의 실패라는 결론으로 귀결된다.

사학자가 아니고 경영학자인 필자가, 이미 많은 사람이 알고 있는 역사적 사건을, 경영학 중에서도 특히 조직이론, 또는 사회심리학적 시각에서 바라보는 것에 저항감을 느낄 독자가 있을지 모르겠다. 그러나 약 430년 전의 역사적 사건이라고 해도 조선왕조실록이라는 우리 기록 문화의 정수 덕분에 당시 주요 의사 결정자들의 대화 내용과 보고서 등이 남아 있어서, 적어도 사건의 실체를 접근하고 이를 센스메이킹이라는 렌즈로 분석하는 데는 큰 어려움이 없었다. 그리고 임진왜란 당시 좌의정, 도체찰사, 영의정 등 최고 위직에 있었던 서애 류성룡의 회고록 '징비록'이나 왜란 당시 일본에 끌려가 고초를 겪은 유학자 강항이 돌아와 조정에 바치려고 적은 비망록 '간양록'도 좋은 참고 자료가 되었다.

2. 147년간 49:0

임진왜란에의 불충분한 대비는 조선조정이 대외 사정에 정보가 너무도 부족하였기 때문에 벌어진 일이었다. 이런 정보 부족의 근원적인 이유는 당시 선조가 이끄는 16세기 말 조선 조정만의 문제가 아니라 그 이전 100여 년의 조선 역사와 문화 등에서 찾아야 한다. 사학자들 간에 논쟁의 여지가 있는 주장은 배제하고, 숫자를 위주로 한 사실 중심으로 당시를 분석하여 보면, 15세기 후반부터 임진왜란이 있던 16세기 말까지의 약 100여 년간 조선 정부는 일본의 정치상황에 무지할 뿐 아니라 관심도 적었다는 결론에 이르게 된다. 다음 표에서 보듯이 정종 1년, 즉 1399년 처음 무로마치 막부의 사신이 건너온 이후 일본은 임진왜란 직전까지 70번에 걸쳐서 막부의 국사國使를 보내고[5] 그 밖의 대신, 제후들이 보낸 사절과 상인까지 합하면 많을 때는 한 해 수백 수천 명 이상의 일본인이 한양을 내왕하여 조선의 사정을 잘 알고 있었다. 반면 조선은 조선 초기인 세종 25년(1443년)까지 통신사, 회례사 등의 이름으로 십여 차례 정식 외교사절이 일본에 파견된 이래, 임진왜란 직전까지 무려 147년간 일본 본토에 정식 국사를 보낸 적이 없었다.

15세기 전반기에는 조선에도 이예李藝(1373~1445), 신숙주 같은 걸출한 대일 외교관이 있었다. 특히 이예는 1396년 이래 40차례 교토, 큐슈, 오키나와, 대마도 등지에 파견되어 무려 667명의 조선인을 귀환시켰고, 조선시대 대일 통상외교의 근간이 된 계해약조癸亥約條(1443년)를 성사시킨 '일본통'이었다. 그러나 1443년(세종 25년)

조선통신사와 일본국왕사의 상호파견표

	태조	정종	태종	세종	문종	단종	세조	예종	성종	연산	중종	인종	명종	선조	소계
조선통신사	1	2 (1)	5 (1)	7	0	0	1 (1)	0	2 (2)	0	0	0	0	1	19 (5)
일본국왕사	0	1	12	10	1	0	7	0	9	4	12	1	8	5	70

( )는 사신이 파견되었으나 임무를 수행하지 못하고 도중에 중지된 경우이다. 그것을 감안하면 세종 25년(1443)부터 임진왜란 직전인 선조 23년(1590) 황윤길·김성일 파견 전까지는 실제 조선통신사 파견 숫자가 0이다(출처: 손승철, 2006. 『조선통신사, 일본과 통하다』, 동아시아, 66쪽).

통신사 변효문, 부사 윤인보, 서장관 신숙주를 파견한 이후, 일본이 49번 국사를 조선에 보내는 동안 조선은 1590년 황윤길, 김성일이 정사와 부사 자격의 통신사로 파견될 때까지 일본 본토에 단 한 차례도 정식 국사를 보내지 못했다. 1460년(세조 6년), 1475년(성종 6년), 1479년(성종 10년)에 세 번의 통신사 파견 시도가 있었으나, 1460년에는 풍랑으로 통신사 일행이 모두 실종되었고, 성종 때의 두 차례 시도는 일본 본토의 내란이라는 이유로 중지하거나, 대마도까지만 갔다가 돌아왔다. 147년간 49 대 0이라는 방문 숫자의 불균형은 결국 조선 측에서 일본에 대한 정보의 부족으로 이어졌다.

물론 이 49번의 일본 국왕사 중 상당수는 국왕사를 사칭한 대마도주의 위사僞使일 가능성이 존재한다. 강원대의 손승철 명예교수는 그의 저서 『조선통신사, 일본과 통하다』에서, 조선 건국 후 임진왜란 직전까지 일본이 파견한 70번의 국왕사 중 약 절반가량을 위사일 것으로 추정하면서 당시 일본 국왕사의 진위 구분이 향후 한일관계사 연구에 중요한 과제라 지적한다. 그러나 대마도주의 위사라 하더라도, 이들 위사들이 조선에서 정보를 습득해 갔을 것이라는 점과, 임진왜란 당시 대마도인들이 일본군의 길잡이 역할을 했던 것을 고려하면, 이는 당시 조선과 일본의 서로에 대한 정보 불균형을 가중시키는 것이었다.

3. '조선의 한 도(道) 크기의 작은 남쪽 섬나라'

혼일강리역대국도지도混一疆理歷代國都之圖는 태종 2년인 1402년에 만들어진 현존하는 동양 최고最古의 세계지도이다. 당시 좌정승 김사형, 우정승 이무와 의정부 검상 이회李薈 등이 제작에 참여하였다.[6] 이 지도의 제작자들은 그 직책으로 미루어 볼 때 최고의 엘리트들이요, 적어도 조선 내에서는 해외에 대한 정보를 많이 가진 사람들이었을 것이다. 그런데 지도를 보면 세계 지도라고는 하나 전체의 반이 중국, 1/4 가량이 한반도다. 즉 실제의 물리적 크기가 아닌 당시 조선의 지식인들이 생각했던 국력과 중요성에 따라 지도상의 크기가 정해진 것이다.

　유럽과 아프리카는 형태는 있으나 실제 크기와 비교하여 터무니없이 작고 모양도 실제와 다르게 그려져 있다. 일본은 동북에서 서남으로 이어지는 열도가 아니라 서북에서 동남으로 이어지는 열도로 그려져 있고 한반도의 정 남쪽에 자리 잡아 위치, 방위 모두 틀리다. 그러나 가장 큰 섬인 혼슈와 부속 도서들의 형태는 비교적

혼일강리역대국도지도 | 조선인들이 생각한 일본은 조선의 1/5 크기의 섬나라였다.

정확하게 그려져 있다. 단 일본 열도의 크기는 한반도의 한 도道 정도이다. 이것이 조선 초기 우리나라 사람들이 생각했던 일본의 크기였다. 조선의 1/5 정도 크기의 남쪽 작은 섬나라.

　신숙주가 성종 2년(1471)에 왕명에 의하여 저술한 『해동제국기』는 조선 후기까지, 일본에 관한 조선 최고의 참고 서적이자, 대일외교를 맡은 관료들에게는 필독서였다. 신숙주가 일본에 서장관으로 파견되었던 것이 앞서 언급한 대로 1443년이다. 그 후 28년이 지난 1471년에서야 이 책이 완성되었다는 것, 그것도 왕명으로 편찬되었다는 것은 이것이 단순한 기행문이 아니라는 것을 시사한다.

사학자 신병주 교수의 표현으로는 이 책은 신숙주의 일본 방문 경험을 바탕으로 당시의 외교 관례 등을 체계적으로 정리한 외교 문서이자 조선 초기 대일외교의 축적된 경험을 모아서 편찬된 책이다.[7] 그 서문에 다음과 같은 구절이 나온다.

> 동해에 있는 나라가 하나만은 아니나 일본은 가장 오래되고 가장 큰 나라다. 그 땅은 흑룡강 북쪽에서 시작해 제주 남쪽에 이른다. 유구국과 서로 접해 있으며 그 세력이 심히 크다.[8]

즉 이미 15세기 중반에 당대의 지식인이자 최고위 공직자가 남해가 아니라 동해에 있다는 일본의 정확한 위치와 그 대략의 크기를 기록한 책을 남긴 것이다. 그럼에도 불구하고 일본은 조선의 남쪽에 있는 작은 섬나라라는 인식은 계속되었다. 여지도輿地圖라는, 보물 제1592호로 지정된 조선시대의 종합 지도책이 있다(우리가 알고 있는 김정호의 대동여지도와는 다른 지도이다). 이 여지도는 제작연도 미상으로 알려져 있으나, 1787년(정조 11년)에 진鎭에서 부府로 승격한 함경도의 장진도호부가 표시되어 있어 아무리 빨라도 1787년 이후에 제작된 것이다. 또한, 1789년(정조 13년)에 양주에서 수원으로 옮긴 사도세자의 묘 현륭원이 수원에 표시되어 있고, 1795년 이후에 바뀐 시흥始興, 노성魯城, 이원利原 등의 변화는 전혀 반영되어 있지 않다는 점을 고려할 때, 1795년 이전에 작성된 것임이 분명하다.[9]

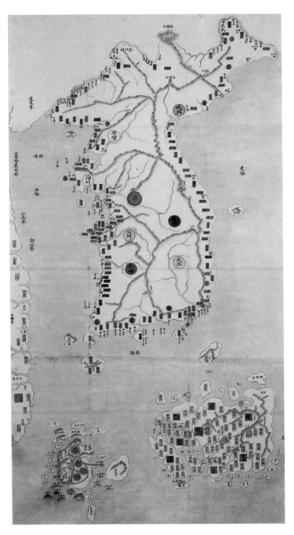

여지도 제1첩의 조선일본유구국도 | 임진왜란 발발 200년 후에도 조선인들이 생각한 일본은 여전히 작은 섬나라였다. 조선의 가장 큰 비극은 임진왜란이라는 환란을 무방비로 맞이했다는 것보다, 그 환란을 겪고도 여전히 일본에 무지했다는 점이 아닐까. 이 지도가 그려지고 약 110여 년 후 조선은 이 '작은 섬나라'의 식민지가 되고 만다(사진출처: 한국민족문화대백과).

그러므로 이 여지도는 대략 1789년에서 1795년 사이에 그려진 것으로, 비교적 정확하게 제작연대가 추정된다. 그런데 이 지도책 안의 '조선일본유구국도'에 나오는 일본열도 역시 한반도의 1/4 정도의 크기에 위치는 거의 정남 방향이었다. 즉 15세기 신숙주의 문헌에도 불구하고, 임진왜란 종전 후 거의 200년 후인 18세기 말까지 조선의 지식인들의 머릿속에 일본에 대한 지리 정보는 잘못 입력되어 있었다. 이런 그릇된 정보로 정세를 분석하면 틀린 판단을 하게 된다.

오늘날의 한국 사람이라면 모두 알다시피 실제 일본 열도는 한반도의 동북에서 동남에 걸쳐 있으며 그 크기는 한반도의 2배 가까이 된다. 산업혁명 이전 가장 중요한 국력의 지표인 인구와 농지 면적을 기준으로 할 때 고려시대 이래로 한국이 일본보다 국력이 강했던 적은 없었다. 학자마다 조금씩 견해가 다르지만 아래의 표에서 보듯이 1500년대부터 임진왜란이 일어난 16세기 말까지 일본의 추정 인구는 줄곧 당시 조선 추정 인구의 두 배에 가까운 1,540만에서 1,850만 명 정도를 유지하였다.[10] 실제 현대적 방식으로 인구조사가 이루어진 20세기에는 그 격차가 더 벌어져 첫 인구조사가 있었던 1920년대 당시 한국 인구는 일본의 1/3 수준이었다. 즉, 19세기 이전의 추정치에 약간의 오차가 있을 수는 있으나 전 근대시대에도 양국의 국력 차이는 명확했다. 대부분의 조선 사람들은 이것을 몰랐다.

한국과 일본의 인구: AD 1000~1925년(단위 백만 명)*

인구/연도	1000	1500	1600	1700	1820	1925
한국 (북한포함)	3.9	8.0	10.0	12.2	13.8	19.5
일본	7.5	15.4	18.5	27.0	31.0	59.5

* 20세기 이전 인구는 Maddison, A. 2001. The World Economy: A Millennial Perspective, OECD, 238쪽, 표 B.8. Population of Asia, 0~1820 A.D.에서 인용. 1925년 인구는 일제 강점기 행해진 조선의 간이국세자료와 일본 국세조사 자료를 인용. 고려 건국이 918년이고 발해 멸망이 926년이니, 유감스럽게도 지난 1,100년간 우리가 일본보다 GDP에서 앞선 적은 없었던 듯하다.

임진왜란 이후 일본에 포로로 잡혀갔다 돌아온 유학자 강항이 조정에 바치려고 쓴 보고서가 간양록이다. 이 책에서 강항은 예전에는 왜국, 즉 일본을 우리나라보다 작다고 보았다고 기술하면서 일본의 승려 의안의 발언을 빌려 다음과 같이 언급하고 있다. "임진란때 왜인들이 조선의 토지대장을 모조리 가져왔는데 일본의 절반도 못 되던걸요."[11] 농업 사회였던 당시에는 토지 면적이 곧 GDP와 정비례했다. 즉 실제로는 국력, 즉 GDP 면에서 두 배 이상 일본이 더 컸음에도 불구하고 임진왜란이 끝난 후에도 당시까지 지식인들은 조선이 일본보다 크다고 생각했다는 것이다. 임진왜란 개전 당시 조선의 일본에 대한 평가는 조선의 지도에 나타난 일본의 크기가 정확히 말해 준다고 할 것이다. 당시의 조선조정은 일본의 전반적인 국력을 실제보다 훨씬 과소평가한 상태에서 정세판단을 하고 있었다.

4. 카게무샤에 나오는 일본의 전투력

당시 일본은 백 년이 넘는 내전을 통해 실전 경험이 풍부한 군인들로 구성된, 동아시아 최강의 군대를 보유하고 있었는데 조선 조정은 그러한 상황에도 어두웠다. 임진왜란이 벌어지던 당시의 조선왕조실록의 기록을 보면 왜군을 묘사하면서 소향무적所向無敵, 즉 '나아가는 곳마다 대적할 자가 없다'는 표현이 여러 번 등장한다. 당시의 일본 육군은 동아시아에서는 정말로 대적할 군이 없을 정도의 강병이었다. 일본군이 이렇게 강군이 된 데는 조총 등 신무기의 도입도 기여했지만 오랜 내전으로 각개병사의 무술이나 집단의 전술, 그리고 군 차원의 전략 면에서 엄청난 발전을 이룬 결과였다.

　서양사학자인 주경철 교수는 16세기 일본군의 조총(화승총火繩銃: 일본 발음으로는 히나와즈, 또는 처음 조총이 전래된 섬 종자도種子島의 일본 발음을 따라 타네가시마로 불린다)을 사용한 전술은 정작 총의 발명지인 서구보다도 몇 십 년 앞섰다고 지적한다.[12] 조총은 사실 일본 도입 직후에는 전투에서의 실효성이 의문시되기도 하였다. 초창기 조총의 몇 안 되는 장점 중 하나는 칼이나 창, 활을 전혀 다루지 못하는 농부들도 쉽게 배워서 바로 전투에 투입되는 것을 가능하게 했다는 것이었다. 그러나 화약이 젖거나 날씨가 궂으면 장전과 발사가 되지 않는 경우가 많았고, 그 외에도 전투에서 사용하기엔 정말로 치명적인 문제점이 있었다. 그것은 개별 병사의 숙련도에 따라 약간씩 다르긴 하지만, 한 번 발사하고 재장전하기까지 평균 몇 십 초가 걸린다는 점이었다.

16세기 일본에서 한 실험에 의하면 숙련된 궁사가 15발의 화살을 연속해서 쏘는 동안 조총 사수는 단 한 발을 쏠 수 있었다.[13] 조총 유효사거리는 100미터~200미터 정도로, 이 거리에서라면 한 번 쏘고 나서 재장전하는 동안 적의 궁수나 기마병이 접근해 활을 쏘아대거나 칼을 휘두르면 오히려 총을 가진 쪽이 불리하게 될 지경이었다. 포르투갈에 의해 조총이 처음 일본에 전래된 것이 1543년, 일본군은 많은 실전 경험을 통해 30여 년 만에 이 치명적인 약점을 극복하고, 그 후 벌어진 동아시아 거의 모든 전투의 양상을 바꾸는 데 성공한다.

구로자와 아키라黑沢明의 걸작이자 칸 영화제 황금종려상 수상작 '카게무샤'의 라스트 씬 20분은, 1575년 다케다 가문과 오다 노부다가織田信長・도쿠가와 이에야스德川家康의 연합군이 벌인 나가시노 전투장면이다. 이 대결은 향후 일본 역사를 결정지을 뿐 아니라 전쟁사 측면에서도 의미가 큰 전투였다. 다케다 가문을 이끌었던 다케다 신겐武田信玄은 일본에서는 전신戰神으로 불리며, 일본의 민간 설화나 연극, 소설의 주인공으로 많이 등장한다. 이 전투 2년 전 그는 진중陣中에서 사망하는데 이 영화에서의 카게무샤影武者는 바로 죽은 다케다 신겐을 대신한 대역무사를 지칭한다. 영화 속 다케다 신겐의 카게무샤는 전투에서 다케다군이 오다 노부나가군에게 철저하게 짓밟히는 장면을 안타까워하면서 지켜본다.

기록에 의하면 이 나가시노 전투에서 오다 노부나가군의 약 3,000명이 조총 사수로 전투에 참여하였다.[14] 오다 노부나가는 이 조총 사수들을 23열로 세워 한 줄이 사격하고 그 다음 줄이 발사하는 식으로 20초마다 1,000발의 연속사격을 함으로써 다케다군의 기마부대를 괴멸시켰다고 한다.[15] 이런 전술은 서구에서는 1590년 대에나 처음 실험적으로 시도된 것이었다. 총을 한 번 쏘고 재장전 하여 다시 발사하기까지 몇 십 초가 걸리는 시절에 연달아 20초마다 무려 1,000발의 연속사격이라는 것은 정말로 혁명적인 전술이었 다. 오다 노부나가의 부장副將 출신이고, 나가시노 전투에도 참전하 였던 도요토미 히데요시豊臣秀吉의 군대 역시 조선에서 이 비슷한 전 술을 사용하였다. KBS에서 방영된 드라마 「징비록」의 2화에서도 히데요시군이 이런 전술을 연습하는 장면을 보여주고 있다. 임진왜란 당시의 왜군은 3교대 사격(3열 횡대로 1열씩 교대하면서 사격하고 장전 하는 방식) 전술로써 조총으로 연발사격의 효과가 나도록 하였다.[16]

최근 오다 노부나가군이 나가시노 전투에서 이 연발사격 전술 을 사상 최초로 사용하였다는 데 의문을 제기하는 문헌들이 잇달 아 발표되었다. 노부나가의 가신이었던 오오타 규이치太田牛一의 '노부나가공기信長公記'를 '오다 노부다가 연대기(The Chronicle of Oda Nobunaga)'라는 제목으로 영문 번역한 일본사 전문가 저기스 엘리소나스Jurgis Elisonas와 예론 라머스Jeroen Lamers가 바로 그 영문 본에서 이런 지적을 하였고, 국방대학교 노영구 교수 역시 2012년 『軍史』에 발표한 논문에서 비슷한 지적을 하고 있다.[17] 그러나 적 어도 나가시노 전투에서 노부나가군이 조총을 사용하였다는 것, 그리고 임진왜란에서 왜군이 이런 혁신적인 조총 전술을 사용하였 던 것은 분명하다. 당시 일본, 조선, 그리고 명나라의 문헌이 이를 증명하고 있다.

일본군의 연속사격 전술 | 여기서는 2열 횡대의 배치이다. 논쟁의 여지가 있으나 일본군은 이런 전술을 임진왜란이 발발하기 거의 20년 전인 1570년대 중반부터 사용하였을 가능성이 있다. 기록에 의하면 서구에서는 1590년대에나 이런 전술이 처음 등장했다(그림 출처: 위키피디아).

당시 조선군에도 조총과는 매우 다른 구조의 휴대용 화포인 승자총통이 있었으나, 다루기 매우 어려운데다가 명중률이 조총에 훨씬 못 미쳤고 보급된 숫자도 초라할 만큼 적었다. 반면 일본은, 1575년 오다 노부다가군의 조총수 3,000명이, 불과 17년 후 조선을 쳐들어온 도요토미 히데요시군에서는 2만4천 명 정도로 늘어나 있었을 것으로 추정된다.[18] 더구나 일본군처럼 연발사격으로 쏘아대는 공격은 당시 조선군으로서는 처음 보는 것이고 상상도 못할 만큼 앞서 있는 전술이었을 것이다. 100미터 정도 거리에서는 조총으로 기선을 제압하고 이어 벌어지는 백병전에서는 앞선 검술과 창술로 싸우니 당시 왜군을 소향무적으로 표현한 것이 과장은 아니었을 것이라 생각한다.

특히 임진왜란 초기 조선 육군이 왜군에 일방적으로 밀렸던 것은 당시 조선군의 편제나 전술과도 관련이 있었다. 16세기 후반까지 조선에게는 북방 여진족의 침입이 주요한 위협이었다. 특히 왜란 발발 9년 전인 1583년에 일어난 니탕개尼湯介의 난은 임진왜란 이전까지는 조선 건국 이래 가장 큰 외세의 침입이었다. 따라서 당시 조선 육군은 이들 여진족과 싸우기에 최적화된 기병, 궁수, 포 중심의 편제를 운영하였고 근접전을 위한 전술과 무기체계는 갖추지 못하였다.[19]

개전 직후 조선 육군의 주력부대를 이끌고 남쪽으로 내려가던 총사령관 신립申砬이, 산악지역인 조령을 요새로 삼아 방어 중심의 전술로 가자는 참모들의 건의를 물리치고, 평야에 가까운 낮은 구릉지역인 탄금대를 결전의 장소로 택한 이유는 바로 기마부대의 활용을 위해서였다.[20] 신립이 그로부터 불과 9년 전 니탕개의 난을 기마부대로 평정한 경력이, 이러한 선택에 큰 영향을 미쳤을 것이다.

　그러나 기병 돌격, 궁수, 중장거리용 화약 무기를 중심으로 한 전술 체계의 신립 부대는 조총을 주무기로 하는 일본군에게는 상대적으로 쉬운 상대였을 것으로 추정된다. 도요토미 히데요시가 속한 오다 노부나가군의 대승으로 끝난 나가시노 전투가, 바로 평지에서 벌어졌던 다케다 기마부대와 오다 노부다가 조총부대의 대결이었으니 말이다. 1592년 4월 28일 벌어진 탄금대 전투에서 조선 육군의 주력부대는 전멸에 가까운 대패를 당했다. 한양이 4일 후인 5월 2일 함락되었다는 점을 비추어 보면, 왜군은 탄금대 전투 이후로는 더 이상 장애물이 없어져서 행군 속도(일일 평균 30km 이상)로 진격한 셈이다. 개전 직후 조선 육군이 이렇게 패퇴를 거듭한 것은 준비 부족과, 무기의 열위, 왜군 대비 병력의 열위가 주 이유였지만, 이러한 편제상의 문제점과 그로 인한 전술에서의 열위도 큰 영향을 주었을 것이다.

5. 왜 선조와 조정은 그렇게 판단했을까?

조선 조정의 결정적인 센스메이킹의 실패는 왜란 2년 전에 파견된 조선통신사들이 전쟁 발발 만 1년 전 돌아와 한 보고내용이 엇갈린 것에서 기인한다. 1591년 3월 1일, 정사인 황윤길은 대규모 전쟁이 일어날 것으로 보고하였고, 부사인 김성일은 전쟁은 없을 것으로 보고하였다.[21] 일본에서 통신사 일행이 가져 온 도요토미 히데요시의 답서에는 군사를 거느리고 조선을 뛰어 넘어 명나라를 치겠다는 사실상의 선전포고가 들어 있었다. 두 통신사의 보고를 들은 선조가 부사의 손을 들어 적어도 전면적인 전쟁은 일어나지 않는다는 쪽으로 결론을 내렸다. 이 사건은 역사적으로 너무도 유명하고, 이순신이나 징비록 등 임진왜란을 주제로 한 TV 드라마에도 빠지지 않는 장면이다. 당시 정사인 황윤길이 서인이었고 부사인 김성일이 동인이어서 당파로 갈려 엇갈린 보고를 했다는 설도 있다. 그러나 통신사 일행의 3인자인 서장관 허성은 동인임에도 불구하고 정사인 서인 황윤길과 뜻을 같이 했고, 수행원 중 무관 출신인 황진 역시 전쟁이 일어날 것으로 주장한 것으로 미루어 당파와는 상관없는 개인의 판단으로 추정된다.

문제는 '왜?', 즉 그 이유다. 왜 김성일은 그렇게 주장했고, 왜 선조는 김성일의 주장을 선택했을까? 당시 상황을 기록한 조선왕조실록에는 류성룡이, 같은 동인이고, 퇴계 문하의 동문이자 고향 선배인 김성일에게 만약 황윤길의 판단이 옳으면 어쩌려고 하느냐고 묻는 장면이 나온다.

> "그대가 황의 말과 고의로 다르게 말하는데, 만일 병화가 있게 되면 어떻게 하려고 그러시오?" 하니, 성일이 말하기를, "나도 어찌 왜적이 나오지 않을 것이라고 단정하겠습니까. 다만 온 나라가 놀라고 동요될까 두려워 그것을 풀어주려 그런 것입니다."[22]

모두가 알다시피 김성일과 그의 의견을 따른 선조의 판단은 그 후의 파국을 부른 결정적인 실수였다. 당시 김성일과 조선 조정의 판단은 일종의 확증편향(confirmation bias)에 의한 것이라 할 수 있겠다. 확증편향은 자신의 신념과 일치하는 정보는 받아들이고 신념과 일치하지 않는 정보는 무시하는 경향이다. 그럼 어떤 정보를 받아들였고, 어떤 정보를 무시하였기에 이런 확증편향적인 판단이 나왔을까?

여기서 조선 조정의 신념은 앞서 설명한 대로 '일본은 조선보다 훨씬 작은 소국'이라는 잘못된 정보와 그 전에 있었던 왜구의 침입 규모 등으로 인해 굳어진 것으로 보인다. 일단 명나라를 치러 간다는 히데요시의 답서는 당시 일본을 조선보다도 훨씬 작은 소국이라고 여긴 조선 조정에는 도저히 '메이크 센스' 하지 않은, 한마디로 말도 안 되는 협박이었다. 앞에서 소개한 '혼일강리역대국도지도'를 다시 보기 바란다. 거기에 나오는 중국과 한반도의 크기, 그리고 일본의 크기를 비교해 보라. 그런 지리 정보를 바탕으로 조선 조정은 '우리보다도 훨씬 작은 일본이, 세계의 중심이자 최강의 나라 명明을 친다니, 그게 말이 되나'라고 생각했을 것이다.

이 주장을 현대의 지정학 용어로 바꾸어 보자. 예를 들자면, 섬나라 쿠바가 세계 최강 군사력의 미국을 공격하겠다며 멕시코를 협박하는 것 같은 느낌이다. 게다가 미국을 친다면서 가까운 플로리다 반도를 통해 가지 않고, 굳이 쿠바보다 훨씬 크고 GDP나 인구 면에서 비교가 되지 않을 정도의 대국인 멕시코에게 길을 빌려 달라는 것과 비슷하다. 북미의 지도를 보면서 멕시코와 쿠바의 크기를 '혼일강리역대국대지도'나 '여지도'에 나오는 한반도, 일본과 비교하며 생각해 보기 바란다. 이것이 얼마나 말도 되지 않는 협박인지 알 수 있다. 16세기 말의 조선조정 대부분 인사에게는 히데요시의 답서가 그렇게 들렸을 것이다.

6. 잘못된 참고자료: 을묘왜변

왜 당시 영의정 이산해와 좌의정 류성룡을 비롯한 동인 중심의 조선 조정은 왜적이 오지 않을 거라 100% 확신치 못하면서도, 침공이 있을 수 있다고 온 국민에 알리고 대비하지 않았을까? 앞서 지적한 대로 당시 조선 조정이 통상적인 왜구의 침공을 예상한 대비를 했다는 증거는 선조실록을 비롯한 여러 기록에서 발견되었다. 예컨대 사학자인 민덕기 교수는 '조선 조정은 무조건 무능했다'라는 '징비론적' 자학사관을 비판하면서 당시의 조선 조정이 을묘왜변보다 좀 더 큰 정도인 최대 1만 명 규모의 왜구의 출현을 예상한 대비를 한 것이라 추정하였다.[23] 즉 당시의 조선 조정이 상상할 수 있는 가장 큰 왜란은 을묘왜변이었기 때문에 그것이 참고자료가 되었다는 것이다.

　을묘왜변은 임진왜란이 일어나기 37년 전인 1555년 일어난, 당시까지로는 조선 개국 이래 가장 큰 왜구의 침범이었다. 조선정부는 삼포왜란三浦倭亂(1510)·사량진왜변蛇梁鎭倭變(1544) 등 16세기 초, 중반 왜구들의 행패가 있을 때마다 이에 대한 제재조치로 그들의 세견선歲遣船(무역을 위한 상선)을 엄격히 제한하였다. 조선으로부터 물자의 보급을 받아야 하였던 왜인들은 이의 완화조치를 요구하여 왔으나 조선정부는 이에 응하지 않았다. 이러한 조선정부의 통제에 대해 불만을 품은 왜구가 1555년(명종 10년) 배 70여 척으로 전라남도 연안지방을 습격하여 영암의 달량성達梁城(해남군 북평면 남창리)·어란포於蘭浦(전남 해남군 송지면 어란리), 진도珍島의 금갑金甲·남도南桃 등의 보루를 불태우고, 장흥과 강진에도 침입한 사건이 을묘왜변이다.

임진왜란 발발 3년 전인 1589년 8월 1일, 선조는 을묘왜변 당시 해남현감으로 참전해 큰 공을 세운 변협邊協을 불러 여러 가지 질문을 하고 있다. 당시 조정은 일본의 움직임이 심상치 않다고 생각하고 각 대신들에게 쓸 만한 무신들을 추천하라고 하였다. 그 결과 같은 해 1월 변협, 이순신을 비롯한 무장들이 비변사의 불차채용不次採用 명단, 즉 직책이나 계급에 관계없이 유능한 무인들을 천거 받아 관직에 임명하기 위한 인재 풀pool에 들어간 상태였다.[24] 변협은 선조와 이 대화를 나눈 후 1년 만에, 즉 임진왜란 발발 2년 전에 사망하는데, 선조는 변협과 같은 장재將材가 없음을 안타까워하며 그가 죽은 뒤 좌의정을 추증했다. 다음은 선조와 변협, 그리고 당시 홍문관 부수찬 벼슬에 있었을 것으로 추정되는 유대진兪大進의 대화이다. 여기서의 상은 물론 임금, 즉 선조다.

상이 이르기를, "그때 왜적이 얼마나 되었는가?" 하니,
변협이 아뢰기를, "배 70척에 군사가 약 6천 명쯤 되었습니다." 하

였다.

상이 이르기를, "수만 명이 쳐들어올 기세는 없는가?" 하니,

변협이 아뢰기를, "왜선倭船은 그다지 크지 아니하여 중국 배에 미치지 못하므로 한 척에 1백 명밖에 실을 수 없습니다. 1백 척이면 1만 명이니 1만 명밖에는 더 나오기가 어려울 듯합니다."

상이 이르기를, "혹시 변지邊地를 할거割據한 뒤에 계속해서 계원전繼援戰을 펼 리는 없겠는가?" 하니, 변협이 아뢰기를,

"주객主客이 같지 않으니 그러할 수는 없을 것입니다." 하였다.

유대진兪大進이 아뢰기를,

"성교聖敎가 지당하십니다. 동국통감東國通鑑에 의하면, 평안·함경에 그들의 발길에 닿지 않은 곳이 없어, 세종 말년에 33척이 비인庇仁을 침범하였고 38척이 해주海州를 침범하였었습니다."

하니 변협이 아뢰기를,

"그때에는 왜인이 우리나라의 해로海路를 잘 알고 있었으므로 그러하였지만, 지금은 해로를 알지 못하기 때문에 충청도에는 능히 들어오지 못할 것입니다."

하였다. 상이 이르기를,

"그렇지 않다. 우리나라의 사정을 저들이 죄다 알고 있으니 만약 우리나라가 전라도에 주력하는 줄을 알고 딴 도道로 들어오면 어찌할 것인가?"

하니, 변협이 아뢰기를,

"소적小賊이라면 천성天城·가덕加德이 염려되지만, 대적大賊이야 어느 곳엔들 들어오지 못하겠습니까." 하였다.[25]

여기서 선조가 말한 '변지邊地를 할거割據한 후 계원전繼援戰'이란 지방 지역을 점령하고 그 지역에서 세력을 형성해 장기전을 펴는 것을 뜻한다. 변협이 말하는 천성天城·가덕加德은 부산 강서구 바다 건너에 있는 가덕도와, 가덕도에 있는 천성진성天城鎭城이다. 이곳은 일본에서 부산으로 들어오는 바닷길의 요충지로 예로부터 왜구가 침입하는 길목이었다. 1544년(중종 39년) 사량진왜변 이후 조정은 이곳 방어의 필요성을 크게 느끼게 된다. 그래서 바다 쪽으로 돌덩이를 채워 병선을 보호하는 시설을 만들고, 읍성과 진보를 축조하여 당시 거기에 수군이 주둔하고 있었다. 대화에 나오듯이 선조는 당시 조정이 남도 방어를 위한 군사력을 전라도에만 집중시키고 있다는 사실에 불안감을 느끼고 다른 지역으로의 왜구 침입을 염려하였다. 이에 변협은 소규모 왜구의 침입은 전라도가 아닌 부산에도 있을 수 있지만 대군이라면 장소를 가리지 않고 어디든 침범할 수 있을 것이라고 원론적인 답변을 하고 있다.

변협은 1528년생으로 1548년에 무과에 급제하여, 1555년 을묘왜변 당시에는 불과 27세의 젊은 장교였다. 선조와 대화를 나누던 1589년에 변협은 이미 환갑이 넘은 노인으로, 조선시대 남성의 평균수명을 고려할 때, 을묘왜변에 지휘관으로 참전하여 그때 전투 상황을 설명할 수 있는 사람으로는 당시 거의 유일한 생존자였을 것이다. 1589년 8월이면 승려 겐소玄蘇를 정사로 하는 일본의 사신단이 와서 통신사의 방일을 강력히 요청한 지 불과 두 달이 지난 시점으로, 조선 조정으로서는 일본의 상황이 심상치 않음을 어느 정도 간파하고 남방의 지휘관들을 교체하던 무렵이다.

선조는 변협과의 대화를 통해, 당시를 기준으로는 가장 최근에 있었던 왜구의 대규모 침입, 즉 을묘왜변의 경험을 바탕으로 앞으로 있을지 모르는 일본군의 침입에 대한 예상을 해보려는 시도를 한 것이다. 위에 나오는 선조의 질문내용을 정리하면 다음 네 가지였다. 첫째, 을묘년 당시의 왜구 규모가 얼마였는지, 둘째, 을묘왜란보다 더 큰 규모의 침공 가능성이 있는지, 셋째, 왜구들이 지역을 점령하여 장기전을 펼 가능성이 있는지, 마지막으로 전라도 이외의 지역으로 침공할 가능성이 있는지 여부다.

이 대화 이후 조선 조정이 취한 조치를 보면, 당시의 조선 조정과 선조는 확실히 을묘왜변을 주된 참고 대상으로 삼았고, 특히 그 참전 장교인 변협의 의견을 매우 중요하게 생각한 것 같다. 즉 왜구의 침입이 있더라도 그것은 다음 세 가지 조건 하에서 이루어질 것이라는 가정 하에 국방계획을 수립한 것으로 보인다. 첫째, 왜구의 침입은 선조의 걱정처럼 전라도가 아닌 다른 지역, 예를 들면 부산으로 들어오는 것이 아니라, 조정의 대부분이 예상하는 대로 을묘왜변처럼 주로 전라도 연안을 중심으로 일어날 것이다. 둘째, 그것은 최대 규모 1만 명 이내의 국지적인 왜구 침범이 될 것이다. 셋째, 왜구가 들어와도, 그것은 민덕기 교수의 표현대로, '점령자로서의 왜군倭軍이 아닌 약탈자로서의 왜적倭賊'으로 그 지역을 점령해 장기전을 펼치는 것이 아니라 통상적인 단기전으로 끝날 것이다.[26]

조선 조정으로서는 그런 해석을 할 만도 했다. 한반도 역사상 16세기 말까지 나라 전체를 침공하는 전면전은 항상 중국을 비롯한 북방 세력과의 사이에서 일어났기 때문이다. 그리고 일본의 침공은 비교적 소규모의 국지전(즉 왜구의 침입)이었고, 그나마 약탈 후에는 다시 일본으로 돌아가는 것을 목격해 왔기 때문에, 그 정도의 소규모 침공이라면 전라도가 아닌 지역이라도 어느 정도 막을 수 있다고 당시 조정은 생각했던 것이다. 필자가 이 6절의 제목을 '잘못된 참고자료: 을묘왜변'이라고 붙였는데, 을묘왜변은 잘못된 참고자료가 아니라, 사실상 유일한 참고자료였던 것이다. 그보다 더 큰 왜변은 조선 개국 이래 단 한 번도 없었으니 말이다. 그래서 '1만 이상의 대규모 일본군이', '전라도가 아닌 지역으로 전면 침공해', '그 지역뿐 아니라 조선 대부분의 영토를 장기적으로 점령하는 것'은 당시 조선 조정이 세웠음직한 위의 세 가지 가정을 모두 위배하는, 상상하기 어려운 '블랙 스완'이었던 것이다.

7. 조선 500년사에서 가장 잘 된 장성급 인사, 그러나 …

을묘왜변을 주 참고자료로 삼은 조선 조정은, 통신사의 방일 도중인 1591년 2월과 통신사가 돌아온 후인 3월, 주로 전라도 지역의 지휘관들을 국방을 이유로 교체하였다. 예컨대 1591년 2월 7일에는 전남 보성寶城은 '바다에 인접한 큰 고을인 만큼 방비防備와 민사民事를 조금도 늦출 수 없는' 요충지인데 새 군수 조경록이 무능하니 그를 교체하자는 사헌부의 건의에 선조는 그렇게 하라고 지시를 내리고 있다.[27] 또한 같은 달 사헌부는 전라좌수사는 '적을 바로 맞는

지역'을 방어하는 것이므로 그 중요성을 감안하여 좌수사 유극량의 교체를 요구하게 된다.[28] 그 후임자를 고른 인사는 결과적으로 보았을 때 조선 500년사에서 가장 잘 된 장성급 인사였다. 유극량의 후임자가 바로 이순신李舜臣이었던 것이다.

이순신은 바로 종 6품 현감에서 정 3품 좌수사로 무려 여섯 단계를 건너뛰는 승진을 해서 현직 전라좌수사의 직책을 갖고 그로부터 1년 2개월 후 임진왜란의 개전을 맞이하게 된다. 당시 사간원은 '관작의 남용이 이보다 더 심할 수 없다'며 이 벼락승진에 대해 두 차례에 걸쳐 결사반대했다. 그럼에도 불구하고 선조가 '지금은 상규에 구애될 수 없다' 하고, '그 사람이면 충분히 감당할 터이니 관작의 고하를 따질 필요가 없다'며 이 무리한 인사를 밀어 붙인 것은 그만큼 전라도의 국지局地방어에 매우 신경을 쓰고 있었다는 증거라 하겠다.[29] 3월 1일에는 왜인들의 변란을 걱정하여 호남의 방백方伯, 즉 지방관리를 엄선하도록 하였는데, 문무 합의기구인 비변사에서 만장일치로 전라감사 이광을 천거하였고 이에 이광의 품계를 올리고, 전라감사 겸 도 순찰사로 삼아 전라도 일대의 국방 총 책임을 맡기도록 하였다.[30]

조정은 뒤늦게 임진왜란 9개월 전인 1591년 7월 비변사의 건의에 따라 호남뿐 아니라 영남에 큰 성을 수축하기로 결정하였다. 성을 수축한 이유는 '왜적은 수전에 강하지만 육지에 오르면 불리하니', 따라서 '오로지 육지의 방어에 힘쓰기' 위한 것이었다. 이조차 실제 임진왜란 당시 조선 수군의 눈부신 활약과, 개전 초기 육군의 일방적인 패퇴를 보면 대단히 잘못된 가정에 근거한 결정이었던 셈이다.

그러나 '물길이 험해서' 통신사를 100년 이상 못 보낸 조선과, 그 험한 물길을 뚫고 국왕사를 수시로 보내 온 일본의 항해술 차이를 감안하면 일본이 수전에 강할 것이라는 당시 조선 조정의 판단은 이해가 간다. 문제는 쌓아 올린 성 역시 방어벽 역할을 하기에는 역부족이었다는 것이다. '험한 곳에 의거하지 않고 평지를 취하여 쌓았고', '높이가 겨우 2~3장(약 2~3 미터)에 불과했으며', '참호도 겨우 모양만 갖추었을 뿐', 당시 지식인들은 이 성으로는 '결단코 방어하지 못할 것을 알고 있었다'고 후대에 편찬된 선조수정실록은 기록하고 있다.[31]

즉 이러한 기록들을 감안할 때 통일된 일본이 전 국력을 쏟아 부어 20만이라는 대군을 동원하여, 조선 전 영역을 침공하고, 그 공격의 1차 목표가 전라도가 아닌 부산이라는 것은 당시의 조선 조정에서는 별로 염두에 두지 않은, 전혀 '메이크 센스' 하지 않은 가정이었던 것이다. 그렇기 때문에 김성일의 의견을 따라, '일본의 대규모 공격을 예고하여 국가적인 혼란을 자초하기보다는', 조용히 전라도를 중심으로 한 남도에서의 국지전을 준비한 것으로 보인다.

8. 대마도의 특이한 사정

당시 조선과의 무역을 통해 살아가던 대마도인들은 조선에 전쟁의 발발을 예고하기 위해 노력했고, 적어도 조선이 완전히 무방비상태에서 전면전을 맞이하지 않도록 수차례에 걸쳐 경고를 했다. 물론 이는 조선을 위한 것이라기보다는 무역으로 살아가는 입장에서 전쟁의 참화를 최소화 하여 대마도의 이익을 보전하고자 하는 이유가 컸을 것이다. 그러나 조선 조정은 끝까지 이 경고를 흘려들었는데, 이 역시 당시의 조선 조정이 무책임해서라기보다는 주어진 정보를 이해하고, 해석하여 거기에 의미를 부여하는 능력, 즉 센스메이킹의 실패 탓으로 보아야 할 것이다.

일본 국왕사國王使를 칭한 대마도주의 가신들이 조정에서 협박에 가까운 언사를 하면서 조선통신사를 파견해달라는 요청을 함에도 조선 조정은 무려 몇 년의 시간을 허비하며 일본 정세를 빨리 파악할 수 있는 기회를 놓치고 있었다. 왜 대마도주의 가신이 일본 국왕사를 칭하였는지, 그리고 왜 그들이 통신사의 파견을 요청하였는지를 알려면 당시의 일본 상황에 대한 부연설명이 필요하다.

일본에서 아시카가 다카우지足利尊氏가 겐무정권建武政權을 무너뜨린 1336년부터 1573년까지의 240여 년을 무로마치 막부 시대라 부른다. 무로마치 막부 쇼군將軍의 외교상 명칭이 일본 국왕이었으므로 임진왜란 직전까지 조선이나 명나라는 쇼군을 일본 국왕으로 인식하고 있었는데, 1573년 오다 노부나가는 무로마치 막부의 마지막 쇼군 요시아키를 교토로부터 추방함으로써 무로마치 막부를 멸망시켰다. 그 후 요시아키는 명목상으로만 쇼군 행세를 하며 대외적으로 일본 국왕을 칭하는 것을 계속하였던 듯한데, 이것마저 뒤엎은 것이 오다 노부다가의 후계자인 도요토미 히데요시였다.

당시 대마도주는 명목상의 쇼군 요시아키를 여전히 일본 국왕으로 알고 있는 조선정부의 정보 부족을 이용해 일본 국왕사를 사칭한 위사를 보내 조선과 무역을 했던 것 같다. 그러던 차에 명목상의 쇼군이 사라지고 히데요시가 권력을 잡으며 조선과 명나라를 칠 결심을 하자 일본과 조선의 중간에서 양국 사이의 중개 무역을 통해 살아가던 대마도로서는 다급한 처지에 처하게 된다. 이에 대마도주는 가능한 한 전쟁을 막기 위해 노력했다. 조선통신사의 일본 파견을 이끌어 내려는 시도는 그러한 노력의 일환이었다. 문제는 조선에서 과연 통신사를 보낼 것인가 하는 점이었다.

9. 일본의 통신사 파견 요청과 조선의 거절 이유

도요토미 히데요시가 침략의 의사를 처음 공식화한 것은 임진왜란이 일어나기 여러 해 전인 1580년대 중반쯤이었다고 한다. 아직 일본 동북 지방은 손에 넣지 못했으나 통일이 확실시 되는 시점, 그는 대마도주 소 요시시게宗義調에게 곧 조선을 정벌하고 명나라를 공격할테니 종군하라는 명령을 내렸다. 중간에 끼인 대마도주 소 요시시게가 이 상황을 타개하기 위해 꺼낸 카드가 바로 자신의 가신인 다치바나 야스히로橘康広, 본명은 유타니 야스히로柚谷康広인 자를 일본 국왕사로 삼아 조선에 국서를 보내고 통신사의 파견을 요청하는 것이었다. 류성룡의 징비록은 바로 이 다치바나 야스히로가 1587년 10월 조선에 도착해 통신사의 방일을 요구하는 것으로 시작한다. 다음은 야스히로에 대한 류성룡의 묘사다.

당시 50세가 넘은 야스히로는 몸집이 우람한데다 하얀 머리털과 수염을 길렀다. 우리나라에 도착한 그는 역에서도 가장 좋은 방에만 머물렀고, 행동 또한 오만불손했다. 그를 만난 사람들은 예전에 왔던 온 일본 사신들과는 너무 다른 모습에 의아해했다.[32]

실은 이 야스히로가 방문하기 한 달 전, 같은 성을 쓴 그의 형 다치바나 야스쓰라橘康年가 1587년 9월에 이미 부산에 도착하여 정변이 일어나 일본의 국왕이 바뀌었다(즉 도요토미 히데요시가 집권했다)는 사실을 알린 참이었다. 그는 조선에서는 조선식 발음 귤橘 씨로 표기되었으며 정 3품인 첨지벼슬을 받아 일본국 첨지 귤강년으로 불렸다.[33] 귤강년의 동생 귤강광, 즉 다치바나 야스히로는 성품이 거칠었던 모양으로 징비록에는 그의 무례한 언행에 대해 비교적 자세히 기록하고 있다.

그 중 한 에피소드는 현재의 외무장관에 해당하는 조선의 예조판서가 베푸는 공식 연회에서 후추를 던져 난장판을 만든 일이다. 귀한 후추를 보고 악사와 기녀들이 달려들어 아수라장을 만드는 것을 보고 야스히로는 숙소로 돌아가 통역에게 조선은 기강이 무너져 곧 망할 것이라 비웃었다고 한다.[34] 이 야스히로의 조선방문은 "수로水路(물길)가 아득해서 사신 보내는 것을 허락하지 않는다"는 조선 조정의 결정에 별 성과 없이 끝나게 된다.[35] 세조 5년인 1460년에 파견된 통신사 일행이 조난으로 모두 행방불명된 적이 있기 때문에 물길이 험하다는 것도 실제 중요한 거절 이유의 하나이기는 하였을 것이다.

그러나 보다 중요한 거절 이유는, 당시 조선 조정의 주자학적인 도덕관과 명분론, 즉 신 제도주의 이론에서 말하는 당시 사회의 제도(institutions)에서 찾아야 할 듯하다. 야스히로가 전한 히데요시의 친서에 당시의 조선 관례상 도저히 용납하기 어려운 무례한 표현(예를 들면 황제가 자신을 스스로를 칭할 때 쓰는 말인 '짐朕'으로 표기한다든가)이 있었다는 점,[36] 그리고 당시 선조는 히데요시가 일본 국왕 자리를 찬탈하였다고 여겼던 점 등 때문인 것 같다.[37] 즉 '적법성(legitimacy)이 결여된 집권자'에게 사신을 보내는 것을 망설이는 분위기가 분명히 있었다.

수시로 왜구를 보내는 이웃 국가에 변란이 일어나 새로운 통치자가 등장했고, 그 통치자는 조선 조정에서도 어렴풋이 알고 있는, 일본의 오랜 내란을 끝냈다는 메시지를 조정에 전달하였다. 그리고 그 이웃 국가에서 직접 통신사를 파견해 물정을 살펴볼 기회를 주었음에도 이것을 거절했다. 이것은 조선 조정이라는 조직이 속한 사회의 제도, 즉 공식, 비공식적 규칙, 규범과 관행이 조정의 의사 결정에 영향을 미친 것이라 하겠다.

10. 외교관 인선기준

이 야스히로를 접대하기 위한 선위사를 선발하는 기준으로 임금 선조는 외교관으로서의 정보습득 능력보다는 시를 잘 짓는 것을 기준으로 하라는 취지의, 지금의 상식으로 생각하면 이해할 수 없는 명을 내린다. 다음은 조선왕조실록에 실린, 같은 해인 1587년 10월 22일에 내린 선조의 명이다.

> 이웃 나라의 사신을 접반接伴하는 임무는 매우 중요하다. 더구나 일본 사람은 시詩에 능숙한데, 시를 주고받을 적에 혹시라도 미진한 점이 있다면 필시 그 나라에 비웃음을 살 것이니, 관계가 가볍지 않다. 선위사宣慰使는 직질職秩의 높고 낮음을 따지지 말고 당대의 문장으로 이름난 선비로 임명하여 보내는 것이 좋겠다. 이조 정랑 유근柳根을 선위사에 제수하라.[38]

이런 비슷한 취지의 명령은 그 2년 후 겐소玄蘇를 정사로 하는 일본(정확히는 대마도) 사신단이 왔을 때의 선위사를 선정하는 과정에서도 되풀이 된다. 다음은 조선왕조실록에 실린, 1590년 1월 17일에 내린 선조의 명이다.

> 일본은 실로 우리의 이웃으로 그 왕이 처음 즉위하여 우리나라와 서로 우호를 맺었다. 따라서 양국이 교제함에 있어 일을 조처하고 접대하는 등의 일이 관계가 가볍지 않으니 선위사宣慰使는 모름지기 재지才智가 있어 임기응변에 능하고 성품이 너그럽고 도량이 커야만 먼 데 사람의 마음을 얻을 수 있는 것이다. 더구나 겐소玄蘇는 왜인 가운데서 문자를 알아 시 짓기를 좋아하는 사람이니 반드시 문장에 능해야 그에게 대응할 수 있을 것은 물론 그 나라에 전파되어도 부끄럽지 않을 것이다. 이 가운데 누가 합당한지 그 여부를 회

계回啓하고 이조 낭청으로 하여금 대신에게 의논하게 하라. **39**

외교 능력이 아니라, 작시作詩 내지는 문장력으로 외교관을 선발하는 당시 조정의 인사정책을 보면 묘한 기시감이 든다. 사실 미국도 해외 대사를 선정할 때, 국가 간 현안이 많지 않고 살기는 좋은 유럽 선진국 대사직의 경우, 전문 외교관보다는 대통령 선거 때 후원금을 많이 낸 인사나, 대통령의 유명인사 지인들 중에서 결정되는 경우가 많다. 그러나 적어도 국익이 첨예하게 얽혀 있는 이웃인 데다가, 정변이 일어나 권력이동이 일어난 상태이고, 수시로 왜구를 보내 침략하기도 하는 국가의 사신을 접대할 사람이라면 무인출신까지는 아니더라도 군사 정보의 중요성을 아는 사람을 선정하는 것이 '합리적'인 인사였을 것이다.

그러나 선조의 인사 기준은 당시 조선 조정의 문화나 이념을 감안하면 지극히 정상적인 것이었다. 즉 그 당시에는 상대로부터 정보를 얻어야 한다는 그런 개념 자체가 많이 부족하였던 것 같다. 외교 관계에서도 실제적인 자국의 이익보다는 적법성 같은 대의명분이나, 의전(protocol)을 훨씬 더 중요하게 생각했던 것이다. 현대 조직이론의 큰 흐름 중 하나인 신 제도주의(New Institutionalism)를 만들어 낸 디마지오와 파웰Dimaggio and Powell에 따르면 조직은 그 조직이 속한 사회의 제도와 그 제도가 만들어 낸 내부의 논리에 따라 적법성, 지위, 이상 등을 추구하는 존재이다.

디마지오와 파웰은 "제도는 단순히 선택할 수 있는 보기를 제한하는 것에서 그치지 않고 사람들이 선호하는 안을 선정하는 기준까지 만들어낸다"고 주장하고 "조직이 따르는 것은 그들이 너무나 당연한 것으로 여기는 내부의 규칙, 대본, 분류법(제도가 만들어 낸) 등이다"라고 주장하였다.[40] 여기서의 분류법(classification)은 우선순위나 중요도를 결정할 때도 쓰인다. 우선순위란 결국 무엇이 더 중요하고 무엇이 덜 중요한지를 정하는 것이다. 조선 조정은 선위사에게는 문장력이 가장 중요하다는 '분류법'에 따라 외교관을 인선하였다. 이러한 관점에서 보면 당시의 조선 조정은 지금의 우리 눈에는 전혀 합리적이지 않아 보일지라도, 신 제도주의 이론에 따르면 지극히 정상적으로, 그리고 그들 맥락에서는 합리적으로 작동하는 조직이었다.

11. 대마도인들의 계속되는 경고

1587년 야스히로의 방문에 이어 선조 22년(1589년) 6월, 겐소를 정사로, 요시시게의 뒤를 이어 대마도주가 된 소 요시토시宗義智(그는 임진왜란의 왜군 선봉장이자 천주교 신자였던 고니시 유키나가小西行長의 사위이기도 하다)가 직접 부사로 조선을 방문해 역시 통신사의 방문을 강력히 요구하였다. 이번에는 물길을 잘 아는 요시토시가 직접 통신사를 '모시고 가겠다'고 하는 바람에 조선 조정 측에서도 물길이 험해서 가지 못한다는 핑계는 댈 수 없게 되었다. 마지못해 통신사를 임명한 것이 1589년 11월 18일로, 처음 파견 요청을 받은 지 약 2년 1개월이 지난 시점이었고, 실제 출국일은 그로부터 4개월 후인 1590년 3월 6일이었다. 황윤길과 김성일을 정·부사로 하는 통신사가 그로부터 약 1년이 지나 1591년 3월 귀국한 후, 두 사신이 엇갈린 보고를 하고, 여기서 조정이 김성일의 의견을 따르는 결정적인 판단 착오가 나온 바는 이미 설명한 바 있다.

통신사가 일본 방문을 마치고 돌아올 때까지 그들과 함께한 겐소는 조선시대 일본 사신이 체류하는 장소인 동평관에 머물면서 일본이 명나라에 조공을 재개할 수 있도록 도와달라고 요청하였다. 그러면서 그는 김성일에게 다음과 같은 노골적인 경고를 한 적도 있었다. 이 역시 류성룡의 기록이다.

> 명나라와 우리 일본 사이의 국교가 끊긴 지 오래되었습니다. 결국 조공도 사라졌는데, 히데요시는 명나라의 이러한 처사에 상당히 화가 나 있습니다. 곧 전쟁이라도 일으킬 것 같습니다. 만일 조선에서 명나라에 이러한 상황을 전하고 조공을 재개할 수 있도록 해준다면 조선도 평안하고 일본의 온 백성도 평안할 것입니다. … (중략) … 예전에 원나라 군사를 우리나라까지 인도해 침략에 나서도록 한 것이 바로 고려였습니다. 이번 일로 인해 전쟁이 벌어진다 해도 우리로서는 고려의 원수를 갚는 것에 불과합니다. 도리에 어긋나는 일은 아니라고 봅니다.[41]

임진왜란 발발 반년 전쯤 다시 사신으로 방문한 겐소는 '명나라를 치려고 하는데 조선에서 길을 인도해 달라'며 다시 한 번 선전포고에 가까운 경고를 하였다.[42] 대마도의 마지막 경고는 전쟁 발발한 달 전 소 요시토시를 비롯한 5명이 부산에 와서 최후통첩을 한 것이다. 징비록에는 다음과 같이 적혀 있다.

> 지금 우리는 명나라와 통신하고자 하오. 조선이 이 뜻을 전한다면 아무 일도 없겠지만 만일 그렇게 못한다면 두 나라 사이에 더 이상 평화를 기대하기는 어려울 것이오. 귀국을 생각해 특별히 전하는 바이니 심사숙고하시오.[43]

이 경고를 전한 요시토시가 10일이 넘도록 조선 조정의 답을 기다리다 아무 소득 없이 돌아간 후 부산포에 머물던 수많은 일본인들이 하나둘 사라지고 곧 한 사람도 남지 않게 되었다. 즉 전쟁이 임박한 것을 알고 피한 것이다. 류성룡은 이 대목에서 (많던 일본 사람들이 사라져서) 그곳 (부산포) 사람들은 참으로 이상하다고 생각했다고 기록하고 있는데, 아무도 이것이 전쟁을 앞두고 피한 것이라고는 해석하지 않았다는 것도 놀랍지 않을 수 없다.

12. 센스메이킹의 렌즈로 본 조선 조정

맥락으로 분석한 통신사 파견 결정

이 장에서 지금껏 설명한 내용을 정리하면 일본 국왕사國王使를 칭한 대마도주의 가신家臣이 정권이 바뀐 일본의 사정을 조선에 전하고 통신사의 방일을 요청한 것은 임진왜란 개전 4년 반 전인 1587

년 가을의 일이었다. 즉 일본의 국왕이 바뀌는 혁명이 일어나고 새왕(즉 도요토미 히데요시)이 조선의 통신사를 일본에 파견할 것을 원한다는 메시지가 연이어 전해졌다. 그때부터 조정은 통신사 파견 여부를 결정하는 데만 2년 넘는 시간을 보내게 된다. 조선 조정으로서는 일본의 정세를 미리 알 수 있었던 그 중요한 시간, 통신사가 돌아올 때까지의 만 3년 반을 사실상 낭비하고 전쟁에 충분히 준비할 타이밍을 놓치고 말았다.

1장에서의 언급대로 센스메이킹은 '진행형(ongoing)'인 상태에서 이루어진다. 즉 이렇게 조선 조정이 통신사 파견 여부를 결정하는 것에만 2년 넘게 시간을 허비한 것은 당시 조선의 대외정책상, 대일 관계가 그만큼 우선순위에서 밀려 있었기 때문으로 보아야 할 것이다. 개국 이래 200년, 조선은 일본으로부터 꾸준히 외교적 방문을 받으면서(비록 그 중 상당수가 일본 국왕사를 사칭한 대마도주의 위사라 하더라도), 일본은 조선보다 훨씬 작은 소국이라는 전제하에 정세판단을 하고 있었다. 이러한 분석의 근거는 앞서 소개한 두 개의 지도가 제공한다. 조선의 정 남쪽에 위치한 조선의 한 개의 도 정도 크기의 섬나라, 그것이 조선이 생각한 일본의 이미지였다.

그리고 조선개국이래 200년간 일본과 군사적인 충돌이 없지는 않았으나 그것은 모두 국지전에 국한된 것이었다. 게다가 통신사로 파견되는 것은 당시 조선의 항해술로는 목숨을 거는 일이라는 인식이 강했다. 앞서 언급한 대로 실제 세조 5년인 1460년에 파견된 통신사 일행이 조난으로 모두 행방불명된 적이 있었기 때문에 그 누구도 나서서 가기를 원하지 않는 실정이었다. 따라서 조선 조정에서 생각하기에 자신들의 나라보다 훨씬 소국인 일본에 그 험한 바다를 뚫고 외교사절을 보낸다는 것이 그다지 선호되는 정책적 판단이 될 수 없었던 것이다.

회고(retrospective)로 예측할 수 없었던 블랙 스완

기껏 3년 만에 파견된 통신사는 전쟁 1년 전 돌아와 엇갈린 보고를 했다. 선조와 조정은 그 중 소수의견을 택해 전면전은 없을 것이라 판단하고 남도, 특히 전라도에서의 국지전에 대비했다. 이 의사결정에 가장 큰 기여를 한 것은 이산해·류성룡을 중심으로 한 동인들이었고 선조 역시 그에 동의했다. 다만 당시 조정은 만에 하나 있을지 모르는 대규모 침공의 가능성에 대해서도 생각을 한 것 같다. 선조는 왜란 발발 3년 전, 당시까지로는 조선 개국 이래 가장 큰 왜구의 침범이었던 을묘왜변의 참전용사인 변협을 불러 대규모 침공의 가능성을 타진하였고, 그 대화록이 위에서 인용된 바 있다.

　선조의 이러한 움직임은 앞서 1장에서 언급한 대로 회고(retrospective)를 통해 센스메이킹을 하려는 시도다. 문제는 을묘왜변 자체가 조선개국이래 당시까지 발발한 가장 큰 일본과의 충돌이긴 했지만, 일본 병력이 불과 6,000명에 불과한 국지전이었고, 단기간에 끝났다는 점이다. 6,000명이 침입한 을묘왜변을 참고자료로 삼은 조선조정으로서는, 그 스물다섯 배가 넘는 대군이 엄청난 군수와 식량 지원까지 받으면서 조선의 전역을 침공하여 차지하는 장기전은 도저히 상상할 수 없는 일이었다.

　결과적으로 을묘왜변은 회고를 위한 좋은 참고자료는 될 수 없었다. 그러나 앞서 지적한 대로 을묘왜변은 사실상 유일한 참고자료였고 따라서 임진왜란 전까지 조선 조정이 추정(presumption)할 수 있는 가장 큰 왜군의 침공 사례였다. 제1차 세계대전의 전쟁 당사자들이 전쟁의 피해를 훨씬 과소평가 했던 것, 그리고 예상 밖으로 많은 전사자를 내었던 것은 당시 의사결정자들이 그 전에 벌어졌던 전쟁을 판단기준(reference) 내지는 기본 전제로 했기 때문이다. 그러나 신무기의 등장과 참호전이라는 새로운 전투 양상은 전혀 다른 형태의 전쟁을 낳았고, 그것은 결국 1,600만 명 이상의 희생자를 내는 당시까지 인류 역사상 최악의 전쟁이 되었다.

그런 면에서 탈레브가 블랙 스완의 예로 제1차 세계대전을 거론한 것처럼, 임진왜란 역시 당시의 조선 조정에게는 과거의 경험으로는 도저히 상상할 수 없는 극단값, 즉 '블랙 스완'이었다. 앞서 언급한 대로 조선 조정에서는 일본을 조선보다 훨씬 작은 소국이라는, 현실이 아닌 '이미지'를 갖고 의사결정을 내렸다. 이것은 객관적 현실과는 달랐지만 당시 조선 조정이 가진 제약된 지리정보로는, 최선의 '사회적으로 제작된 현실(socially constructed reality)'이었다. 그리고 그 당시까지 가장 큰 일본의 침입이 6,000명 내의 왜구가 공격한 을묘왜변이라는 것은, 이런 '제작된 현실'이 현실과 동떨어지게 하는 데 더욱 기여했다.

정보 부족이 낳은 판단 실수

대마도 사신 겐소는 그 후에도 두 번이나 선전포고에 가까운 경고를 했다. 대마도주 요시토시가 마지막으로 경고를 하던 1592년 3

월은 이미 왜의 대군이 대마도에 집결 중인 상태였다. 부산 코앞에 있는 섬에서 벌어지는 일이었음에도 불구하고 당시의 조선조정으로서는 그 사실을 까맣게 모를 수밖에 없었다. 지금 기준으로 보면 정말 답답할 정도로 정보수집과 정보해석에서의 문제를 갖고 있었지만, 이 역시 심리학적으로는 확증편향에 의한 오류이고, 센스메이킹의 실패라 설명이 가능할 것이다. 조선 조정은 일본에 대해 매우 제한된 정보를 가질 수밖에 없는 상황이었고, 추가 정보를 더 얻을 수 있는 기회(즉 통신사 파견)를 너무 뒤늦게 얻었으며, 그나마 얻은 추가 정보를 해석하고 거기에 의미를 부여하는 과정에서도 문제점을 갖고 있었다.

이는 조선 조정의 무책임 때문이기보다는 당시 조선 조정의 문화, 구조, 그리고 147년간 통신사를 파견하지 않았었고, 유사 이래 한 번도 일본의 전면 침공을 받아본 적이 없다는 역사적 사실 등이 어우러져 일어난 것이다. 20세기 가장 유명한 사회학자 중 하나로 꼽히는 메이어 잘드Mayer Zald는 조직은 그 역사 안에서 존재한다고 주장한다. 그에 따르면 조직은 그 역사를 포함하는 제도적 환경에 깊숙하게 배태(embedded)되어 있을 뿐 아니라, 시간에 걸쳐 스스로의 경험을 축적한, 그 자체로 역사다.[44] 그 역사적인 맥락 때문에 조선 조정은 이웃나라에 대해 무지했고, 무관심했으며, 그 결과 이웃나라의 국력과 군사력을 오판하였다. 거기에 잘못된 참고자료로 인한 확증편향까지 더해져, 충분한 시간을 두고 경고를 받았음에도 불구하고 방비가 턱없이 부족한 상황에서 임진왜란을 맞이한 것이다.

13. 블랙 스완과 그레이 스완

지금의 잣대로 판단하면, 조선 조정은 너무도 명확하게 발발할 것이 확실하고 게다가 충분한 경고까지 받았던 환란을 예상 못한 무능한 집단이다. 그러나 이것은 당시의 상황을 충분히 고려하지 않은 비판이라 생각한다. 탈레브는 블랙 스완의 특징으로 다음 세 가지를 거론했다. 첫 번째는 앞서 언급한 대로 블랙 스완은 과거의 경험으로 그 존재 가능성을 확인할 수 없는 극단값이라는 것, 둘째는 그것이 극심한 충격을 안겨주는 엄청난 사건이라는 점이다. 셋째, 그것이 극단값이라고는 해도 막상 그 존재가 현실이 되면 사람들은 적절한 사후 설명을 시도해 이 블랙 스완을 설명과 예견이 가능했던 것으로 만든다는 것이다.[45] 필자에게는 이 세 번째 특성이 가장 의미심장했다. 영어권에서 흔히 쓰는 표현 중에 "Hindsight is 20/20"라는 말이 있다. Hindsight는 "뒤늦은 깨달음"이라는 뜻인데 여기서는 "지난 일을 돌이켜 봄" 정도가 맞는 번역이다. 20/20는 20피트 거리에서 대부분의 사람이 볼 수 있는 것을 볼 정도, 즉 안경을 낄 필요 없는 정상 시력이다. 즉 "Hindsight is 20/20"는, 지나고 나서 보면 모든 것이 명확하게 보인다는 뜻이다.

오늘 우리가 하고 있는 임진왜란의 분석이나 류성룡의 '징비록'은 위의 탈레브가 지적한 블랙 스완의 세 번째 특성, 즉 "Hindsight is 20/20"를 보여준다. 우리가 현재의 시점에서 임진왜란을 분석하면 그것은 충분히 예견 가능하고 대비 가능한 전쟁이었다. 그러나 당시의 조선 사람들에게는 이 전쟁은 그전까지 전혀 볼 수 없는 양상으로 전개된, 완전히 새로운 사건이었다. 그들이 겪은 1592년 이전의 역사에는 그런 전쟁이 없었기 때문이다. 20세기 초 유럽 지도자들도 1914년 이전에 유럽에서 벌어진 국지적인 전쟁만을 참고자료로 생각하고 1차 세계대전이 세계대전이 될 것이라 예상 못했다. 많은 사람들이 이런 '극단값'이 등장하기 전, 센스메이킹에 실패하여 그런 '블랙 스완'의 발발을 예측하지 못하고 패닉에 빠지게 된다. 그럼에도 불구하고, 적어도 이런 일을 완벽히 예측하기는 어렵더라도, 이런 예상 못한 사건의 발발 후 제대로 된 센스메이킹을 하면 블랙 스완을 그레이 스완(회색 백조)으로 만들어 그 피해를 최소화하거나 파국을 모면할 방법을 찾을 수 있다.

필자는 코로나 팬데믹을 겪으면서 사스와 메르스 덕에 한국이나 대만에겐 코로나가 완전 블랙은 아닌 짙은 회색의 백조, 즉 어느 정도 막연하게나마 예상하고 대비된 사건이라 생각했다. 반면 서양 사람들에게는 그것이 완전 블랙 스완이었다. 그들에겐 사스도 에볼라도 메르스도 남의 일이었고 1918년 스페인 독감을 겪은 사람은 이미 다 죽어서 그때의 경험을 교훈 삼아 방역 전략을 짤 사람이 없었다.

아시안 보스Asian Boss는 아시아의 뉴스를 서구에 영어로 전한다는 모토로 한국계 미국인이 만든 유튜브 채널이다. 코로나 팬데믹 발발 직후인 2020년 3월, 이 유튜브 채널에 고려대 의대 감염내과 김우주 교수의 한국어 인터뷰 동영상이 완벽한 영어자막과 같이 올라왔다. 이 인터뷰에서 김우주 교수가 조리 있고 알아듣기 쉽게 설명하는 코로나19에 대한 대응책은 신문을 열심히 읽는 한국인에게는 지극히 익숙한, 한마디로 대충 다 아는 이야기였다. 마스크를 꼭 써야 한다는 것, 진단키트를 빨리 만들어 보급해 환자를 가려내고 그들을 격리시켜야 한다는 것, 그들의 동선을 추적해 다른 감염자들을 추가로 찾아내 그들도 격리시켜야 한다는 것, 백신은 단기간에 보급되기는 어려울 것이라는 점 등이다. 2022년 말 기준으로 660만 명 이상이 시청한 이 동영상은 아시안 보스가 여태까지 올린 모든 동영상 중 최대의 뷰 수를 자랑한다. 이 동영상에는 1만 5천개가 넘는 댓글(거의 다 영어)이 달렸고 12만 명이 '좋아요'를 눌렀다.

이 동영상의 베스트 댓글은 "36분짜리 아시안 보스 인터뷰가 미국 언론의 지난 두 달간 모든 (코로나 팬데믹 관련) 보도의 합보다 낫다. 김 교수님이 자신의 식견을 우리와 공유한 것에 대해 크게 감사한다!"("36 minutes of an Asian Boss interview just outperformed the ENTIRETY of american media over the last two months. (중략) And big thanks to Prof. Kim Woo-Ju for sharing his insight!")이다.

이 댓글의 지적대로 코로나 발발 이후 그만큼 서구의 언론은 우왕좌왕했고 뭘 해야 할지 몰랐다. 미국판 질병관리청인 CDCCenters for Disease Control and Prevention나 의료기관들도 마찬가지였다. CDC는 당시 마스크를 일반인들이 구하려는 시도를 권하지 않는다고 했고 (생산량을 갑자기 늘릴 수 없으니 일반 사람들은 마스크를 구하려야 구할 수도 없었다), 병원 의사, 간호사들도 의료용 마스크가 없어서 거의 민얼굴로 진료하다가 많은 사람이 죽었다. 의료 관련 언론기관인 KHN의 보도에 따르면 코로나 팬데믹 첫 해에만 3,600명 이상의 미국 의료종사자들이 코로나로 희생되었다.[46] 일반인을 포함한 미국의 전체 희생자는 말할 것도 없다. 미국의 코로나 사망자는 2022년 말까지 110만 명 이상으로 이 숫자는 1776년 미국 독립선언 이후 미국이 참전한 모든 전쟁의 전사자 숫자보다 훨씬 많다.

그런데 위의 동영상에서 내가 찾은 가장 흥미로운 댓글 하나가 있었다. "멋진 인터뷰. 그런데 김 박사님이 하는 말이 서양사람들에게는 매우 유익하고 쇼킹하다고 여겨진다는게 조금 놀라움." ("Great interview. But a bit surprise that what Dr. Kim said is considered so informative and shocking to westerns.")

이 댓글을 남긴 사람은 성이 Lee이니 아마 영어에 능통한 동양계 미국인이거나, 또는 그냥 영어 잘하는 동양 사람이었을 것이다. 암튼 이 Lee씨의 지적에 나는 100% 공감했다. 김우주 박사의 그 날카로운 통찰(insight)은 사실 사스나 메르스를 겪은 사람들, 즉 대부분의 동아시아 사람에게는 '상식'에 가까운 것이었다. 그리고 한국은 메르스라는 악몽을 먼저 겪은 덕에 진단 키트를 개발하는 회사들이 있었고, 그 회사들은 팬데믹이 엄청난 사업기회라는 것을 알았다. 수시로 찾아오는 미세먼지 덕에 대량 생산시설을 갖춘 한국의 마스크 제조 회사들도 당연히 팬데믹을 맞이해 생산량을 늘릴 준비가 되어 있었다. 그래서 우리나 대만은 초기 희생자 수가 적었던 것이다. 물론 정부도 잘했고, 의료기관도 잘했고, 세계에 자랑한 만한 한국의 총체적 의료시스템(건강보험 포함)도 한몫했지만 말이다.

불확실한 상황에서 예기치 못한 일이 발생하면 사람들은 이 사건이 주는 의미가 무엇인지, 왜 일어난 사건인지, 그 사건이 향후 어떻게 진행될 것인지, 그래서 도대체 어떻게 대처해야 하는지를 놓고 고민하게 된다. 그리고 그런 고민을 할 때는 참고자료가 동원된다. 좋은 참고자료가 없으면(즉 블랙 스완이면) 센스메이킹이 잘 안 되고, 얼추 비슷한 참고자료가 있으면(그레이 스완이면) 어느 정도 센스메이킹이 될 것이다. K-방역이 어느 정도 성공한 것은 코로나19가 우리에겐 그레이 스완이었다는 점이 크게 작용했다고 본다. 그래서 센스메이킹을 비교적 잘 할 수 있었다. 이 책의 후반부인 제4부에서는 그런 방법론에 대해서 논하도록 하겠다.

제4장
챌린저호 폭발 사건: 본Vaughan의 연구를 중심으로

이 장에서 다룰 내용은 주로 다음 네 개의 자료에 바탕을 두고 작성하였다. 현 컬럼비아 대학교 사회학과 교수인 다이앤 본Diane Vaughan이 1996년 발표한 문제작 『챌린저호 발사결정: 나사의 위험한 기술, 문화, 그리고 일탈(The Challenger Launch Decision: Risky Technology, Culture, and Deviance at NASA)』, 미국정부가 폭발 이후 윌리엄 로저스William Rogers를 단장으로 하여 조직한 챌린저 사건 대통령 직속 조사단(Presidential Commission on the Space Shuttle Challenger Accident)이 발간한 1986년 6월의 보고서, 그리고 미 하원의 과학기술위원회가 같은 해 10월에 발표한 챌린저 사건 진상 조사 리포트, 마지막으로 챌린저호 폭발의 원인을 제공한 솔리드 로켓 부스터를 만든 모튼-싸이오콜社의 부사장 출신 알란 맥도널드Allan McDonald가 역사학자 제임스 한센James Hansen과 2009년에 공저한 논픽션 『진실, 거짓말, 그리고 O링(Truth, Lies, and O-rings)』이다.

그 중 필자가 가장 많이 참조한 자료는 본 교수의 저작이다. 본 교수는 게오르그 짐멜Georg Simmel의 형식사회학(Formal Sociology)에 기반하여, 역사적 민속지학民俗誌學, 즉 히스토리컬 에스노그라피(Historical ethnography)라는 희한한 이름의 방법론을 통해 챌린저호 발사 결정과 관련된 나사의 역사를 재구성하였다. 기존의 민속지학, 즉 에스노그라피에서는 연구자가 연구대상 집단의 삶과 문화에 실제로 깊이 참여하여 관찰된 사항을 기록하는 방법을 사용하는 데 반해서 역사적 민속지학은 역사적으로 일어난 사건을 주로 2차 자료인 사료와 일부 1차 자료(인터뷰)를 통해, 그 사건에 영향을 끼치는 주요 기관들과 그 사회의 사상, 문화, 인물들의 성향과 그들간의 상호작용까지 고려하여 재구성하는 방법론이다. 짐멜의 관점에 따르면 명백히 서로 다른 것으로 보이는 현상 또는 역사적 사건이 동일한 형식의 개념으로 비교되고 연구될 수 있다. 예컨대 전쟁과 결혼은 분명히 다른 주제이지만 사회학자라면 전쟁에서의 갈등과 결혼에서의 갈등에서 본질적으로 유사한 상호작용과 패턴을 발견할 수 있다는 것이다.[1]

실제 본이 연구에 사용한 자료는 필자가 앞서 언급한 챌린저 사건 대통령 직속 조사단의 리포트와 미 하원의 과학기술위원회 챌린저 사건 진상조사 리포트가 주축이다. 거기에 더해 본 자신이 수행한 사건 관련자들과의 인터뷰, 정부조사단 소속인 15명의 경험 많은 조사원들이 수행한 160개 정도의 인터뷰 자료들을 바탕으로 쓴 역작이 바로 필자가 주로 참고한 이 책이었다. 그녀는 챌린저호 폭발의 원인에 대해 그 누구도 들려주지 않은 흥미로운 분석과 함께 그 분석을 통해 재구성된 역사를 들려준다. 사실 이 사건을 이해하는 가장 확실한 방법은 본의 저작을 직접 읽는 것이다. 그러나 한국어 번역본이 아직 없는 상황에서, 색인까지 합쳐서 575쪽의, 전문적인 항공우주공학, 사회학, 심리학, 경영학 용어로 이루어진 영어 원서를 통독할 끈기를 가진 사람은 많지 않을 것이다. 본의 분석에 더해 필자의 해석이 곁들어진 이 축약본으로 챌린저호 폭발의 대략적인 실체와 그것이 조직이론 및 센스메이킹에 어떤 의미를 갖는지 독자들이 알 수 있을 것으로 기대한다.

높은 비행(High flight)

1986년 1월 28일에 발사되고 2분도 채 되지 않아 산화한 우주왕복선 챌린저호의 폭발사건은 수천만의 미국인을 경악과 공포로 몰아넣었다. 텔레비전으로 생중계된 발사 장면에서 챌린저호는 발사 후 정확히 73초 만에 공중에서 폭발하였고, 다섯 명의 우주비행사와 두 명의 전문가로 구성된 승조원 모두 사망하였다. 탑승한 전문가 중 한 명인 크리스타 매콜리프Christa McAuliffe는 현직 고교 교사로 나사의 '우주공간에서의 선생님(Teacher in Space) 프로젝트'에 무려 11,000 대 1의 경쟁을 뚫고 선발되어, 우주에 간 최초의 교사가 될 것이라는 점에서 국가적인 관심의 대상이었다. 그러한 화제성 탓에 당시 중계를 아마도 미국 인구의 17%가 보고 있었을 것이라는 것이 위키피디아의 추정이다.

　지금도 유튜브에 떠 있는 당시 발사 장면을 보면 폭발 당시의 전율과 당혹, 공포감이 그대로 전해지는 듯하다. 발사 장면을 현장에서 바라보던 승조원들의 가족과 친지, 그리고 수많은 관람객의 비명과 고함이 상황의 처참함을 말해준다. 당시 미국 대통령 로널드 레이건은 당일 저녁 예정되어 있던 신년 국정 연설을 연기하고 오벌 오피스에서 챌린저호의 폭발에 대한 연설을 했다. 챌린저호의 폭발을 국가적 손실이라 부르며 대통령은 일곱 명의 희생자들의 이름을 하나하나 호명하고 그들을 추모하였다. 레이건 대통령은 「높은 비행(High flight)」이라는 시에서 일부를 인용하며 다음과 같이 연설을 끝맺었다.

> We will never forget them, nor the last time we saw them, this morning, as they prepared for their journey and waved goodbye and 'slipped the surly bonds of Earth' to 'touch the face of God'.
> 우리는 그들도, 오늘 아침 우리가 본 그들의 마지막도 잊지 않을 것입니다. 그들이 그들의 여행을 준비하고 손을 흔들며 작별인사를 하고 '신의 얼굴을 만져보기' 위해 '중력의 속박에서 벗어나던' 그 장면을 ….

'신의 얼굴을 만져보기 위해', '중력의 속박에서 벗어나던'이라는 구절이 나오는 이 시는 제2차 세계대전 당시, 미국 출신의 캐나다 왕립 항공단 소속 비행사로 활동하다가 약관 19세의 나이로 요절한 존 길레스피 매기 주니어John Gillespie Magee Jr.의 작품이다. 캐나다 공군과 영국 왕립 공군을 대표하는 공식 시이며 미 공군 사관생도들이 1학년 때 과정 이수를 위해 필수로 외워야 하는 시이기도 하다. 그렇다면 챌린저호의 승조원들은 왜 그들이 '신의 얼굴을 만져보기 위해 중력의 속박에서 벗어나던' 그 순간에 최후를 맞이하였을까?

진상조사위원회의 분석

챌린저호의 폭발 원인을 밝혀내기 위해 대통령 명으로 진상조사 위원회가 구성되고 위원회가 작성한 보고서는 폭발 약 5개월 후인 1986년 6월에 발표되었다. 위원회가 밝혀낸 바에 따르면 챌린저 호 폭발의 직접적인 원인은 외부 추진용 로켓에는 문제 발생 시 경고를 보내기 위한 센서가 없었으며, 오른쪽 추진용 로켓의 불소고 무로 만들어 진 O링이 차가운 온도에 탄력성을 잃어 제 기능을 하지 못하였기 때문이었다. 닉슨 행정부에서 국무장관을 지낸 윌리엄 로저스를 위원장으로 하는 챌린저 호 폭발사건 진상조사위원회에는 1965년 노벨물리학상 수상자 리처드 파인만도 소속되어 있었는데, 그는 얼음물 속에 고무 O링을 넣으면 링이 회복력을 잃는 것을 보여주며 섭씨 0도 이하(화씨 32도 이하)에서는 이 고무 O링이 제대로 작동하지 못함을 증명하였다.

이러한 기술적인 문제점 외에 위원회는 나사NASA가 이 고무 O 링이 문제가 있을 뿐 아니라 재난적인 위험을 안고 있다는 것을 훨씬 이전인 1977년경에 알고 있었음에도 불구하고 그 디자인상의 결함을 수정하지 않고 발사를 강행한 것을 밝혀냈다. 위원회는 이런 문제점을 가리켜 챌린저호의 폭발 사건은 나사의 경영진이 잘못된 의사결정과정을 채택한 것에 그 뿌리를 두고 있다고 결론을 내렸다.[2]

로저스의 진상조사위원회 발표 네 달 뒤에 이번에는 미 하원의 과학기술위원회(U.S. House of Representatives Committee on Science and Technology)에서 역시 폭발사건의 원인을 규명한 보고서를 내어 놓았다. 하원의 위원회는 많은 면에서 로저스 위원회와 견해를 같이 하지만 조금 다른 설명을 제시하였다. 즉 하원의 위원회는 의사결정 과정이 아니라 사람, 즉 관리자들의 무능에 초점을 맞추었다. 하원 위원회는 한때 연구개발 중심 조직이었던 나사가 '준경쟁 (quasicompetitive)'적인 경영조직으로 진화하면서 관리자들이 안전보다는 생산성에 더 초점을 맞추는 바람에 이런 무리한 발사 결정이 이루어졌다고 주장하였다.[3]

한편, 언론에서도 당시 챌린저호의 폭발원인을 규명하기 위해 다양한 분석을 내어 놓았다. 그 중 가장 대표적인 것은 제도적 압력 (institutional pressure) 가설이다. 즉 나사가 받고 있는 예산상의 부족, 즉 재무적인 압력과 사회와 언론, 그리고 백악관으로부터 받고 있는 정치적인 압력이 잘못된 발사 결정으로 이어졌다는 것이다. 특히 세계 최초로 학교 선생님을 우주에 보낸다는, 언론에서 보기에 대단히 매력적이고 기삿거리가 되는 계획이 실행되는 것이기에, 기계적인 결함 가능성 따위는 무시한 발사 결정이 내려졌다는 것이다. 그러나 챌린저호의 폭발은 단순히 관리자의 무능이나 나사 최고경영진의 의사결정 시스템, 또는 언론과 사회적, 정치적 압력 같은 것만으로 설명하기에는 너무도 복잡한 요인들이 얽혀서 일어난 일이었다.

복잡한 기계

현 컬럼비아 대학교 사회학과 교수 다이앤 본은 보스턴 컬리지에 사회학과 교수로 있던 시절인 1990년대 이 사건에 천착해 폭발 원인을 사회학적으로 분석하였다. 본의 분석은 기술적인 이유를 제외한 세 가지 견해를 모두 부정한다. 그녀는 일단 제도적 압력 가설에 반기를 들었다. 일단 언론으로부터 받는 압력 때문에 잘못된 판단을 내렸다는 증거는 어디에도 없고 그런 것에 의해 나사가 의사결정을 하지는 않는다는 것이다. 백악관의 압력 역시 마찬가지로 당시의 로널드 레이건 대통령이나 조지 부시 부통령은 일단 이 발사에 그렇게 큰 관심을 두지 않았다. 이 사건이 있기 전 가장 마지막으로 백악관이 우주왕복선의 비행사들과 통화한 것은 1984년 11월의 디스커버리호 발사 때였다. 그날은 디스커버리의 두 번째 비행이었다. 백악관 공보관 래리 스피크스Larry Speaks의 1986년 2월 26일 브리핑에 따르면, 대통령이나 부통령은 이 1984년 11월 이후 발사된 10번의 우주왕복선 비행 때 단 한 번도 비행사들과 통화하지 않았다고 한다. 매번 우주왕복선의 비행사들과 통화할 만큼 관심을 보이기에는, 서틀 발사가 너무 자주 벌어지는 일상적인 일이 되어 버렸기 때문이었다.[4]

다이앤 본의 논리를 따라가려면 일단 이 우주왕복선이 얼마나 복잡한 기계인지를 이해하는 것이 바른 순서일 것이다. 우주왕복선의 그림을 보면 왕복선의 본체 밑 가운데에 달려있는 거대한 원통형 뿔기둥이 외부 연료 탱크, 그리고 그 양 옆에 달린 것이 추진용 로켓, 즉 솔리드 로켓 부스터Solid Rocket Booster(이하 SRB로 표기)이다. SRB는 발사 시에 추진력의 80%를 담당하는 기관이다. 약 21분간의 연소 후 연료가 바닥나면 두 개의 SRB는 우주왕복선 본체와

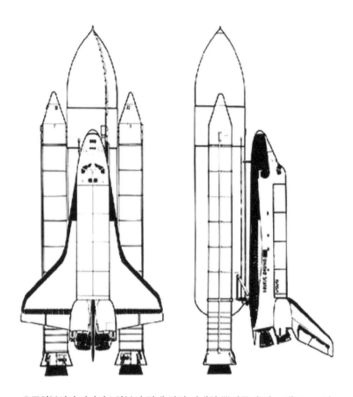

우주왕복선의 디자인 | 왕복선 밑에 달린 거대한 뿔기둥이 연료 탱크, 그 양 옆에 달린 것이 솔리드 로켓 부스터, 즉 SRB이다[그림출처: Report of the PRESIDENTIAL COMMISSION on the Space Shuttle Challenger Accident(https://history.nasa.gov/rogersrep/v1ch1.htm)에서 발췌].

분리되어 낙하산에 매달린 채 바다로 떨어지게 된다. 낙하산을 사용하는 이유는 안전을 위한 것이기도 하지만 이 SRB 역시 본체와 마찬가지로 재사용이 가능하기 때문이다. 폭발의 기술적인 원인은 바로 앞서 지적한 대로 오른쪽 SRB의 O링이 추운 날씨 때문에 제 역할을 하지 못하였기 때문이었다.

이 SRB는 대단히 많은 부품들과 부분으로 이루어져 있고 모튼-싸이오콜Morton-Thiokol Inc(MTI)(이하 싸이오콜)이라는 외부 계약자에 의해 제조된다. SRB가 이렇게 많은 부분들로 만들어지는 이유는 그 엄청난 크기 때문이다. 길이가 149피트(약 45미터) 정도로, 자유의 여신상보다 조금 작은, 즉 하나의 원통으로 이루어졌다면 수송 자체가 불가능한 크기이다. 싸이오콜은 이 SRB를 유타에 있는 공장에서 만들고 미션 날짜가 가까워지면 플로리다에 있는 케네디 우주 센터로 이송한다. 싸이오콜의 본사가 소재한 유타 주 오그던에서 플로리다의 케네디 우주 센터까지의 거리는 무려 2,400마일 정도로 육상 교통수단으로 운송할 때, 쉬지 않고 달려도 35시간 정도가 걸린다. 운송 시에는 최소 수십 개의 거대한 부품으로 이루어진 SRB의 조각들이 초대형 트레일러에 실려 열차로 이동하게 된다.

SRB는 크게 여덟 개의 부분으로 구성된다. 맨 상단의 노즈 캡Nose Cap, 그 다음의 프러스트럼(절두체截頭體, Frustum), 포워드 스커트Forward Skirt, 직경 12피트, 즉 3.7미터에 가까운 네 개의 원통(맨 끝의 원통에는 노즐이 붙어있다), 그리고 애프트 스커트Aft Skirt이다. 이 부분들은 플로리다에서 조립되어 하나의 SRB로 완성된다.

상단의 노즈 캡과 프러스트럼Frustrum에는 SRB가 발사 후 왕복선

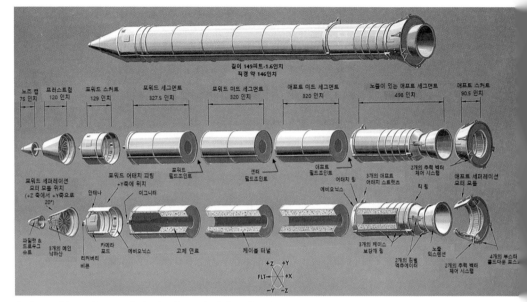

길이 149피트-1.6인치
직경 약 146인치

노즐 캡
76 인치

프러스트럼
120 인치

포워드 스커트
129 인치

포워드 세그먼트
327.5 인치

포워드 미드 세그먼트
320 인치

애프트 미드 세그먼트
320 인치

노즐이 있는 애프트 세그먼트
498 인치

애프트 스커트
90.5 인치

포워드 세퍼레이션
모터 모듈 위치
(+Z 축에서 +Y축으로
20°)

포워드 어태치 피팅
+Y축에 위치
이그니터

포워드
필드조인트

센터
필드조인트

애프트
필드조인트

어태치 링
에비오닉스

3개의 애프트
어태치 스트럿츠

2개의 추력 벡터
제어 시스템

애프트 세퍼레이션
모터 모듈

파일럿 &
드로우그
슈트

3개의 메인
낙하산

안테나

카메라
포드

리커버리
비콘

에비오닉스

고체 연료

케이블 터널

보강재 링

3개의 케이스
보강재 링

2개의 튼빌
액츄에이터

노즐
익스텐션

2개의 추력 벡터
제어 시스템

노즐
홀다운 포스트

4개의 부스터
홀다운 포스트

+Z +Y

FLT

+X

−Y −Z

솔리드 로켓 부스터(SRB)의 각 부분의 구조와 명칭(그림출처: Report of the PRESIDENTIAL COMMISSION on th Space Shuttle Challenger Accident의 Figure 8에서 발췌)

으로부터 분리되어 낙하할 때 바다에 안전하게 입수시킬 목적의 낙하산들이 들어 있다. 그 아래의 포워드 스커트에는 위험이 닥치면 본체를 보호하기 위해 자동 폭발하는 처리 시스템이 실려 있다. 꼬리 부분의 애프트 스커트Aft Skirt는 분사구의 방향을 조정하는 타륜舵輪 역할을 한다. 그 사이에 있는 이 네 개의 원통은 격실(Motor Segments)이라 불리며 1,000톤의 인화성 높은 고체연료를 싣게 된다.[5]

이 원통들을 연결하는 부위를 필드 조인트Field Joints라 부른다. 원통이 네 개에다가, 포워드 스커트까지 연결이 필요하니 연결 부위, 즉 필드 조인트는 네 군데가 된다. 챌린저호 폭발원인을 제공한 문제의 O링들은 솔리드 로켓 부스터의 각 부분상의 세 개의 필드 조인트, 즉 FWD(Forward), CTR(Center), 애프트AFT 필드 조인트에다가 포워드 스커트와 포워드 세그먼트Forward Segment를 연결하는 이그니터 조인트igniter joint까지, 각각 두 개씩 총 16개가 들어 있었다.

필드 조인트의 단면도를 보면 정확한 O링의 위치를 알 수 있다. 두 개의 O링, 프라이머리 O링과 세컨더리 O링은 단면도에서 작은 검정색 사각형 부분으로 직경 0.28인치, 즉 약 0.71센티미터 정도의 매우 작은 불소고무(Viton)로 만들어진 고리형 부품이다. 이때 두 개의 SRB 내부에서는 엄청나게 높은 압력의 뜨거운 가스가 생겨나게 된다.

이 가스는 내화성 재료로 만들어진 분사구를 통해서 분출되는데, 이러한 분출이 거대한 우주선을 대기권 밖으로 올리는 추진력을 만들어낸다. 이렇게 분출되는 배기가스는 강철을 녹일 만큼 뜨겁다. 따라서 배기가스가 분사구 외에는 아무데서도 새나가지 않도록 하는 것이 매우 중요하다. 우주왕복선의 SRB는 앞서 설명한 대로 원통들을 짜맞추어 만들어지는데 O링은 이 원통 간 연결부위의 틈새를 밀폐하는 역할을 한다. 이 밀폐 부품이 제대로 기능을 못하면서 그 사이로 빠져 나온 배기가스가 분출했고, 이것이 두 개의 O링을 뚫고 타오르면서 결국 참사로 이어졌다는 것이었다.

싸이오콜은 1973년 저렴한 비용으로 SRB를 조립할 수 있는 방안으로 O링의 사용이 포함된 디자인을 제시하였고, 그 덕에 다른 경쟁사를 제치고 나사로부터 계약을 따낼 수 있었다. 싸이오콜은 SRB를

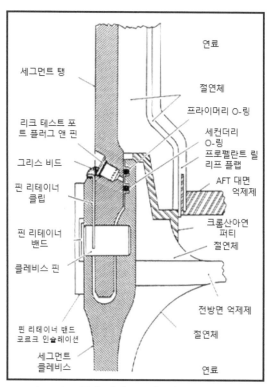

세그먼트 탱

리크 테스트 포
트 플러그 앤 핀

그리스 비드

핀 리테이너
클립

핀 리테이너
밴드

클레비스 핀

핀 리테이너 밴드
코르크 인슐레이션

세그먼트
클레비스

연료

절연체

프라이머리 O-링

세컨더리
O-링
프로펠란트 릴
리프 플랩

AFT 대면
억제제

크롬산아연
퍼티
절연체

전방면 억제제

절연체

연료

SRB의 조인트 부위 단면도(그림출처: Report of the
PRESIDENTIAL COMMISSION on the Space Shuttle
Challenger Accident의 Figure 14에서 발췌)

플로리다에서 조립할 때 이음새 부분에서 연료가 새지 않도록 두 개
의 O링을 각 필드 조인트 부분에 삽입해 넣도록 설계하였다.

O링의 문제점은 두 가지였는데 하나는 SRB가 점화되면서 그 배
기가스 압력에 의해 자동적으로 O링이 자기 자리를 찾아가도록 설
계된 설계상의 문제이며, 또 한 가지는 O링이 일정 온도 미만의 외
부기온에서는 유연성을 상실하여 제 자리를 제대로 찾아가지 못한

다는 것이다.[6] 발사가 이루어진 1986년 1월 28일 11시 38분경 발사장의 기온은 화씨 36도(섭씨 2.22도)였다. 따라서 추운 날씨 때문에 제대로 유연성을 발휘하지 못한 O링 때문에 SRB의 조인트 부분에서 배기가스가 새어 나와 결국 기체의 폭발로 이어졌다. 여기까지가 순수하게 기술적인 챌린저호 폭발의 직접 원인에 대한 설명이다.

상존하는 위험

본은 이 우주왕복선이 너무나도 복잡한 기계일 뿐 아니라 새로운 시도로 만들어진 우주선이라는 점에서 문제가 시작된다고 주장하였다. 2018년 2월 6일 발사된 민간기업 스페이스X의 화성행 우주선 팰컨 헤비는 세계적인 관심을 모았다. 나사가 달에 우주인을 착륙시킬 때 사용했던 새턴 5호 이후 가장 강력한 우주선이라는 점, 민간 기업이 쏘아 올리는 다른 행성을 향한 우주선이라는 점, 스페이스X의 창업자가 아이언맨의 실제 모델이라는 테슬라 창업자 일론 머스크Elon Reeve Musk라는 점, 그리고 우주선에 테슬라 전기차 로드스터를 실어 보냈다는 점, 향후 인간을 실어 보낼 수 있을 만큼 크고 강한 우주선이라는 점 등 화젯거리가 풍성했기 때문이다.

그런데 팰컨 헤비의 발사 전 일론 머스크는 매사에 자신만만한 평소의 그답지 않게 아주 신중하고 조심스럽게 발사 성공 가능성을 전망했다. 예를 들면 2017년 7월 19일의 국제 우주정거장 연구개발 회의(International Space Station Research and Development Conference)에서 그는 "팰컨이 궤도에 다다르지 못할 가능성이 상당하다[7](There's a real good chance that it does not make it to orbit)"

고 발언했다. 발사 전날인 2018년 2월 5일에는 "발사 성공 가능성은 50 대 50"이라면서 "나는 매우 낙관적으로 전망합니다. 그러나 그 낙관은 (과학적) 사실에 근거한 것은 아닌 것처럼 느껴지네요[8](I feel super optimistic. But I feel as though that optimism has no basis in fact)."라고 과학뉴스를 전문적으로 다루는 웹사이트 아스 테크니카Ars Technica의 기자에게 말했다.

일론 머스크가 갑자기 겸손하고 신중해진 이유는 간단하다. 화성으로의 대형 우주선 발사는 아직까지 인간이 완벽하게 통제할 수 없는, 너무도 많은 변수와 위험이 상존하는 이벤트이기 때문이다. 1970~80년대의 우주왕복선 발사도 비슷했다. 우주왕복선이라는 '탈 것'은 당시 존재하는 항공우주공학 기술로 만들어졌으나, 그 디자인 자체는 한 번도 시도되지 않은 새로운 것이었다. 게다가 그 전까지는 한 번도 '함께' 사용되어 본 적이 없는 다양한 기술과, 그 기술에 의해 만들어진 부품들로 조립되었다. 많은 부품이 서로 다른 공급자에 의해 제조되었고, 대부분의 부품은 원래 범용 목적으로 만들어진 것이었으나 우주왕복선이라는 특이한 환경의 제품에 맞게 특화되는 작업을 거쳤다.[9] 즉 이 부품들은 처음부터 우주왕복선을 위해 설계된 것이 아닌 경우가 많았다.

더구나 그전까지의 우주선과 달리 우주왕복선은 '스페이스 셔틀'이라는 말이 시사하는 대로 재사용이 가능해야만 했다. 우주선의 재사용이라는 것은 1950년대 우주선 발사가 시작된 이래 당시까지 인류가 한 번도 해본 적이 없는 시도였다. 따라서 이미 여러 번 사용된 우주왕복선이, 재발사와, 궤도에서의 새로운 비행과, 귀환을 위해 대기권으로의 재진입과, 재착륙이라는 긴 여정에서 상처 없이 무사히 돌아올 수 있을지, 그리고 그 이후 또다시 비행에 나서기 위해 어느 정도의 강도와 내구성이 필요한지 정확히 아는 사람은 없었다. 나사의 기술자들은 시뮬레이션을 통해 우주왕복선이 비행 시에 어떤 위험과 기술적인 문제에 봉착할지 계산하고 예상을 했다. 그러나 왕복선이 실제 임무 수행 시 어떤 성능을 보일지는 확신할 수 없었다. 따라서 다이앤 본의 지적대로, 우주왕복선 계획이 시작된 시점부터, 셔틀이 갖는 모든 리스크 자체를 제거하는 것은 불가능하다는 것이 나사의 기본 전제였다.[10]

그렇기 때문에 우주왕복선의 디자인상의 특성, 그 부품들의 특성, 그리고 미션의 특성상, 틀림없이 존재하는 리스크를 계산해야만 하는 것이 나사에서는 필수적인 일이었다. 나사는 그 리스크를 계산하고, 예상하여 통제하려고 시도한다. 문제는 이 리스크 자체가 많은 경우 '계산불가능(incaculable)'하다는 점이다. 따라서 그 모든 계산과 수정을 통해 리스크를 제거하고, 통제하는 시도를 하고 난 후에도 여전히 남는 리스크가 있다. 그것이 바로 상존하는 위험(residual risk)이다.[11]

일탈의 보편화

다이앤 본은 1986년 1월 27일 밤의 결정이 폭발의 직접 원인이기는 하지만, 진실은 그보다 훨씬 더 오래된 나사와 그 공급자들의 역사와 문화, 그리고 위에서 지적한 '계산할 수 없는' 리스크를 자초한 환경에서 찾아야 한다고 주장했다. 즉 발사 전날의 결정은 그때까지의 나사의 역사와, 문화와 구조를 고려하면 지극히 '합리적인 근거'로 위험을 계산하여 내린 판단이라는 것이다. 즉 나사와 싸이오콜의 엔지니어들은 정상적인 절차를 밟아 그들이 '수용 가능한 위험'이라고 믿는 기준에 따라 판단하였다고 본은 주장하였다. 본은 이 '계산할 수 없는' 위험을 계산하여 논쟁, 토의, 타협을 통해 수용 가능한 리스크의 범위를 정하는 것을 일탈의 보편화(Normalization of deviance) 과정이라고 불렀다. 일탈의 보편화는 조직 구성원들이 비정상 또는 일탈(deviance)에 너무 익숙해져서 그 일탈 때문에 최소한의 안전기준을 충족하지 못하는 상황이 되어도 더 이상 이상하게 생각하지 않는 것을 말한다. 그것은 다음과 같은 과정을 통해 이루어졌다.

앞서 언급한 대로 싸이오콜은 1973년 저렴한 비용으로 SRB를 조립할 수 있는 방안으로 O링의 사용이 포함된 디자인을 제시하여 경쟁사를 제치고 나사로부터 계약을 따낼 수 있었다. 그러나 이 O링이 문제가 많다는 점은 이미 1977년경부터 나사와 싸이오콜의 엔지니어들 사이에서 논의되고 있었다. 미 하원의 과학기술위원회의 진상조사 보고서에는 1978년 1월부터 1986년 1월 28일의 발사 결정 사이 무려 50번 이상 나사와 싸이오콜 엔지니어들 사이에서 O링과 직간접으로 연관된 문제를 다룬 기록이 나온다.

싸이오콜과 나사의 기술자들은 우주왕복선 발사 시에 생길 수 있는 O링의 틈새의 크기와 관련해 지속적인 실험을 실시했다. 그리고 실험 결과를 어떻게 해석해야 하는지를 놓고 지루하고 긴 논쟁과 협상을 진행하였다. 이 논쟁과 협상 과정에서 싸이오콜과 나사는 O링의 틈새와 그로 인한 손상이 어느 정도까지 허용 가능한 위험인지에 대한 묵시적인 합의를 이루게 된다. 실제 1981년 4월의 컬럼비아호의 성공적인 첫 발사 포함 스물 네 번의 발사에서 O링이 문제가 되어 우주왕복선이 큰 위험에 처할 만한 상황까지 간 적이 없기 때문에 이들의 판단은 언뜻 합리적으로 보였다. 그리고 그렇게 판단하는 것이 나사의 문화이기도 했다. 그 이유는 앞서 말한 '상존하는 위험(residual risk)' 때문이다.

리스크의 계산과 평가는 다이앤 본이 워크 그룹Work Group이라 명명한 집단에 의해 이루어졌다. 워크 그룹은 우주왕복선 발사 결정 라인의 맨 밑에서 일하는 엔지니어와 매니저들로 구성된다. 이들은 두 가지 중요한 임무를 수행하는데 하나는 수용 가능한 리스크 프로세스(acceptable risk process), 다른 하나는 수용 가능한 리스크 프로세스를 통한 판단에 근거해 비행 준비 정도 검토(Flight Readiness Review)를 하는 것이다.[12]

'수용 가능한 리스크 프로세스'란 나사의 모든 기술적 결정(비행 준비가 가능한지 여부까지 포함)의 근간이 되는 것으로, 기본적으로 우주왕복선의 부품 모두에는 어느 정도의 리스크가 존재한다는 전제조건 하에서 그 리스크의 허용치를 결정하는 과정이다. 이 리스크 허용치에 대한 결정은 싸이오콜과 나사의 엔지니어들 간의 매일매일의 협상을 통해 이루어진다. 만약 엔지니어들이 부품에서 문제를 발견하면 그것은 잠재적인 위협 요소로 간주된다. 이 위협 요소가 제거되거나, 통제 가능한 수준으로 완화될 때까지 왕복선은 비행시킬 수 없다. 그런데 이 통제 가능한 수준의 기준을 정하는 것이 바로 수용 가능한 리스크 프로세스이다. 엔지니어들이 '수용 가능한 리스크'라는 결정을 내릴 때는 '엔지니어링 리스크 근거'(engineering risk rationale, 위원회에서는 엔지니어들이 증언할 때는 technical rationale, 또는 그냥 rationale로 표현하였다고 한다)라는 문서화된 설명이 기준이 된다.[13] 이 근거(rationale)는 문제를 분석하고, 그 문제가 다시 일어날 확률, 그리고 수용 가능한 리스크를 뒷받침할 데이터 등을 포함한다.

1970년대 싸이오콜은 이미 발사 시에 이 SRB의 조인트 부분이 살짝 열릴 수도 있다는 것을 시뮬레이션을 통해 추측하고 있었다. 다음 쪽의 그림에서 보듯이 조인트 부분이 열리면 SRB의 탱tang 부분과 U자형의 갈고리를 뜻하는 클레비스 사이가 벌어지면서 거기를 꽉 매우고 있어야 할 O링과 탱 사이에 틈이 생기게 된다. 그러나 나사와 싸이오콜의 엔지니어들로 구성된 워크 그룹은 이 틈이 '수용 가능한 리스크'라는 결론에 이르게 된다.

최초의 왕복선 발사(Space Transportation System의 첫 번째 임무라는 뜻에서 STS-1이라 불린다)는 1981년 4월 12일에 이루어졌다. 컬럼비아호는 성공적으로 발사되어 54.5시간 동안 지구 궤도를 37번 돈 후, 4월 14일에 무사히 착륙하였다. 이 첫 비행 이후 분석은 워크 그룹이 전에 내린 결론, 즉 O링을 포함한 조인트 부분이 수용 가능한 리스크라는 결론을 강화시켜 주었다. 이런 결론이 나오게 된 것은 전에 쓰던 공군의 타이탄 III 로켓에서처럼 하나의 O링으로만 이루어진 조인트가 아니라, 두 개의 O링으로 이루어져 있다는 것에 힘입은 바 크다. 즉 프라이머리 O링이 작동하지 않더라도 세컨

더리 O링이 비상시를 위해 존재하니 괜찮다는 것이었다.[14]

왕복선 발사가 그 후로도 계속되면서 다이앤 본이 일탈의 보편화(Normalization of Deviance)라 명명한 현상은 계속되었다. 1981년 11월, 왕복선의 두 번째 발사(STS-2) 이후 회수된 SRB 검사에서 우측 SRB의 애프트 필드 조인트의 프라이머리 O링이 0.053인치 정도 뜨거운 배기가스에 의해 손상된 것이 관찰되었다. 0.053인치의 부식에도 불구하고 프라이머리 O링은 정상적으로 작동했다. 문제가 발견되었으므로 워크 그룹은 표준 절차에 따라 수용 가능한 리스크를 산정해야만 하였다. 워크 그룹은 계산을 통해 발사 시에 뜨거운 배기가스로 O링이 부식될 수 있는 최대 크기는 0.090인치 정도로 결론짓고 이를 안전 마진(safety margin)이라 불렀다. 그리고 실험 결과 O링이 0.095인치의 부식 상태에서도 발사 시 압력의 3배까지도 견뎌내는 것을 알아내었다.[15]

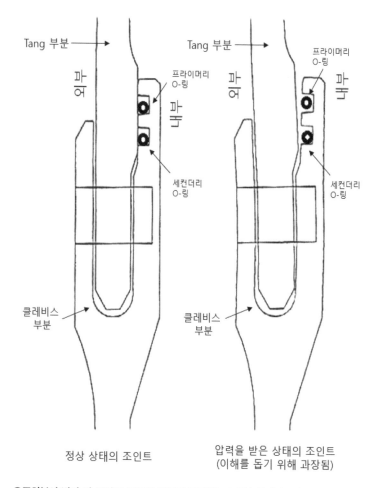

Tang 부분   프라이머리 O-링

세컨더리 O-링

클레비스 부분

Tang 부분   프라이머리 O-링

세컨더리 O-링

클레비스 부분

정상 상태의 조인트   압력을 받은 상태의 조인트
(이해를 돕기 위해 과장됨)

우주왕복선 발사 시 조인트 부분의 변화를 보여주는 그림 ┃ 챌린저호의 마지막 발사 전 날의 텔레컨퍼런스에서 싸이오콜의 엔지니어 로저 보아졸리는 이 그림을 나사 측에 보여 주며 추운 날씨 때문에 O링이 오작동하면 오른쪽 그림 같은 상황이 심해질 수 있다고 발 사 연기를 권고하였다(그림출처: Report of the Presidential Commission on the Space Shuttle Challenger Accident의 Figure 16에서 발췌 후 수정함).

두 번째 발사 임무, 즉 STS-2 당시 SRB O링의 부식 정도가 0.053 인치였고 이것은 한계치인 0.095인치보다 훨씬 아래였으므로 워크 그룹은 이를 수용 가능한 리스크로 판단하였다. 그리고 안전 마진을 늘이기 위해서 O링에 사용되는 접착제와 그 접착하는 방법을 바꾸었다. 세 번째 발사 임무인 STS-3이 성공하고, 수거된 SRB의 O링에서 이상이 없음을 발견한 후 나사와 싸이오콜의 엔지니어들은 두 번째 발사 이후 접착체와 접착방법을 변경한 것이 주효했다는 판단을 하게 된다.[16] 결국 이 최초의 수용 가능한 리스크의 기준은 사실상의 표준이 되어 그 후 모든 발사에 적용되게 되었다. 1982년 여름의 네 번째 발사 임무, 즉 STS-4까지 성공한 후 나사는 우주왕복선이 운용 가능한 상태라고 선언하였다.[17] 이 선언 후에는 나사나 싸이오콜에서 문제를 발견했을 때 상부에 보고해야 하는 의무라든가, 부품과 왕복선 안전성 테스트의 엄격함이 확실히 약해지게 되었다.

기술 중심 문화가 관료제와 조직 내 정치에 물들다

본은 나사가 SRB 디자인의 결함이 있는 것을 알았음에도 불구하고 우주왕복선이 운용가능하다고 선언한 것은 그 문화 때문이라 설명하였다. 우주왕복선의 두 번째 발사 이후 나사에서는 분명 SRB의 디자인에 문제가 있다는 것을 알고 있었다. 나사의 문화에서는 '이미 알려진 리스크를 안고 비행하는 것(flying with known risk)'은 정상에서 일탈된 결정이 아니라 규범에 따른(normative), 지극히 정상적인 결정이었다.[18] 그런데 나사가 출범 당시부터 이런 '일탈의 보편화' 문화를 가지고 있던 것은 아니었다.

처음 나사가 형성될 당시의 조직은 단순하면서도 철저하게 기술 중심의 문화를 갖고 있었다. 기술 중심 문화에서라면 문제를 발견하지 못하여서 사고가 나는 것은 어쩔 수 없지만, 문제가 있는 것을 인지한 상태에서 비행을 강행하는 경우는 없었을 것이다.

1958년 출범 후 십여 년간 순수한 기술 중심의 문화를 가졌던 나사는 시간이 지나면서 보다 복잡하고 관료적이 되어 갔다. 특히 예산상의 압박을 받는 과정에서 나사의 문화는 관료제와 정치적인 책임(political accountability)이라는 비기술적인 요소들과 결합하게 된다. 그래서 이미 완성된 SRB 디자인을 송두리째 바꿈으로써 어마어마한 비용과 우주왕복선 전체 프로그램의 연기를 초래하기 보다는 기존 디자인의 보강을 통해 리스크를 수용 가능한 수준으로 '통제'할 수 있다고 믿는 문화가 만들어졌다는 것이다. 리스크를 계산하는 방식은 복잡한 엔지니어링 테스트와 수학적 모델, 그리고 전에 했던 비행 결과에서의 경험 등이 동원되었다. 문제는 이 리스크가 실제 존재하는 물리적인 리스크가 아니라 워크 그룹의 계산에 의해 추정된 리스크라는 것이다. 본은 이것을 리스크의 제작(construction of risk)이라 불렀다.[19]

본에 따르면 워크 그룹의 사고방식이나 판단 방식이 외부인에게는 비정상으로 보일 수도 있으나, 나사의 역사와 문화, 구조를 고려하면 워크 그룹 멤버들에게는 지극히 정상적인 것이었다. 매번 발사 결정을 내릴 때마다 기술 전문가들은 전문적인 분석능력을 동원하여 '불확실성' 속에서 '확실한 것'을 찾아내었다. 그 확실한 것이란 결국 실제의 리스크가 아닌 계산된 리스크, 본의 표현으로는 '리스크의 제작'으로 탄생한 리스크였다. 이 리스크를 워크 그룹은 '수용 가능'이라는 말로 포장했고, 시간이 지나면서 그들은 되풀이해서 발생하는 기술적 일탈(technological deviance)까지 포함하는 일종의 과학 패러다임을 만들어 냈다.[20]

1985년에 일어난 O링의 문제들

챌린저호의 마지막 비행 전 해인 1985년에는 총 아홉 번의 우주왕복선 발사가 있었다. 그 중 세 번의 발사에서 전에 본 적이 없는 문제가 발견되었다. 1월의 디스커버리호 발사(STS-51C)는 추운 날씨가 문제였다. 발사 예정일인 1월 23일 전 사흘간 플로리다치고는 믿을 수 없을 만큼 추운, 화씨 18도에서 22도 사이의 밤 날씨가 계속되었다.[21] 발사는 24일로 하루 연기되었는데 22일 자정에도 20도까지 떨어졌고 아침의 발사 시간에도 여전히 영하의 날씨였기 때문이다. 그것은 발사 허용 날씨 기준인 화씨 31도~99도(약 영하 1도~영상 37도) 범위를 벗어난 온도였다.[22]

23일 밤에도 기온은 낮았으나 24일의 점심에는 화씨 60도 이상으로 치솟아 발사 자체는 성공하였다. 그러나 발사 후 SRB를 수거하여 검사해본 결과 두 개의 프라이머리 O링이 손상되었다. 그 중하나는 0.038인치 손상되어 처음으로 뜨거운 배기가스가 세컨더리 O링까지 다다랐다. 나사와 싸이오콜의 엔지니어들은, 발사 시간의 날씨는 화씨 62도였으나 O링의 표면 온도는 연이어진 추운 날씨로 53도까지 내려가 있었을 것으로 추정했다. 그들은 추운 날씨 때문에 프라이머리 O링이 탄력성을 잃었고 그 때문에 O링이 발사 시 조인트의 간극을 완벽하게 메꾸지 못하여 손상되었다고 진단하였다.[23]

4월에는 두 번의 왕복선 발사가 있었는데 두 번 모두 O링 문제가 발견되었다. 4월 12일에 발사된 디스커버리(STS-51D)의 두 개의 SRB 모두 프라이머리 O링의 손상이 있었다. 특히 오른쪽 SRB의 O링은 0.068인치가 손상되었는데 이는 그 전까지 가장 큰 손상이었던 0.053인치보다 더 큰 것이었다. 4월 29일에 발사된 챌린저(STS-51B)의 경우는 더 심해서 왼쪽 SRB의 프라이머리 O링은 크게 손상되어 거의 배기가스를 막지 못하였다. 이때 프라이머리 O링 손상범위는 0.171인치로 우주왕복선 두 번째 발사임무, 즉 STS-2 이후 설정된 안전마진인 0.090인치나, 프라이머리 O링이 정상적으로 작동할 수 있는 최대 손상범위인 0.095인치를 훨씬 뛰어넘는 것이었다.[24]

그럼에도 불구하고 발사가 성공적으로 이루어졌으므로 워크 그룹은 발사 후 분석과 계산을 통해 여전히 O링을 장착한 SRB가 수용 가능한 리스크 안에 있다고 판단하였다. 그들은 실험을 통해 프라이머리 O링이 전혀 작동하지 못하는 최악의 경우 세컨더리 O링은 0.075인치까지 손상될 수 있고, 설사 세컨더리 O링이 그보다 더 큰 0.125인치의 손상을 당해도 배기가스를 막아낼 것으로 판단하였다. 4월 29일 STS-51B 미션 시에 챌린저호의 세컨더리 O링의 손상 정도가 0.032인치였다. 이는 허용 범위인 0.125인치보다 훨씬 밑이었기 때문에, 워크 그룹은 여전히 이 여분의 O링을 신뢰하였다.[25] 즉 수용 가능한 리스크를 정하는 범위는 점점 더 관대하게 늘어나고 있었다.

발사 전날의 텔레컨퍼런스

문제의 챌린저호(미션 이름 STS-51L) 비행은 원래 1986년 1월 22일에 예정되어 있었다. 그러나 1985년 12월에 발사 예정이던 우주왕복선 컬럼비아호(미션 이름 STS-61C)가 예정보다 25일이나 늦춰 1986년 1월 12일에 발사되는 바람에 챌린저호도 덩달아 22일에서 23일로, 다시 25일로, 그리고 26일로 연기되었다.[26] 발사 연기 결정은 네 겹으로 이루어진 나사와 싸이오콜의 기술진들과 관리자들의 의사 결정 라인에 의해 이루어졌다.

의사 결정 라인의 꼭짓점은 나사 본부의 우주비행 부책임자(Associate Administrator for Space Flight) 제시 무어Jesse Moore, 2선 결정 라인에는 휴스턴의 존슨 우주센터의 프로그램 매니저인 아놀드 알드리치Arnold Aldrich, 3선에는 앨라배마 헌츠빌의 마샬 우주비행센터의 디렉터인 윌리엄 루카스William Lucas, 마샬의 우주왕복선 프로젝트 오피스 매니저인 스탠리 레이나츠Stanley Reinartz, 역시 마샬의 솔리드 로켓 부스터 프로젝트 매니저인 로렌스 멀로이Lawrence Mulloy, 그리고 마지막으로 4선 결정 라인은 싸이오콜의 솔리드 로켓 모터 Solid Rocket Motor(이하 SRM으로 표기) 담당 디렉터인 알란 맥도널드 Allan McDonald로 그는 싸이오콜 측을 대표해서 플로리다의 케네디 우주센터, 즉 발사현장에 파견 나와 있었다.[27]

1월 26일의 발사도 케네디 우주센터가 소재한 플로리다의 현지 날씨가 좋지 않아 다시 하루 연기되었다. 27일에는 발사 예정 시간대에 바람이 심해서 다시 하루가 늦춰져서 결국 1월 28일에 발사하기로 결정이 내려졌다. 27일 오후 1시 기온이 플로리다 날씨로서는 매우 낮은 화씨 20도 대 초반에 머물자 마샬 우주비행센터의 SRM 담당 래리 웨어Larry Wear는 유타의 싸이오콜에 추운 날씨가 SRM의 성능에 영향을 주지 않을지를 문의하였다.[28] 이미 전의 몇 번의 발사에서 O링의 외부가 뜨거운 배기가스에 일부 녹아내린 것을 감안하면 래리 웨어의 문제 제기는 지극히 타당하고 시의적절한 것이었다.

　　이에 유타의 싸이오콜에서는 발사시스템 담당 로버트 이블링Robert Ebeling의 주재로 회의가 열렸다. 유타의 엔지니어들은 추운 날씨가 O링의 탄성에 영향을 줄 수 있다는 우려를 표명하였다. 추운 날씨에 링이 지나치게 딱딱해지면 발사 시에 팩토리 조인트 간 이음새를 촘촘히 매울 만큼 링의 탄성이 회복되지 않을 수 있다는 지적이었다. 결국 발사 전날인 27일 오후 5시 45분, 유타의 엔지니어들과, 헌츠빌의 마샬 우주비행센터, 그리고 플로리다의 케네디 우주센터의 관리자들이 3자 텔레컨퍼런스를 진행하였다. 이 회의에서 싸이오콜의 기술자들은, 발사 시간을 기온이 높아지는 정오나 그 이후로 연기시켜야 한다는 의견을 피력하였다. 그날 저녁에 더 많은 사람들이 참가하는 두 번째 텔레컨퍼런스를 진행하기로 하고 모든 담당자들에게 팩스를 통해 관련 자료가 전달되었다.[29]

　　밤 8시 45분부터 열린 두 번째 텔레컨퍼런스는 싸이오콜에서 16명, 나사 측에서 18명, 총 34명이 각 세 군데의 장소에 산재하여 진

행한 대규모 회의였다. 이 자리에서 싸이오콜의 로저 보아졸리
Roger Boisjoly, 아니 톰슨Arnie Thompson과 브라이언 러셀Brian Russell 등
의 엔지니어들은 미리 팩스로 보낸 차트들을 설명하면서 발사를
연기할 것을 주장하였다. 보아졸리는 1985년 1월 디스커버리 발사
(미션 이름 STS-51C) 자료를 인용하고, 압력에 의해 조인트 부분이
어긋나는 그림(앞서 '우주 왕복선 발사 시 조인트 부분의 변화를 보여주
는 그림'으로 소개되었다)을 보여주며 왜 O링이 문제가 될 수 있을지
를 설명하였다.[30]

　이미 언급한 대로 당시 두 개의 프라이머리 O링이 제대로 작동
하지 않았고 결국 세컨더리 O링이 배기가스의 누출을 막아준 덕분
에 발사는 성공적으로 진행되었다. 발사 당시 기온은 화씨 62도였
는데 문제는 그 전날 기온이 화씨 20도 대의 영하로 떨어지면서 O
링 표면의 온도는 53도 정도로 추정된다고 밝힌 바 있다. 이를 근거
로 싸이오콜 측에서 엔지니어링 담당 부사장 로버트 런드Robert Lund
가 최종 결론을 차트로 설명하였다. 발사 시간 O링의 표면 온도가
최소 화씨 53도는 되어야 한다는 것이었다.[31]

　나사의 멀로이는 이 결론을 듣고 싸이오콜의 스페이스 부스터
프로그램 부사장인 조 킬미니스터Joe Kilminister의 의견을 물었다. 킬
미니스터는 엔지니어들의 결론대로 O링 온도가 53도 미만이면 발
사를 연기하여야 한다고 권고했다. 나사의 관리자들과 기술진들은
심하게 반발하였다. 그들은 발사 전날 발사 여부를 결정하는 새로
운 기준을 들고 나와 발사를 연기해 달라는 것은 무리한 제안이라
고 반박하였다. 싸이오콜 측 역시 자신들의 주장을 뒷받침할 만한

충분한 데이터는 없는 상태였다. 이에 마샬의 우주왕복선 프로젝트 오피스 매니저인 스탠리 레이나츠가 킬미니스터에게 다시 의견을 물었다. 킬미니스터는 싸이오콜의 관리자들과 5분간의 오프라인 간부회의가 필요하다고 대답하였다.[32]

간부회의

5분이라고 했던 유타 싸이오콜 본사의 이 간부회의는 30분간 지속되었다. 회의는 싸이오콜의 수석 부사장인 제리 메이슨Jerry Mason이 "우리는 이제 경영상의 결정을 내려야 합니다"라고 선언하면서 시작되었다. 14명의 사람이 회의장에 있었으나 실제 의사 결정은 경영진에 의해 이루어졌다. 메이슨은 부하 경영진에게 발사를 강행하는 것에 대해 동의를 구했다. 아니 톰슨과 로저 보아졸리, 두 명의 엔지니어가 반대 의견을 표명하였으나 메이슨의 눈총을 받았다. 나머지 엔지니어들 중에는 반대 의견을 표명한 사람은 없었다. 두 명의 경영진 멤버들, 조 킬미니스터와 그의 직속상관인 스페이스 디비젼 담당 부사장 겸 제네럴 매니저 캘빈 위긴스Calvin Wiggins는 발사에 찬성이었다.

캐스팅 보트는 엔지니어링 담당 부사장 로버트 런드가 갖게 되었다. 그는 30분 전의 텔레컨퍼런스에서 발사 시간 O링의 표면 온도가 최소 화씨 53도에 미치지 못하면 발사를 연기하여야 한다는 최종 결론을 내린 사람이었다. 메이슨은 그에게 "이제는 엔지니어의 모자를 벗고 경영자의 모자를 써야 할 시간일세, 밥(Bob: 로버트의 애칭)"이라고 말했다. 런드가 찬성표를 던지고 그것으로 발사 결

```
RECOMMENDATIONS :

o O-RING  TEMP MUST BE ≥ 53 °F AT LAUNCH

  DEVELOPMENT MOTORS AT 47° TO 52°F WITH
  PUTTY PACKING HAD NO BLOW-BY
  SRM 15 (THE BEST SIMULATION) WORKED AT 53 °F

o PROJECT AMBIENT CONDITIONS (TEMP & WIND)
  TO DETERMINE LAUNCH TIME
```

O링의 온도가 화씨 53도(섭씨 12도) 이상이어야만 발사를 권고한다는 프레젠테이션 차트 | 당시 차트를 준비할 시간이 없어 모두 엔지니어들이 손으로 쓴 것이었다 (Presidential Commission on the Space Shuttle Challenger Accident, 1986. Report to the President, Vol 1, June 6., 91쪽).

정이 이루어졌다.[33]

오프라인 회의가 끝나고 다시 텔레컨퍼런스가 속개되자 킬미니스터는 종전의 입장을 바꾸어 발사를 예정대로 진행하는 것을 권고한다고 선언하였다. 킬미니스터는 다시 작성된, 발사를 정당화하는 합리적 근거를 기술한 엔지니어링 리포트를 낭독하였다.[34] 텔레컨퍼런스는 밤 11시 15분에 끝났다. 멀로이의 요청으로 킬미니스터는 발사를 강행할 기술적 근거를 담은 문서를 러셀에게 작성하라고 지시했다. 러셀은 '챌린저호 발사 관련 온도의 영향에 대한 모튼-싸이오콜(MTI)의 평가'라는 문서를 작성하여 킬미니스터의 서명을 받아 마샬 우주비행센터와 케네디 우주센터에 11시 45분경 팩스로 보냈다.[35]

발사를 강행할 기술적 근거는 크게 다음 세 가지였는데, 첫째, 그동안 있었던 O링의 손상은 모두 허용 가능한 범위 내였고, 1985년의 1월의 추운 날씨에서 발사된 왕복선 발사(STS-51C)에서 난 0.038인치 정도의 손상도 시뮬레이션으로 측정한 손상 허용 범위인 0.095인치의 거의 1/3에 불과했다는 점. 둘째, 허용 범위의 한계

MTI ASSESSMENT OF TEMPERATURE CONCERN ON SRM-25 (51L) LAUNCH

O CALCULATIONS SHOW THAT SRM-25 O-RINGS WILL BE 20° COLDER THAN SRM-15 O-RINGS

O TEMPERATURE DATA NOT CONCLUSIVE ON PREDICTING PRIMARY O-RING BLOW-BY

O ENGINEERING ASSESSMENT IS THAT:

    O COLDER O-RINGS WILL HAVE INCREASED EFFECTIVE DUROMETER ("HARDER")

    O "HARDER" O-RINGS WILL TAKE LONGER TO "SEAT"

        O MORE GAS MAY PASS PRIMARY O-RING BEFORE THE PRIMARY SEAL SEATS (RELATIVE TO SRM-15)

           O DEMONSTRATED SEALING THRESHOLD IS 3 TIMES GREATER THAN 0.038" EROSION EXPERIENCED ON SRM-15

    O IF THE PRIMARY SEAL DOES NOT SEAT, THE SECONDARY SEAL WILL SEAT

        O PRESSURE WILL GET TO SECONDARY SEAL BEFORE THE METAL PARTS ROTATE

           O O-RING PRESSURE LEAK CHECK PLACES SECONDARY SEAL IN OUTBOARD POSITION WHICH MINIMIZES SEALING TIME

O MTI RECOMMENDS STS-51L LAUNCH PROCEED ON 28 JANUARY 1986

    O SRM-25 WILL NOT BE SIGNIFICANTLY DIFFERENT FROM SRM-15

JOE C. KILMINSTER, VICE PRESIDENT
SPACE BOOSTER PROGRAMS

MORTON THIOKOL, INC.
Wasatch Division

챌린저호 발사 관련 온도의 영향에 대한 모튼-싸이오콜(MTI)의 평가 | 이것이 일곱 명의 사망자를 낳은, 챌린저호 발사를 권하는 싸이오콜의 기술적 근거를 담은 문서이다 (Presidential Commission on the Space Shuttle Challenger Accident, 1986. Report to the President, Vol 1, June 6., 98쪽).

라는 0.095인치의 링 손상에도 프라이머리 O링의 차단 효과는 지속 가능하다는 점. 셋째, 만의 하나 프라이머리 O링이 손상되어 제구실을 못해도 세컨더리 O링이 막아줄 것이라는 점이었다.

'챌린저호 발사 관련 온도의 영향에 대한 모튼-싸이오콜(MTI)의 평가'에서, 추운 날씨가 언급되기는 하였다. 즉 1986년 1월 28일 챌린저호(미션 이름 STS-51L) O링의 온도가 그 전에 가장 추운 발사일이었던 1985년 1월의 디스커버리호(STS-51C) O링 온도보다 화씨로 20도는 낮을 것이라는 점이었다. 그러나 정작 이 추운 날씨가 프라이머리 O링에 어떤 영향을 미칠지는 알 수 없다(inconclusive)라고 쓰여 있었다. 추운 날씨의 영향은 알 수 없어도, 여분의 O링이 있으니 수용 가능한 리스크라는 것이 싸이오콜의 판단이었다. 최종 결론은 '챌린저의 솔리드 로켓 모터, 즉 SRM-25가 1년 전 디스커버리의 SRM(SRM-15)과 현저히(significantly) 다르지 않을 것이므로 발사를 권한다'라는 것이었다.[36] 다음날 발사는 예정보다 2시간 늦은 오전 11:38분에 이루어졌고 챌린저호는 발사 후 73초 만에 폭발하였다. 탑승한 일곱 명은 전원 사망했다.

챌린저호 폭발의 교훈: 센스메이킹의 실패

본은 이 챌린저호 사례가 조직과, 그 환경과, 의사결정을 묶어 설명함으로써 조직의 과거의 역사적 행동들이 어떻게 규범, 표준업무절차, 그리고 미래의 선택까지 결정짓는 공통의 세계관을 만들어내는지 보여준다고 주장한다. 그녀의 분석에 따르면 챌린저호 발사 결정은 어느 개인의 판단착오로 일어난 것이 아니고 조직과 그 역사, 제도, 그리고 그것들이 만들어낸 규범, 규칙, 대본의 산물이다.[37] 나사와 싸이오콜 같은 공급업체들 사이에서는 기술적인 의견 불일치가 일어나는 일은 흔했다. 챌린저호 발사 결정의 경우는 심지어 싸이오콜 내 엔지니어들 간에서도 의견이 갈렸다. 모든 엔지니어가 발사에 반대하는 목소리를 낸 것은 아니었다. 토론, 논쟁, 협상을 통해 '수용 가능한 리스크', 본의 표현에는 '제작된 리스크'의 수용 가능 여부를 정하는 것이 이들의 정상적인 일 처리 방식이었다.

본은 이 사건이 주는 교훈을 몇 가지로 정리해서 설명한다. 그녀는 기술자들이 과학을 어떻게 실행에 옮기는지를 이해하기 위해서는 사회적 요소, 기술적 요소 두 가지 모두 중요하다고 주장한다. 본이 표현한 '제작된 리스크(constructed risk)'는 실제의 리스크가 아니었다. 그것은 나사라는, 예산 압박을 받는 거대 관료조직을 고객으로 삼기 위해서 기술자들이 만들어낸 개념이었다. 또한 본은 작업장에서의 리스크 평가 기준에 영향을 주는 가장 큰 요소는 조직 문화라 주장한다. 여기서의 문화는 조직의 소통방식, 눈에 보이지 않는 규범, 규칙, 공식, 비공식 구조가 다 포함된다. 앞서 조선 조정이 일본의 위협을 과소평가한 것이 조선의 역사, 문화, 제도 등에서 기인한다고 한 것과 같은 맥락의 설명이다. 또한 본은 규칙과 규범, 선례, 의사 결정 패턴, 조직 구조와 그 환경에 순응하는 문화가 변화를 부정하는 경향을 만들어냈고 결과적으로 일탈의 보편화를 가속시키는 요인이 되었다고 주장하였다.[38]

합리적 의사 결정 모델에 따르면 의사결정자들은 모든 필요한 정보를 갖고, 영리하며, 무슨 목적으로 어떤 일을 해야 하는지에 대한 합의가 이루어진 상태에서 판단한다. 그러나 본은 이런 의사 결정 모델을 부정하고 의사결정이 이루어지는 과정과, 맥락에 초점을 맞추었다. 그녀는 센스메이킹을 맥락적 합리성(contextual rationality)에 관한 것이라 설명하면서 자신의 관점이 센스메이킹의 그것과 같다고 설명했다.[39] 그런 면에서 이 챌린저호의 비극도 결국은 센스메이킹의 실패이다. 나사와 싸이오콜의 경영자와 엔지니어들은 자신들의 맥락에서는 충분히 합리적인 선택을 한 것이었다. 그들에게는 모든 정보가 주어지지 않았고, 시간적 제약도 있었고, 예산의 압박도 있었다. 다만 이들의 결정은 본의 지적대로, 쿠바 미사일 위기를 다룬 그래엄 앨리슨Graham Allison의 역작『결정의 엣센스(Essence of decision)』나, 케네디 행정부의 피그만(Bay of Pigs) 침공실패, 일본의 진주만 기습 가능성과 베트남 전쟁 관련 미국 정부의 오판을 다룬 어빙 재니스Irving Janis의 『집단사고 (Groupthink)』, 그리고 앞장에서 소개된 임진왜란 직전의 조선조정의 판단실패와는 조금 다른 각도에서 보아야 한다.[40]

재니스나 앨리슨의 책들, 또는 앞의 16세기 말 조선 조정 사례는 정부 최고위층의 정책결정을 다루고 있다. 그 사례들의 주인공들은 엘리트 정책결정자들이며, 소수의 정부 관료들 외에는 모르게 비밀리에 의사결정을 하였다. 반면 챌린저호 사건의 의사결정자들은 대부분 기술자들이고, 그 결정과정은 상명하복이 아니라 조직 피라미드 밑에서 위로(bottom up) 결정이 이루어지는 방식이었고, 공개된 토론을 통해 결론에 도달했다. 그리고 그들의 결정은 일상적으로 되풀이되며(routine), 철저하게 기술적인 것들이었다.[41] 즉 이들의 결정은 일반 기업의 의사결정과정과 매우 비슷한 방식으로 이루어졌다. 그런 면에서 기업들은 자신들의 일상적인 결정이 일탈의 보편화(normalization of deviance) 과정을 겪으면서 그릇되게 이루어지는 것이 아닌지, 센스메이킹의 실패로 파국을 부르는 판단을 하는 것이 아닌지 되돌아 볼 필요가 있다.

이 사건을 정리하면서 몇 안 되는 위안 중의 하나는 끝까지 순수한 기술 중심 사고를 보여준 엔지니어들이다. 유타에 위치한 싸이오콜 본사에서 열린 발사 전 날 밤 마지막 간부회의에서 아니 톰슨과 로저 보아졸리는 끝까지 발사에 반대했다. 보아졸리는 이후 폭발 원인을 규명하는 과정에서 회사 측에 불리한 증언을 했다고 동료들과 경영진의 눈총을 받게 되어 사실상 반강제적으로 싸이오콜을 떠나야만 했다.

싸이오콜의 SRM 담당 디렉터 알란 맥도널드는 유타의 본사에서 열린 마지막 30분 간부회의에 참석하지 못했다. 그는 앞서 언급한 대로 싸이오콜의 경영진을 대표해서 플로리다의 케네디 우주센터에서 챌린저호 발사 관련 과정을 조율하는 역할을 맡고 있었기 때문이다. 그는 간부회의가 끝난 후 싸이오콜이 종전의 결정을 뒤집어 발사 권고로 돌아서자 심하게 반발하였다. 그는 마지막 순간까지 추운 날씨에서 O링의 문제가 해결되지 않은 상태라며 발사에 반대하였다. 그는 상사인 조 킬미니스터가 서명한, 나사에 보내는, 발사를 권고한다는 문서에 서명을 거부했다.[42] 그는 플로리다에 있는 케네디 우주센터의 나사 직원들에게 다음과 같이 말했다.

나는 우리가 알고 있는 것 때문이 아니라 우리가 모르는 사실 때문에 이 발사결정에 반대합니다. 그리고 나사도 우리와 똑같은 입장을 취해야 한다고 생각해야 할 것입니다. 이렇게 많은 것을 모르는 상태에서 위험을 감수하는 것은 옳지 않아요![43]

유감스럽게도 로저 보아졸리, 아니 톰슨, 알란 맥도널드의 반대는 소수의견으로만 기록되었고, 실제 의사결정에 반영되지는 않았다. 이런 소수의견을 어떻게 다루어야 이런 참극을 막을 수 있는지, 또는 참극을 막지는 못하더라도 그 피해를 최소화 할 수 있는지에 대해서는 7장의 5절에서 다루게 될 것이다.

제3부

군(軍)의
센스메이킹

그들의 업무는 삶과 죽음의 경계에서 이루어지기 때문에,
센스메이킹이 가장 절실한 조직은 전시의 군軍이다.
제2차 세계대전 발발 이후 80년이 지났으나
여전히 세계 최강의 전력을 보유하고 있는
미군은 어떻게 센스메이킹을 하고 있을까?

전쟁 시의 군대는 국가의 운명과 국민들의 생과 사를 결정짓는 조직이다. 민간에서 이루어진 현대 조직이론의 발전은 군 조직의 발전에 크게 기여했고, 군에서 이루어진 혁신은 민간 부문에 적용되어 왔다. 이 제3부에서는 21세기 현 시점에서 세계 최강의 군사력을 보유하고 있는 미국 군의 몇 가지 사례를 통해 군이 어떻게 경쟁력을 유지하고 실수를 줄이는지를 검토하고자 한다. 앞서 소개한 세 개의 사례(맨 협곡의 참극, 임진왜란, 챌린저호 폭발)가 센스메이킹의 실패 사례라면, 넓은 의미에서 이 제3부의 이야기들은 미군이 센스메이킹을 위한 노력으로 얻어진 성공사례들이다.

첫째로 다룰 사례는 미 해군이다. 미국이 보유하고 있는 니미츠급 항공모함의 운영에 대한 연구들을 소개한다. 미국이 보유한 11개의 항공모함 전단은 그 하나하나가 웬만한 중견국가의 전체 군사력을 뛰어 넘는다. 지구상 어딘가에서 전쟁이 난다면 미국 대통령이 묻는 첫 번째 질문은 거기에 보낼 수 있는 항공모함 전단이 어디 있느냐 일 것이다. 그런데 이 항공모함의 운영은 사고가 일어나지 않는 것이 이상할 만큼 위험천만한 일의 연속이다. 어떻게 사고가 일어나지 않고, 열 대가 넘는 항공모함과 700대가 넘는 그 함재기들이 운영되는지 경영학적으로 분석한다.

두 번째로는 미 해군과 공군에서 시작되어 육군으로 전파된 사후강평(After Action Review: 이하 AAR로 표기)을 다룬다. 이 사후강평은 여러모로 바둑의 복기와 닮았다. AAR의 시행 이후 미 해군의 공중전 능력의 비약적인 발전, 그리고 그것을 벤치마킹한 미 육군의 사례를 소개한다.

제5장
항공모함 운영의 센스메이킹

1. 미션 임파서블

제너럴 다이너믹스가 개발한 F-16 파이팅 팰컨은 대한민국 공군의 주력전투기이자 20세기 서방진영에서 가장 상업적으로 성공한 소형전투기였다. 21세기에도 미국을 비롯한 미국의 동맹 또는 준동맹 28개국에서 3,000여 대가 운용 중이다. 소형 전투기이니만큼 이착륙할 때 중대형 여객기나 대형 전투기, 또는 폭격기들에 비해 대체로 더 작은 공간만을 필요로 한다. 그럼에도 불구하고 F-16이 미사일 두 발을 장착한 상태로 이륙하는 데 필요한 최소거리는 457미터, 착륙에 필요한 거리는 그보다 두 배 긴 914미터 정도다.

그러나 미국 주력 항공모함인 니미츠급의 항모 상에서 비행기이 착함에 허가된 거리는 불과 100미터 남짓이다. 99미터 이내에 이함해야 하고, 이륙할 때보다 더 긴 공간이 필요할 착함거리는 오히려 이함 거리보다도 1미터가 줄어든 98미터다.[1] 더구나 니미츠급에서 운용하는 주력 전투기는 F-16보다 큰 중형 전투기인 F/A-18 호넷, 또는 그 개량형인 대형 F/A-18 수퍼호넷이다. 영국과 중국이 최근 도입한 항공모함들은 이런 이함 시 항모의 공간 부족이라는 단점을 극복하기 위해 '스키점프' 방식의 이함 시스템을 갖추었다. 활주로 끝자락을 하늘로 들어 올려 짧은 거리에서도 이함이 가능하도록 한 것이다. 그러나 이 방식으로는 중무장한 상태의 중대형 전투기, 즉 완전 무장에 보조연료탱크까지 장착한 F/A-18 수퍼호넷 같은 무거운 기체가 이함하는 것은 불가능하다. 이러한 협소한 공간의 문제점을 해결하기 위해서는 이함에는 사출장치가, 착함에는 제동용 밧줄을 통한 강제착함장치가 필요하다.

그래서 미국 해군과 프랑스 해군의 항공모함은 증기 사출장치를 사용한다. 캐터펄트catapult라고 불리는 이 기계는 갑판에서 함재기가 이함할 때 압축공기로 기체를 밀어 가속한다. 이때 사용되는 압축공기는 원자로에서 만들어지는 고온 고압의 증기를 이용해 만들어낸다. 만에 하나 증기압력이 부족한 채로 캐터펄트가 작동하면 함재기가 충분한 속도를 내지 못하게 되어 뜨지 못하고 물로 추락하게 된다. 니미츠급이 사용하는 C-13-2 사출장치는 40톤에 가까운 비행기를 3초 이내에 정지 상태에서 비행 가능한 속도인 시속 290km의 속도로 가속시킬 수 있다.

니미츠급에는 네 개의 캐터펄트가 장치되어 20~30초에 한 대 씩 비행기를 이함시킨다. 이것은 세계에서 발착수 기준으로 가장 바쁜 공항인 시카고의 오해어O'Hare 국제공항의 분당 이륙 대수보다 거의 두 배 가까이 많은 것이다. 참고로 오해어 국제공항의 면적은 11.25평방마일이고, 여덟 개의 활주로를 가지고 있다.[2] 반면 니미츠급 항공모함의 갑판 면적은 4.5에이커 정도로 이를 환산하면 0.047평방마일이 된다. 즉 오해어 공항 면적의 1/239 정도 크기에서 그보다 더 자주 비행기의 이함이 가능한 것이다.

강제착함 역시 이함 못지않게 아슬아슬하고 분주한 환경 하에서 이루어진다. 착함 시에는 비행기의 끝에 달린 갈고리에 제동용 밧줄(Cross Deck Pendant)을 걸어 시속 240km로 항공모함에 착함한 비행기를 3초 안에 정지시켜야 한다. 이 제동용 밧줄은 직경 25mm, 32mm, 또는 35mm 정도의 철제 케이블로 약 100번에서 125번 정도 사용되면 폐기되고 새것으로 교체된다. 제동용 밧줄이 끊어지거나 비행기 갈고리가 제동용 밧줄에 걸리지 않으면 비행기는 바다로 추락하게 된다. 밧줄이 끊어지면 비행기만 추락하는 것이 아니라 그 끊어진 밧줄이 무서운 속도로 날라 오는 살인 흉기가 되어 갑판의 승조원들을 부상시키거나 사망에 이르게 할 수도 있다.

로흘린, 라 포르테, 그리고 로버츠Rochlin, La Porte, and Roberts는 한 논문에서 항공모함의 운영이 얼마나 위험한 일인지를 한 승선 장교의 입을 빌려 다음과 같이 설명하고 있다.

항공모함이 어떤지 알고 싶다고요? 글쎄요, 매우 바쁜 날의 샌프란시스코 국제공항을 떠올리세요. 그 공항을 오로지 한 개의 활주로와 한 개의 램프, 그리고 한 개의 게이트만 가진 곳으로 축소시켰다고 상상해 보세요. 그곳에서 기존의 인터벌보다 절반의 시간 내에 비행기들을 이착륙시키는데, 그것도 이륙과 착륙을 동시에 하는 거죠. 활주로의 양 끝은 막혀 있고요, 모든 비행기는 이륙한 당일 다시 착륙하여야만 합니다. 장비는 그 사용의 한계에 다다라 매우 부서지기 쉬운 상태입니다. 근데 적의 탐지에 걸릴 수 있으니까 레이더마저 꺼야만 하는 상황이 옵니다. 무선 통신을 하는 것도 대단히 큰 제약 속에 겨우 이루어집니다. 연료는 비행기 엔진이 가동 중인 상황에서 주입되고요. 적기는 공중에 떠 있고, 미사일과 폭탄이 활주로 사방에 널려있는 상태입니다. 게다가 모든 것들은 바닷물과 기름 범벅이고, 그 현장을 운영하는 사람들은 스무 살 정도의 연령대에 그 중 절반은 비행기를 이렇게 가까이서 한 번도 본 적 없는 애송이들이죠. 아, 그리고 가급적 아무도 죽이지 않고 일을 해야 합니다.[3]

실제 2003년 9월 11일 미국 항공모함 조지 워싱턴호에서 F/A-18 한 대가 착함을 시도할 때 제동 케이블이 끊어졌고, 그 결과 수천만 달러짜리 전투기는 그대로 바다로 추락해 버렸다. 조종사는 아슬아슬하게 사출좌석을 통해 비상탈출에 성공하였으나 끊어진 제동 케이블이 시속 100마일 이상의 속도로 날아와 7명이 부상하였다. 그 중 3명은 바로 헬기를 통해 육지병원으로 수송되어야만 하는 중상을 입었다.[4]

이러한 묘사를 들으면 항공모함의 운영은 거의 미션 임파서블, 즉 불가능한 임무처럼 보인다. 즉 절대로 실수가 없는(error free) 운영이 필수적인 위험천만한 작업의 연속이라는 것이다. 그러나 미국이 보유한 열 대의 니미츠급 항공모함에서 일어나는 사고는 지난 몇 십년간 손에 꼽을 정도로 그 수가 적다. 어떻게 이런 일이 가능할 것일까?

2. 항공모함 운영에 관한 경영학 연구

로흘린, 라 포르테, 로버츠는 앞서 언급한 논문에서 매우 위험하고 실수로 인한 대형사고가 나기 쉬운 환경에서 완벽에 가까운 운영을 보이는 세 개의 사례를 언급하였다. 미국의 에너지 회사인 퍼시픽 개스 앤드 일렉트릭 컴퍼니Pacific Gas & Electric Company의 전기 및 가스 배전관 관리, 그리고 대형 공항의 관제탑에서 이루어지는 항공관제, 마지막으로 거대 항공모함의 운영이다. 그들은 이 세 사례 중 가장 극단적으로 위험하고 불안정한 환경에서 이루어지는 것이 항공모함의 운영이라 지적하였다. 전기 및 가스 배전관 관리나 항공관제에서는 오랜 훈련, 직무와 팀의 안정성(즉 같은 멤버들과 같은 직무를 다루는 팀이 오랫동안 유지되는 것), 축적된 경험과, 직원들을 신중하게 발탁하는 것들을 실수 없는 운영의 성공요인으로 꼽았다.

그러나 항공모함의 운영요원들은 앞서 언급한 대로 매우 어리고 대부분 경험이 없는데다가, 경영진이라 할 장교들은 1년에 절반 정도는 교체되고, 18개월마다 작업 환경마저 완전히 새롭게 바뀌어 모든 것을 새로 시작하는 셈이 된다. 로흘린, 라 포르테, 로버츠는 이런 극단적인 환경에서 운영되는 항공모함이 어떻게 그렇게 '잘' 운영되는지 경영학적인 분석을 하였고, 센스메이킹의 아버지 칼 와익은 위에 언급한 칼린 로버츠와 공저한 논문에서 항공모함의 운영에 대해 경영학적, 조직심리학적 분석을 하고 있다.

항공모함의 운영에 관한 설명을 하려면 항공모함의 핵심인 갑판의 운영방식에 대한 이야기가 빠질 수 없다. 미국 니미츠급 항공모함의 갑판 요원들은 각자의 맡은 바 임무를 수행하는 데 각 요원이 어떤 임무를 맡고 있는지는 이들의 유니폼을 보면 알 수 있다.

3. 유니폼 색깔이 나타내는 직무

완벽한 작전과 안전을 위해 이들은 임무에 따라 각기 다른 색상의 유니폼을 입는다. 항공기 무장을 담당하는 요원(Ordnance handlers)은 붉은색 유니폼이다. 갑판 화재나 안전사고 시 구조대원(Crash Salvage personnel)도 역시 붉은 유니폼을 입는다. 그리고 폭발물 처리대원(Explosive ordnance disposal; EOD)도 붉은색이다. 노란색 요원은 항공기 착함 및 이함을 감독하는 역할을 한다. 또한 전투기 방향을 유도하는 교통정리도 담당한다. 캐터펄트 담당, 즉 항공기 이함 담당(약어로 슈터Shooter라 불린다)과 항공모함에서 전투기가 착륙할 때 쓰는 제동장치 담당도 노란색 옷을 입는다. 녹색 유니폼은 시각 착함 전기담당(Visual Landing Aid electricians), 에어 윙 관리 담당(Air wing maintenance personnel), 에어 윙 품질 통제 담당(Air wing quality control personnel), 화물 관리 담당(Cargo-handling personnel), 지상 지원 장비(GSE) 문제 담당(Ground support equipment trouble- shooters), 후크 러너Hook Runners(항공기 착함 시 제동케이블이 제대로 작동하는지와 다음 항공기가 착함하는 것에 대비해 제동케이블이 원래 위치로 돌아가 있는지를 확인하는 장병), 헬리콥터 착륙 신호 전달 담당(Helicopter landing signal enlisted personnel) 등이 입는다.

이들은 캐터펄트, 어레스팅 기어 조작과 선내 수화물을 처리하고 헬기 유도, 갑판 정비, 항공기 정비 등 다양한 일을 처리한다.

파란색 요원은 갑판 승강기과 항공기를 끄는 트랙터를 운전하고 갑판 유무선 통신도 담당한다. 갈색은 항공기 정비와 보수를 담당하고 이함 전 항공기 이상 유무를 점검한다. 항공기 연료를 공급하고 남은 연료를 제거하는 것은 보라색 요원이다. 착함신호장교(Landig Singnal Officer, LSO)가 흰색 셔츠를 입는데 이들은 갑판의 장애물, 안전상태 등을 확인하고 최종적으로 발진을 허가해주는 역할을 한다. 물론 의료진도 전통적인 흰색 유니폼을 입는다.

항공모함 승무원들의 옷 색깔이 그들이 맡은 임무에 따라 달라지는 것은 신입 장병이 들어와서 그 조직에 적응하는 데 대단히 큰 도움이 된다. 지금 막 항공모함에 투입된 병사라 갑판에서 같이 일하는 사람들과 일면식이 없더라도 그들이 입은 유니폼 색깔과 거기에 쓰인 약어(예를 들면 SHOOTER)만으로도 그들이 어떤 일을 하는 사람들인지 즉각 알 수 있는 것이다. 이러한 유니폼들은 컬렉티브 마인드풀니스Collective Mindfulness의 형성에 기여한다. 와익과 로버츠는 이 개념을 인지적으로 상호 의존적인 사람들이 어떤 조직행동을 함께할 때 보여주는 패턴이라 설명한다.[5] 이렇게 유니폼 색깔로 직능을 구분하는 것은 서방 측 해군이 지난 몇 십년간의 전함 운영에서 터득한 노하우인데, 미국 해군만이 사용하는 방법은 아니다. 실제 미국의 주요 우방인 프랑스나 영국, 그리고 최근 진수한 중국의 항공모함에서도 이런 방식으로 역할을 구분한다.

4. 컬렉티브 마인드풀니스Collective Mindfulness

와익과 로버츠의 정의에 따르면 컬렉티브 마인드풀니스, 또는 컬렉티브 마인드(Collective Mind)는 집단지성(Collective Intelligence)과는 조금 다르다. 집단지성은 다수의 개체들이 서로 협력하거나 경쟁을 통하여 얻게 된 지적 능력의 결과로 얻어진 집단적 능력을 일컫는 용어다. 반면 컬렉티브 마인드풀니스는 조직의 성원들이 각자의 자리에서 일을 하면서 자신의 작업이 공동작업의 시스템 안에서 어떤 의미가 있는지를 명확히 인지하고(representation) 그들의 일들과 다른 작업을 하는 조직원들의 일을 연결 지어 생각할 수 있는 능력 정도라 정의할 수 있을 것이다. 와익과 로버츠는 이 개념을 심리철학에서 나온 연결주의(connectionism)를 바탕으로 설명한다. 연결주의는 인공 신경망을 사용하여 인지적 능력을 설명하려고 하는 심리철학의 이론이다. 고전적(정보처리적) 인지주의는 인간의 마음을 컴퓨터에 비유하여 "심적 과정이란 정보의 유한한 계산적 처리과정이다"라는 계산주의(computationalism)에 근거해 왔다.[6]

반면 연결주의는 인간의 마음을 여러 정보들이 동시에 함께 처리되는 병렬 처리 체계로 간주한다. 최근 인공지능 쪽 연구에서도 이런 시각으로 사람처럼 생각하는 기계를 만들려는 노력을 하고 있다. 2018년 6월 삼성전자의 부사장으로 스카우트되어 화제가 된 프린스턴 대학교 컴퓨터공학과 석좌교수인 세바스천 승 박사는 바로 이런 연구를 하는 사람이다. 그는 유전자지도처럼 생명체의 신경망이 어떻게 연결돼 있는지 규명하는 작업을 하는데 이를 커넥톰connectome이라 한다. 승 박사는 이 커넥톰 연구를 통해 인공지능을 개발하는 학자이다.

와익과 로버츠는 이러한 심리철학의 연결주의가 조직이론에 기여한 바가 있다면 그것은 단순한 조직이 매우 복잡한 일을 해내는 것을 설명하는 데 훌륭한 메타포를 제공한다는 것이라 설명한다. 마치 신경세포가 연결되듯이 조직의 각 부분이 밀접하게 연결되어 있다면, 그 조직의 부분 부분은 반복되는 매우 단순한 업무를 처리한다고 하더라도 다른 부분들과 합쳐져 매우 복잡하고 정교한 임무를 수행할 수 있다는 것이다.[7] 항공모함의 승무원들이 바로 그렇다. 대부분의 승무원들은 스무 살 전후의 앳된 청년들로, 그들은 앞서 설명한 대로 비행기를 그렇게 가까이서 본 적도 없고 복잡한 기계장비를 다루어 본 적도 없는 사람들이다. 새롭게 승조원이 된 청년들은 기존의 승조원들과 '세심하게 주의를 기울인 연결망을 형성(heedful interrelating)'하는데 와익과 로버츠에 따르면 이것이 컬렉티브 마인드풀니스의 핵심을 이룬다. 영어의 'heed'라는 부사는 '세심하게 주의를 기울인다'는 뜻을 가졌다. 이러한 '세심하게 주의를 기울인 연결망'이 승선경험이 일천한 초보 승조원들이 기존의 승조원들과 함께 돌발변수가 수시로 발생하는 항공모함의 운영을 가능케 한다. 앞서 설명한 직능별로 다른 옷 색깔은 신참 승조원들이 기존 조직을 이해하고 그 안에 빠르게 녹아들게 하고 결과적으로 컬렉티브 마인드풀니스를 형성하는 데 큰 도움을 준다.

항공모함의 조직은 대단히 정교하게 디자인된 구조를 갖고 있다. 최정점의 CO(Commanding Officer: 함장으로 항공기 운영 경험이 있는 해군 대령이 맡는다)와 2인자인 XO(Executive Officer: 부함장으로 역시 주로 해군 대령이 맡는다) 밑에 20개의 부서(Department)가 존재하는, 그 자체로 거대 기업 조직과 유사하다. 각 부서의 업무가 칼같이 구분되어 있으며 조직원들은 그런 업무 분장에 대해 숙지한 상태로 근무하게 된다. 이런 조직구조의 명료함과 정교함은 컬렉티브 마인드풀니스를 형성하기 위한 가장 기초적인 필요조건이다.

5. 최첨단 장비의 운영에서도 결국 가장 중요한 것은 대인관계능력

고신뢰 조직에 대한 연구에 의하면 운영기술이 복잡하면 복잡할수록 세부 부서간의 상호 의존성은 증가하는 경향을 보인다. 이러한 조직에서는 지나칠 정도로 많은 소통이 요구되는데 항공모함의 갑판 운영이 바로 그런 경우이다.[8] 항공모함 갑판의 운영처럼 복잡하고 위험성이 높으며 상호 의존적인 업무들을 처리하는 경우 이러한 업무들을 서로 밀접하게 수행하는 그룹 간의 지식 통합이 필수적이다. 이런 업무들에 기초한 지식 통합은 대체로 복잡하더라도 반복되는 특성을 가지지만, 이러한 반복적인 특성들로 인해서 지식 통합의 패턴이 시간이 지남에 따라 정확히 과거의 행동을 그대로 복제하여 재현하는 것은 아니다. 항공모함을 운영할 때, 특히 실전에 투입될 때에는 많은 예기치 않은 돌발변수들이 일어나기 때문에 과거의 루틴을 그대로 재현해서는 안 되는 경우도 종종 발생하기 때문이다.

때로는 지나치게 복잡한 운영과정을 단순화하기 위해 보드게임 같은 도구를 사용하기도 한다. 미국이 운영 중인 모든 니미츠급 항공모함에서는 위지보드Ouija Board라는 이름의, 항공모함 갑판을 실제 비율로 축소한 가로 183cm 세로 76cm 정도의 보드를 사용한다. 이 보드 갑판 위에 실제 실시간으로 운영 중인 비행기의 미니어쳐 모형이 각 해당 위치에 놓이고 갑판의 운영을 담당하는 항공기 관리 장교(Aircraft handling officer)는 이 보드를 보고 전반적인 갑판 상황을 파악하고 실시간으로 지시를 내리는 것이 가능해진다.

작은 비행기 모형 위에는 볼트와 너트를 정해진 위치에 올려놓아 현재 각 항공기가 어떤 상태인지 — 예를 들면 연료주입이 필요한 상황인지, 무기 장착이 필요한 상황인지 — 를 표시한다. 항공모함의 장교들은 거대한 HD TV 모니터를 통해 갑판 위의 상황을 그래픽으로 보여주는 장치보다 이렇게 사람의 손으로 직접 보드 위에 마킹을 하는 방식을 오히려 더 신뢰할 수 있다고 주장한다. 설사 전쟁 중에 갑자기 전기가 나가더라도 이 위지보드는 영향을 받지 않을 것이기 때문이다.

와익과 로버츠는 이 항공모함 연구에서, 잘 디자인된 조직의 운영, 특히 항공모함처럼 매우 위험한 작업을 매일 해야 하는 조직의 운영은 철저히 사회적(social)이라 결론내리고 있다. 즉 이러한 조직의 운영에서 필요한 것은 영웅적이고 혼자 뛰어난 장교나 하사관들이 아니라 소통에 능한 사람들이고, 따라서 항공모함 운영에서 가장 중요한 스킬은 대인관계능력(interpersonal skill)이라는 것이다.[9] 그들은 위험천만한 항공모함의 운영에서 실제 사고가 일어난 횟수가 극도로 적은 것은 승조원들 간의 긴밀한 결합(tight coupling) 덕분이라 주장한다.

이런 긴밀한 결합을 가능케 하는 것 중 하나가 통일된 수신호다. 갑판에서 비행 관련 이루어지는 수신호는 이함과 착함을 막론하고 동일하다. 여기서는 그 누구도 독자적인 방법으로 시그널을 보낼 수 없다. 자기만 아는 독자적 수신호를 보냈다가 자칫 오해로 인한 치명적인 사고를 일으킬 수 있기 때문이다. 일반적으로 조종사들에게 전달되는 모든 수신호는 허리 위쪽에서 이루어지며 비행갑판의 다른 사람들에게 전달되는 신호는 대체로 허리 아래서 이루어진다. 갑판 위에서 비행기의 움직임을 통제하는 것은 노란색 유니폼을 입은 교통정리 담당인데 이들은 한 손으로 방향을 가리키고 다른 손을 흔들어 비행기를 그쪽으로 유도한다. 비행기가 이함 장소에 다다르면 비행경로, 방향 및 순서는 모두 갑판 통제실의 '핸들러'에 의해 미리 계획되고 통제된다.

다음 쪽 사진의 '핸들러' 데릭 젠슨 대위는 바로 자신 앞에 놓인 위지보드를 보고 비행기들의 움직임을 명령한다. 캐터펄트에 도착한 항공기에게 노란 셔츠는 팔을 가슴에서 바깥으로 쭉 뻗은 자세로 날개를 펼치라는 신호를 보낸다. 이함을 담당하는 '슈터' 역시 노란 셔츠를 입는데 이들의 수신호 역시 철저하게 미리 약속된 패턴으로 이루어진다.[10]

'위지보드'와 항공모함의 항공기 관리장교 | 사진 속의 사람은 니미츠급 항모인 로널드 레이건함의 항공기 관리장교, '핸들러'Handler 데릭 젠슨 대위다. 이 위지보드에 놓인 함재기들은 실제 갑판 상황을 반영한다. 위지보드 위를 계속 손으로 업데이트하면서 장교들은 매 순간 상황을 파악하고 센스메이킹을 한다. 전투 중에 만에 하나 전력이 꺼져서 모니터가 보이지 않아도 이 위지보드는 작동한다. 그래서 미 해군은 고화질의 TV 모니터를 설치할 비용이 없어서가 아니라, 지극히 실용적인 이유에서 21세기에도 이 구식 보드를 사용한다(사진출처: "A Cruise To Nowhere On The World's Mightiest Warship: The USS Ronald Reagan", Airport Journal, 2008. January 1).

물론 최신의 첨단 장비가 항공모함의 안전한 운영에 기여하지만 그럼에도 불구하고 매일매일의 운영에서 안전을 담보하는 것은 승조원들의 협동심과, 그 협동심이 잉태한 컬렉티브 마인드풀니스 덕분이다. 와익과 로버츠에 따르면 컬렉티브 마인드풀니스는 한두 사람의 영웅이 '자기주도적(autonomous)'인 활동을 해서는 절대로 이루어지지 않는다. 다시 말해서 이것은 '개인주의(individualism)', '할 수 있다는 정신(can do reaction)'이나 '마초적인 영웅주의(macho heroics)'와는 거리가 멀다. 그 반대로, 앞서 언급한 바와 같이 모든 구성원이 완벽하게 '사회적(social)'으로 팀워크를 이루어야 가능하다.[11] 이 원칙은 항공모함뿐 아니라 일반 기업의 팀 운영에서도 적용될 수 있다. 기업에서 이러한 컬렉티브 마인드풀니스를 어떻게 키울 수 있을지에 대한 자세한 논의는 7장의 4절 '공감능력을 통한 팀워크를 키워라'에서 하도록 하겠다.

제6장
실전 같은 훈련과 사후강평(AAR)

"군인은 훈련한 대로 싸운다(You fight like you train)."

위의 인용구는 제2차 세계대전의 영웅이자 전차전의 귀재 조지 패튼George S Patton 장군의 말이다. 이 장에서는 미 육군의 실전 같은 훈련 방법과 사후강평(After Action Review: 이하 AAR로 표기)에 대해서 다룬다. AAR은 복기라는 점에서는 앞의 맨 협곡의 참극에 대한 와익의 분석이나 본의 챌린저호 폭발 원인 분석, 류성룡의 '징비록'을 필두로 한 임진왜란에 대한 연구들과 그 맥을 같이 한다. 다만 실제 운영(여기서는 전쟁 상황)에 투입되기 전에 예행연습을 통해 그 성공가능성을 높인다는 점에서 단순한 복기와는 차이가 있다. 미군에서 시작된 사후강평은 이제는 민간조직에서 벤치마킹하거나 도입하여 조직의 효과성을 증진시키려는 목적으로 운영되고 있다. 실전 같은 훈련과 사후강평이 도입된 이유와 과정에 대해서는 이미 『포춘』 편집장 제프 콜빈이 그의 책 『인간은 과소평가되었다(Humans are underrated)』에서 다루었으나, 여기서 한 번 더 설명할 가치가 있다.[1]

1. 탑건의 기적이 잉태한 사후강평제도(AAR)

원래 제대로 된 사후강평이 가장 먼저 이루어 진 곳은 미 해군 조종사들을 교육시키는 미 해군 전투기 병기학교(US Navy Fighter Weapons School)였다. 톰 크루즈 팬이라면 그를 글로벌 스타로 만든 1986년 영화 〈탑건〉과 2022년 개봉한 그 속편을 보았을 것이다. 그 영화들에서 해군 전투기 조종사인 톰 크루즈가 훈련을 받고, 다시 교관이 되어 해군의 엘리트 조종사들을 가르친 기관이, 영화의 제목이자 탑건이라 불리는 이 해군 전투기 병기학교이다.

이 탑건이 탄생하고, 사후강평이 이루어진 계기는 베트남 전쟁이었다. 당시 미 해군의 주력 전투기는 F-4였다. F-4 팬텀[2]은 맥도널 더글러스사가 제작한 2인승, 초음속, 장거리, 전천후 전폭기로 우리 공군이 아직까지 사용하고 있다. 원래 미 해군을 위해 만들어졌지만, 이후 미 해병이 사용하였고, 그 뒤에는 미 공군도 사용하였다. 1961년부터 운용되었는데 처음 실전에 투입된 것이 바로 베트남 전쟁이었다.

팬텀기는 미사일 만능 사상, 즉 '공대공 미사일로 모든 적기를 격추가능하다는 사상'이 절정을 이루던 시기에 미국에 등장한 대표적인 기체였다.[3] 대형 기체에 높은 탑재능력, 장거리 항속력, 엄청난 상승력을 갖춘 괴물 비행기였다. 폭격기가 아님에도 불구하고 당시로서는 불과 10여 년 전에 끝난 제2차 세계대전 당시 미 공군의 주력 폭격기로 활약한 B-17보다 더 많은 폭탄을 싣고, 더 먼 거리를 갈 수 있었다. 당시 막 등장한 중거리용 AIM-7 스패로우와 단

거리용 AIM-9 사이드와인더, 이 두 종류의 미사일로 무장하여 중거리 미사일이 없는 베트남 인민군의 미그 전투기들을 스펙 면에서 압도했다. 전투기 역사에 있어서 음속의 두 배 이상의 속도를 가진 첫 세대 전투기이기도 했다.

　제2차 세계대전 이후 미제 전투기와 소련제 전투기의 첫 대결장은 한반도 상공이었다. 한국전쟁은 최초로 제트 전투기끼리의 대결이 벌어진 전쟁으로도 유명한데 이 공중전에서 미 공군이나 해군의 전투기들은 소련제 미그 전투기 대비 대체로 10 대 1이 넘는 격추교환율(격추된 적기 수 : 격추된 아군기 수)을 보였다. 그런데 베트남 전쟁에서 소련제 미그기에 압도적인 성능 우위를 갖는다는 팬텀의 격추 교환율은 불과 3 대 1, 또는 2 대 1에 불과했다. 이는 앞서 언급한 미사일 만능 사상과 관련이 있는데 실제 가시거리 밖(beyond visual range: BVR) 공중전에서는 팬텀이 압도적 우위였으나 가시거리에서 벌어지는 소위 도그파이트dogfight에서는 미그기가 특별히 뒤질 것이 없었던 것에 기인한다. 기대했던 중거리 스패로우 미사일은 90% 이상 빗나갔고 단거리 미사일 사이드와인더도 별로 활약하지 못했다. 더구나 초기형 팬텀은 미사일의 위력을 과신한 나머지 기관포도 장착되어 있지 않아서 장착한 미사일이 모두 빗나갈 경우에는 속수무책이었다.[4] 팬텀이 당시 베트남 인민군의 주력 전투기인 미그 21에 비해 추정치에 따라 수배에서 거의 열 배까지 비싼 전투기였다는 점을 감안하면 미군으로서는 매우 밑지는 장사를 한 셈이다.[5]

　특히 1968년 후반기의 몇 달간은 미 해군기가 열 대 격추되는 동안 북베트남의 미그기는 아홉 대가 격추되었고, 같은 기간 미 해군 전투기가 쏜 미사일이 50발이었는데 그 중 단 한 발도 적기를 맞추지 못하였다.[6] 그 해 10월 31일 린든 존슨 미국 대통령은 파리에서 벌어지는 평화 협상을 계기로 미국군에 의한 북위 21도 이북 베트남 폭격 및 공중전의 중단(Bombing halt)을 선언한다. 그 결과 발표 다음날인 11월 1일부터 거의 1년 넘게 양쪽 전투기 간의 교전이 벌어지지 않았다.

이 휴전 — 공중전에 국한한 — 기간 동안에 미 해군은 당시 막 문을 연 새로운 훈련기관, 즉 탑건에서 새로운 방식으로 조종사 훈련을 시작했고 공군은 기존의 훈련방식을 고집했다. 미 해군과 공군이 다른 훈련방식을 선택함으로써, 결과적으로 의학을 비롯한 자연과학, 사회과학연구에서 많이 쓰는, 실험집단과 통제집단을 사용한 과학적 실험조건이 의도하지 않게 형성되었다. 실험집단은 신약을 처방받고, 통제집단은 기존 처방전을 계속 복용하여 어느 처방전이 나은지를 비교하는 실험이 가능해진 것이다. 탑건에서 도입한 신약, 즉 새로운 방식의 훈련프로그램의 원칙은 세 가지였다.

첫째, 훈련에서 발생된 모든 상황은 기록으로 남긴다. 이는 무전 교신내용 뿐 아니라 미사일 발사와 폭탄 투하, 아군기와 적기의 기동 상황 등을 포함한다. 둘째, 적기 역할을 하는 비행기는 실제와 아주 비슷하고 그럴싸하게 보일 뿐 아니라 강해야 한다. 물론 적기 역할을 하는 전투기 자체를 미그기로 바꾸는 것은 어렵지만 미그21과 기동성능이 비슷한 비행기(초기에 많이 사용한 미그 21의 대용

품은 훈련기 T-38, 나중에 이를 대체한 것이 현재 우리 공군에도 배치되어 있는 F-5였다)를 적성국의 전투기 색깔로 도색하여 실제와 가장 가깝게 만들어 훈련하였다. 미국과 이란이 친했던 1970년대에 이란에 제공한 F-14를 겨냥하여, 실제 탑건에서도 미 해군의 F-14를 이란 공군의 F-14와 똑같은 색깔로 도색하여 가상적기로 사용하기도 하였다. 또한 적기역할을 하는 전투기의 조종사들은 해군 전체에서 최고의 에이스들로 구성되었고, 나중에는 탑건에서 최고성적을 거둔 수료생들이 다시 탑건의 교관으로 가상 적기 조종사가 되었다. 셋째, 훈련이 끝나면 매번 훈련에 참가한 모든 조종사(적기 조종사까지)가 모여서 사후강평 시간을 갖는다. 여기서는 계급을 불문하고 어떤 비판(비난이 아닌 비판이다)도 허용된다.[7]

1970년 베트남 상공에서 공중전이 재개되었고 당시 투입된 해군 조종사는 상당수가 탑건 수료생들이었다. 이 실험 전까지 미군의 북베트남 공군을 상대로 한 격추교환율은 해군이 2.4 대 1, 공군이 2.3 대 1 정도로 거의 같았다. 실험 후 공군의 격추 교환율은 2 대 1 정도로 실험 전보다 오히려 퇴보하였으나, 해군의 격추교환율은 12.5 대 1로 치솟았다.[8] 미 공군이나 해군이나 사용하는 전투기의 성능은 비슷하였고, 1969년 이전이나 70년 이후나 같은 전투기들로 공중전을 벌였다. 사회과학 연구에서 흔히 사용하는 가설, 즉 '다른 조건들이 동일할 때(ceteris paribus) A는 B를 야기한다'는 표현이 현실이 된 것이다. 해군이나 공군이나 비슷한 성능의 전투기들로 공중전을 벌였는데 12.5 대 1과 2 대 1의 격추교환율 차이라는 것은 인적요소의 차이, 즉 해군조종사들의 전투 능력이 비약적으로 발전하는 동안 공군 조종사들은 현상유지 내지는 전투능력 하락을 보였다는 것 외에는 다른 설명이 불가능했다. 그리고 해군 조종사의 능력 향상은 바로 탑건의 새로운 훈련 프로그램 덕이라고 밖에는 생각할 수 없었다.

탑건의 교육효과에 충격을 받은 미 공군은 바로 경쟁대상으로 여기는 미 해군의 훈련방식을 받아들였다. 이는 훈련방식 뿐 아니라 전투기가 갖춰야 하는 스펙에도 변화를 일으켰다. 예컨대 앞서 거론한 우리 공군의 주력 전투기 F-16은 개발된 지 40년이 넘었지만 여전히 미국 공군에서도 활약 중이고 21세기 들어서도 계속 업그레이드되고 있다. 그 중 비교적 신예 기종인 F-16 E/F(F-16블록60이라고도 한다)에는 앞선 버전의 F-16에 비해 많은 장비들이 추가되었는데 그 중 사후강평과 관련이 있는 것이 '비행, 임무수행 기록장치'다.

최근 개발된 전투기들은 작전 비행 시 모든 관련 자료를 자세히 기록하여 귀환 후 재생, 각종 평가를 정확하게 할 수 있도록 해주는, 매우 정교한 비행, 임무수행 기록 장치를 갖고 있다. 이 F-16 E/F는 스미스 에어로스미스Smiths Aerospace사가 개발한 ADTE/DVRAdvanced Data Transfer Equipment/Digital Video Recording시스템을 갖추고 있다. 이 시스템을 통해 디스플레이, 음성, 그리고 비행관련 레이더 및 비행데이터를 모두 저장하는 것이다. 화상정보로는 HUD(헤드 업 디스플레이)와 헬멧 바이져, 그리고 전방감시 적외선 센서에 잡힌 화면이 동영상 파일로 변환되어 저장되고, 레이더 화면과 각종 비행 데이터, 레이더가 스캔한 디지털 지형 자료도 함께 기록되며, 음성정보

는 무선교신 내용(2인승은 두 조종사간의 인터컴 통화내역까지 포함)
이 오디오 파일로 변환되어 저장되는 것이다. 이 자료는 기지로
귀환한 후엔 모두 복사, 재생된다.[9] 즉 조종사가 겪은 모든 상황을
남김없이 재현할 수 있어 보다 구체적인 사후강평이 이루어질 수
있다.

2. 적자생존이냐 경험 덕이냐?

다음 쪽의 그래프는 제2차 세계대전과 한국전쟁에 참전했던 미군
전투기 조종사들의 출격횟수에 따른 피격추율을 보여준다. 처음
공중전에 투입된 신참 조종사가 격추당할 확률은 무려 50%이다.
그러나 두 번째, 세 번째, 네 번째 출격까지 그 조종사가 살아남으
면 다음 출격에서 격추당할 가능성은 급격히 줄어들고 다섯 번째
출격까지 생존해 있다면 피격추율은 첫 출격자의 1/10인 5%로 떨
어진다. 다섯 번까지의 출격에서 살아남으면 그 후 45회 정도의 공
중전에서 이 조종사가 격추당할 확률은 1%에서 5% 사이로, 상당
히 미미한 수준까지 낮아진다. 즉 무사귀환의 가능성이 95% 이상
으로 증가하는 것이다.

문제는 이 그래프를 어떻게 해석하느냐이다. 통계학을 조금 배
운 사람이라면 아마도 생존편향(survivorship bias)의 가능성을 제기
할 것이다. 생존편향은 표본 선정 문제 때문에 생기는 통계적 착시
현상이다. 맨 처음 출격하는 조종사들의 표본은 유능한 조종사와

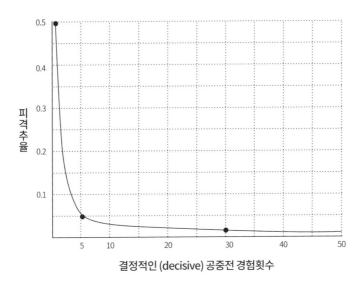

조종사 생존확률: 제2차 세계대전부터 한국전쟁까지 ㅣ 처음 다섯 번의 공중전에서 살아남으면 그 다음부터 그 조종사가 생환할 가능성은 95% 이상이다. 이것은 무엇을 의미하는 것일까? 처음부터 능력 있는 조종사만 살아남은 것일까 아니면 공중전을 거듭하면서 학습효과가 생긴 것일까? (그림출처: Weiss, H.K. 1966. Achieving System Effectiveness, AIAA, New York. Chatham, R. & Braddock, R. 2001. Report of the Defense Science Board Task Force on Training Superiority and Training Surprise. Office of the Secretary of the Defense, USA에서 재인용)

그렇지 않은 조종사들을 다 포함하고 있다. 반면 두 번째, 세 번째, 네 번째 출격자들의 표본은 이미 격추당해서 전사한 조종사, 즉 덜 유능한 조종사들이 배제되고 상대적으로 더 유능한(그렇기 때문에 공중전에서 살아남은) 조종사들만 포함된다. 다섯 번 이상의 출격에서 살아남은 조종사들은 아마도 전체 조종사들 중에 가장 유능한 에이스들이고, 이들만으로 구성된 표본은 왜곡되어 있기 때문에 당연히 그 후에도 생존율이 높게 나온다는 해석이 가능하다. 즉 공중전 경험을 쌓았기 때문에 조종사의 생존율이 증가한 것이 아니라

애당초 가장 유능한 조종사들이었기 때문에 생존했다는 것이다.

이런 지적은 다른 군 조직에서도 나왔다. 미 해군 잠수함 함장들은 제2차 세계대전 당시 초기 전투에서 살아남을 경우 그 후의 전투들에서의 생존 가능성이 비약적으로 상승하고, 따라서 전공을 세울 가능성도 높아졌다. 그 덕에 미 해군에서 잠수함이 차지하는 비중은 전체 해군 전력의 2% 정도였으나 미 해군이 상대한 전체 일본 해군 선단의 30%를 파괴하는 혁혁한 전공을 세웠다. 다만 이는 엄청난 희생의 대가였다. 제2차 세계대전 기간 미 해군 잠수함 승무원들의 사망률은 20%로 참전 장병의 1/5인 3,600명이 사망했고, 침몰한 잠수함 숫자만 무려 52대였다.[10]

노르망디 상륙작전 이후 유럽에서 갓 전투에 참전한 신참 미 육군 소위들의 전사율은 이보다도 더 높았다. 1944년 6월 노르망디 상륙작전에 투입되고 그 후 5개월간 프랑스 각 지역에서 전투에 참여한 미 육군 제90보병사단 소위들은 평균 참전 기간이 2주 남짓이었다. 즉 평균적으로 전투 개시 후 14일 만에 치명적인 부상을 당해 후송되거나 전사했다는 말이다. 전투 투입 7주간 매주 소대장 사망률이 거의 50%에 달했다고 한다. 그런데 그해 12월부터 1945년 1월까지 벌어진, 악명 높은 벌지 전투에서의 소위 사망률은, 그렇게 치열한 전투를 벌였음에도 불구하고, 일주일에 10% 정도로 프랑스에서 벌어졌던 초기 전투 시에 비해 현저하게 낮아졌다.[11]

이 잠수함 함장과 육군 소대장 사례 역시 생존편향의 가능성이 존재한다. 즉 유능한 함장들과 유능한 소위들만이 살아남았기 때문에 그 후 전공도 세우고, 생존율도 높게 유지되었다는 주장이 가능한 것이다. 그러나 1973년 미 육군 교육사령부(US Army Training and Doctrine Command) 초대 교육훈련부장에 취임한 폴 고먼Paul F. Gorman 장군은 이를 생존편향 때문이라 보지 않았다. 그는 전투를 거듭하면서 분명히 학습효과가 생겼고, 경험을 통해 축적된 지식들이 조종사나, 잠수함 함장이나 육군 소위들의 생존율을 높였다고 생각했다. 문제는 그런 학습을 위해서는 실전에서 장교들의 엄청난 희생이 뒤따른다는 것이다.

탑건에서는 조종사들이 훈련 시 죽음(실제로 격추되지는 않지만)을 맛보게 함으로써 실전에서의 생존가능성을 높이고 피격추율을 낮췄다. 그리고 훈련 후 사후강평이 이 학습효과를 더 향상시켰다. 탑건의 성공은, 고먼 장군으로 하여금 죽음을 시뮬레이션 함으로써 얻는 학습과, 사후강평의 효과에 확신을 갖도록 해 주었다. 그래서 그는 육군의 훈련방식을 완전히 개혁하였다. 그 개혁의 핵심은 실전과 매우 비슷하게 시뮬레이션된 훈련과, 훈련 후 사후강평제도의 도입이었다. 실전으로부터 배우는 군인이 더 강군이 된다는 전제 하에 가장 실전에 가까운 훈련과, 매 훈련 후 가차 없는 복기와 상호비판이 강군 육성에 필수적이라 본 것이다.

3. NTC의 실전보다 더 실전 같은 훈련

고먼 장군은 실제에 가장 가까운 훈련을 위해서 모하비 사막에 있는 캘리포니아 주 포트 어윈(LA에서 불과 240km 북동쪽이다)에 여단

병력(약 4,000명)을 상주시키며 병사들을 입소시켜 훈련을 시킬 시설을 갖추자는 계획을 내어 놓았다. 이 계획은 1980년 국립 훈련 센터(National Training Center: 이하 NTC로 표기)라는 이름으로 실행에 옮겨졌다. 그 넓이만 해도 2,600평방킬로미터로, 미군이 해외에 보유한 가장 큰 군 기지라는 평택기지의 177배, 미국의 로드아일랜드 주보다 조금 작은, 상상을 초월한 크기이다. 이곳에 상주하는 여단은 피교육생인 훈련병들이 오면 탑건 스쿨에서 적기 역할을 하듯이 가상 적의 역할을 하며 전투훈련을 하게 만들었다. NTC가 문을 연 1980년대, 가상적군은 당시 미 육군의 주적인 소련의 기계화 부대를 모델로 하였다.

NTC의 광활한 사막은 21세기 들어 아프가니스탄과 이라크가 미국의 주적이 되면서 중동의 소도시들로 탈바꿈했다. 훈련도 정규적인 시가전 뿐 아니라 게릴라전, 심리전 등 이라크 전쟁의 복잡한 양상을 반영하여 진행되었다. 미국·이라크 전쟁이 정점에 달한 2006년경에는 이곳에 이라크 현지를 비슷하게 복제한 마을 숫자만 12개에 달했다고 한다. 그 중 하나인 메디나 자발Medina Jabal이라는 가상 마을에는 실제 이라크 출신을 다수 포함한 350명의 아랍계 미국인 민간인들이 고용되어, 네바다 주 방위군과 함께 거의 1년을 살며 역할극을 벌였다. 아랍어를 완벽하게 구사하는 이들은 평범한 이라크 시민, 알 자지라 기자, DVD 판매상, 핫도그 장수 등으로 위장해 훈련병들을 상대했다.[12]

이들의 완벽한 연기를 위해서 헐리우드 영화 〈록키〉 시리즈의 헤비급 챔피언 아폴로 크리드 역을 맡았던 칼 웨더스Carl Weathers가

고용되어 연기지도까지 했다고 한다. 이들 연기자들은 절대로 영어를 쓰지 않고 미군과 의사소통을 할 때는 반드시 통역을 통했다. 그들은 길가에 폭탄을 설치하고, 죽은 개에 폭탄을 장치한 부비트랩을 만들어 길 한 가운데 로드킬roadkill 당한 사체인 양 던져 놓고, 수색부대에서 낙오된 병사들을 납치하고, 미군 검문소로 폭탄(물론 가짜다)을 실은 차를 몰고 돌진했다. "여기 교육은 거기 가보지 않은 사람들에게는 매우 훌륭한 훈련이 됩니다. 나는 아프가니스탄에 가보기 전까지는 이런 비슷한 경험조차 해 본 일이 없었거든요"라고 한 장병은 말했다.[13]

대부분의 훈련생들의 숙소가 있는 가장 가까운 미군 기지는 메디나 자발 중심부에서 불과 수백 야드 떨어진 곳에 있었다. 이라크나 아프가니스탄 현지에서와 똑같이, 마을의 저항분자들은 매일 밤 훈련병들이 잠든 그 미군 기지를 향해 박격포를 쏘아댔다. 이들의 시뮬레이션은 너무 현실적이어서 실제 이라크 파견 경력이 있는 장병들도 감탄할 지경이었다. 사막지역이라 심지어 날씨까지 이라크 현지와 비슷했다. 이 중 훈련병들을 가장 많이 '살해'한 특급 킬러는 아킴Hakim이라는 가명을 쓴 네바다 주 보호 관찰관으로 이 가상 마을의 카멜도그스KamelDogs 카페라는 가판대에서 핫도그와 바베큐용 숯을 팔았다. '아킴' 씨는 부대 앞에서 핫도그를 팔며 미군 훈련병들과 얼굴을 익히고 친해졌다. 그리고는 가족들의 생계를 위해 근처의 미군 기지에서 그의 핫도그를 팔 수 있는지 물어, 군인들의 동의를 얻어냈다. 처음 그가 미군 기지를 방문할 때는 철저한 차량 수색이 이루어지지만 몇 번 되풀이 되면 군인들은 그를

'착한 이라크인'으로 간주하고 수색을 소홀히 하게 된다. 그럼 그는 핫도그와 숯 대신 엄청난 양의 폭발물을 트럭에 싣고 가 미군기지 한복판에서 터뜨리는 것이다.[14]

이 훈련의 핵심은 혼돈과 불확실성이다. 병사들에게 절대 일어나지 않을 것 같은 일들이 일어나는 상황을 보여주고, 실제 죽음을 맞게 함으로써 스스로 깨닫게 하는 것이다. "당신이 (어차피) 죽을 거라면 여기서 죽는 것이 이라크에 가서 죽는 것보다 낫다"라는 것이 여기서 교육을 맡았던 미군 특수부대 장교의 말이다. 이런 불확실성 속에서 병사들은 센스메이킹을 하고 살아날 방법, 이기는 방법을 터득하는 것이다. 너무도 현실적인 훈련환경 때문에 어떤 병사들은 실제 전쟁피로증(Battle Fatigue: 오랫동안 전쟁을 치른 군인들에게서 나타나는 정신적 문제들) 증상을 보였고, 심지어 현지 파견이 취소되는 경우도 생겼다. NTC에서 무고한 '이라크 민간인'을 학살한 경우 (물론 실제 죽인 것은 아니지만) 실제 그 병사의 군 경력이 끝장나는 경우도 있었다.[15] 즉 미군이 이라크나 아프가니스탄에서 마주할 수 있는 거의 모든 시나리오를 경험하게 하는 것이다.

탑건에서의 교육처럼 사후강평을 위해 모든 대화내용 및 훈련병들의 활동은 녹음 및 녹화되었다.[16] 미군 훈련병들이 현지 '민간인'들을 반군으로 오인해서거나 또는 고의로 '살해'하면 마을의 '알자지라' TV 뉴스 제작팀은 소리 지르고 비통해하는 희생자의 가족들을 취재하기 위해 나섰다. 그들이 만든, 보는 사람 모두를 반미주의자로 만들어 버릴 가짜 뉴스는, 이라크에서와 똑같이 이 가상 마을의 텔레비전 네트워크를 통해 하루 종일 방송되었다.[17] 이런 생생한 경험을 통해 병사들은 어떻게 행동해야 최소한의 위험에 노출되면서 목표를 달성할 수 있는지 고민하고, 그 방법을 모색하게 된다.

4. 〈엣지 오브 투모로우〉와 사후강평

앞서 언급한 고먼 장군의 미 육군 훈련방법의 개편이 이루어지자 기존의 교육방법에 익숙한 고위 장성들이 가장 큰 거부감을 나타낸 부분은 사후강평이었다. 전통적인 미 육군 군사교육은 훈련 후, 상관인 장교가 훈련받은 부대의 잘한 점과 못한 점을 거론하는 방식으로 진행되었다. 이 피드백 방식에서는 훈련에 참가한 부하 장교와 부사관 및 병들은 관객이 된다. 그러나 AAR로 명명된 이 사후강평 방식에서는 피드백을 하는 당사자가 바로 훈련에 참여한 장교와 부사관, 병들이다. 이래서는 상관이 훈련 후 잘못한 점을 지적하며 군기를 잡고 권위를 세울 수가 없다고 본 것이다.

그러나 고먼 장군은 이런 반대들을 무릅쓰고 사후강평 제도를 밀어붙였다. 1982년에 발간된 미 육군의 AAR 가이드북은 훈련병들이 직접 피드백 과정에 참여하는 것의 장점을 다음과 같이 설명한다. "첫째, 교육 및 심리학 분야의 연구들이 일관성 있게 보여준 바와 같이 학습 활동에 피교육자가 능동적으로 참여하면 학습된 정보의 양이 크게 증가하며, 교육 후에도 유지된다. 강의와 토론 과정에서 각각 같은 정보가 주어질 때 후자의 경우에 교육생들이 더 많이 그 정보를 기억한다는 것이 연구 결과 밝혀지고 있다. 둘째,

훈련과정에 있었던 중요한 순간들을 여러 시각에서 토론함으로써 참가자들이 당면한 주제에 대한 더 많은 통찰력을 얻을 기회를 증가시킨다. 반면 일방적 강의에서는 오로지 한 사람만의 시각으로 본 장면들만 제시되어 교육생들이 중요한 통찰력을 얻을 기회를 놓치게 된다. 셋째, 피드백과정에 직접적인 참여는 교육생들이 스스로 개입된다는 느낌을 줌으로써 교육면에서 동기부여가 된다. 피드백 과정에 교육생이 직접 개입하면 자신의 실수를 깨닫고 인정하는 데 더 적극적이 되며, 이에 따라 전술적 기술의 습득과 보유가 증가하게 된다."[18]

사후강평의 주목적은 훈련 후 어떤 사건들이 일어났고 왜 일어났으며 그 중 어떤 사건이 중요했는지를 그 맥락을 알아내는 것이다. 문제는 어떤 사건이 중요했고, 어떤 사건이 중요하지 않았는지의 여부가 판단 가능한 시점은 대개 그 사건이 일어나고 한참 시간이 흐른 후, 즉 모든 것의 인과관계가 명확해진 다음이라는 점이다. 따라서 어떤 사건이 어떤 사건의 원인이 되고 결과가 되었는지, 그 연결고리(chain of events)를 추적해야 한다. 이 과정은 센스메이킹을 위한 원칙 중의 하나인 '진행형(ongoing)'이라는 점과 맞아 떨어진다. 전후 맥락 없이 하늘에서 떨어지는 사건은 없다. 실전에서의 주요 결과는 주로 이런 중요한 사건들의 연결고리가 모여서 이루어지는 것이기 때문이다. 중요한 사건들이 나열되고 그 사건들 간의 연결고리가 파악되면 비로소 훈련 참가자들은 센스메이킹이 가능해지는 것이다.

어떤 사건이 중요한 사건인지를 파악하여야 하기 때문에 훈련

참가자들의 다양한 시각이 반영되는 것이 중요하다. 사후강평 전에 강평을 주도하는 지휘관은 훈련 시간대별로 어떤 사건이 일어났고, 왜 일어났으며, 그 결과가 무엇이었는지를 '사후강평을 위한 사건의 연결고리(Chain of Events)와 그 상대적 중요성'이라는 제목의 표와 같이 만들어 놓는다. 이 표를 보면 주요 사건(Key Event) 이전(Before)과 이후(After)에 어떤 일들이 일어났고, 아군이 어떻게 대처했더라면 더 좋은 결과가 나왔을지 여러 관찰자들의 시각, 녹음파일, 녹화된 전술화면 등을 종합한 내용이 일목요연하게 나와 있다.

이 표에서 '상대적 중요성'은 이 사건들이 주요사건에 실제 어느 정도의 영향을 미쳤는지(Before의 경우) 또는 얼마나 주요사건의 영향을 받았는지(After의 경우) 수치로 나타낸 것이다. '1'로 표기된 것은 주요사건에 직접적으로 큰 영향을 미치거나 받은 것이고, '2'로 표기된 것은 비교적 경미한 영향을 미치거나 받았다는 표시다. '3'은 실제 그 사건이 주요 사건과 관련이 없었다는 것을 말한다. 표에서 '간접사격'은 적을 직접 보고 쏠 수 없는 지역에서 그 위치를 짐작해 포나 총 사격을 하는 것을 말하는 군사용어다. 비고(Notes)는 사후강평 책임자인 지휘관이 토론을 위해 어떤 것이 잘 되었는지, 어떤 부분에서 개선이 필요한지, 그리고 의문사항들을 간략히 정리해 적어 놓은 것이다. 이러한 의문사항들과 개선점, 그리고 잘한 점들은 사후강평을 통해 더 명확하게 드러난다.

'사후강평을 위한 사건의 연결고리(Chain of Events)와 그 상대적 중요성의 표'에서 나타난 훈련 상황을 보면 미군 중대는 가상 적군(소련 기갑부대 역을 한 NTC의 상주부대)의 공격에 치명적인 타격을 받고(아군 전차 3대가 완전 파괴되고 2대가 적의 공격을 당한 반면 적 전차는 두 대만 파괴했다), 사실상 패배했다. 가상 적들은 NTC에 상주하였기 때문에 일종의 홈 코트의 이점을 갖고 있었고 진짜 소련 군대처럼 행동했다. 그곳의 지리에 어두운 미군 훈련병들을 상대로 이 가상의 소련군은 1980년대 초반 무려 85%의 승률을 기록하였다고 한다.[19] 이런 연속된 패배의 철저한 복기를 통해 미군은 교훈을 얻고 실전에서 같은 실수를 하지 않는 법을 배운 것이다.

이런 교육과정은 마치 톰 크루즈 주연의 공상과학 영화 〈엣지 오브 투모로우〉를 연상시킨다. 가까운 미래, 외계인 침입자들과 전투에서 군인인 빌 케이지(톰 크루즈)는 작전 투입 즉시 전사한다. 그런데 그에게 기적 같은 일이 일어난다. 전사할 때 외계인의 피를 뒤집어쓰면서 같은 시간대를 반복해서 겪게 되는 타임 루프에 갇히게 된 것이다. 그는 전사하면 전투당일 아침 시간으로 돌아가, 다시 전투에 참여하고, 또 죽었다가 또 다시 살아나는 것을 반복한다.

반복과정을 통해 주인공은 허약한 고문관 같은 병사에서 일당백의 용사가 된다. 비슷한 일이 반복되면서 학습효과가 생긴 것이다. 영화 제목 자체가 매일 매일의 죽음을 통해 얻은 경험이, 다음 전투에서, 즉 '내일의' 전투에서 엣지Edge, 즉 '장점'으로 작용한다는 뜻이다. 물론 실전 같은 훈련과 사후강평이 완벽한 엣지 오브 투모로우Edge of Tomorrow, 즉 '내일의 우세요인'을 제공하지는 못하겠지만 사후강평에서 이루어지는 토론을 통해 참가자들은 자신들의 조직의 강점과 약점을 발견하고, 해결책을 제안하고, 문제를 해결하기 위한 행동 방침을 채택하게 된다.

사후강평을 위한 사건의 연결고리(Chain of Events)와 그 상대적 중요성
(NTC에서 훈련 후 작성한 표의 샘플임)

		시간대별 사건	중요성	정보의 소스	비고(NOTES)
B E F O R E	1330	적군이 아군 중대 발견	2	적군 소대장	
	1345	중대가 적군으로부터 공격받음	2	전술화면	
	1345	망을 보던 1소대 반격	2	전술화면	
	1345	중대장이 토우(TOW) 대전차 미사일 전진배치 지시	3	녹음파일	
	1350	1소대가 적과 조우(contact)했다고 보고	2	녹음파일	조우사실을 대대에 알렸는지?
	1355	중대장이 2, 3 소대에 공격 명령	1	녹음파일	제압사격(Suppressive fire)이 있었는지?
	1405	2, 3 소대 공격개시	1	전술화면	간접사격과 기동을 병행했더라면? 대대에 보고를 했더라면?
주요사건	1410 –	아군: 전차 31호, 67호, 42호 파괴됨.		전술화면	3소대 잘했음
	1420	전차 34호, 46호 적의 공격에 맞음			대부분의 사상자는 2소대에서 나옴
		적군: 전차 91, 92호 파괴됨			
A F T E R	1425	중대가 간접사격 지원요청	2	간접사격 통제관	기동과 간접사격의 타이밍이 맞았는지? 더 빨리 행동했더라면 좋았을 것임
	1427	중대장이 대대장에게 보고	1	녹음 파일	보고시점이 늦었음.
	1430	적의 위치를 향해 간접사격 개시	2	간접사격 통제관 전술화면	사격이 시간에 따라 적의 위치를 고려해 진행되었는지?
	1430	2소대에서 전차가 작동불능이라 보고 (기계결함)	3	소대의 현장관찰자 통제관 (FOC)	
	1435	적군 철수시작	2	적군 소대장	
	1440	2소대 적군 철수한다고 보고	2	대대장 목소리	보고하기 좋았던 타이밍임
	1455	3소대 현장 도착	2	전술화면	
	1455	대대가 위치로 모임 (70%의 화기가 무사함)	1	전술화면	

(출처: Johnson, E.M. & Cosby, N. L. 1982. After Action Review Guidebook I: National Training Center, ARI Field Unit at Presidio of Monterey, CA. 7쪽)

〈엣지 오브 투모로우〉의 한 장면 | 빌 케이지(톰 크루즈 분)는 같은 전투에 되풀이해서 참전하면서 매번 패배하고, 매번 전사한다. 타임 루프에 갇힌 그는 되살아날 때마다 패배를 복기하여 어제보다 더 강한 병사가 되어 다음 전투에 나선다.

5. 사후강평의 전제조건과 실전에서의 효과

앞의 '사후강평을 위한 사건의 연결고리(Chain of Events)와 그 상대적 중요성' 표와 같이 단순 사실을 나열한 종이는, 사후강평을 통해참가자들의 구체적인 증언이 더해지면서 점점 살이 붙게 된다. 강평이 마무리 될 무렵에는, 흩어진 조각을 끼워 맞춰 퍼즐이 완성되듯이 모든 참가자들이 훈련 상황을 100% 이해하고, 패배의 원인과승리의 비결을 찾게 되는 것이다. 여러 가이드북에서 제시하는 사후강평의 기본 전제조건들은 대체로 다음과 같은 것들이다.[20]

- 적극적인 참여: 모든 훈련(민간조직의 경우에는 프로젝트) 당사자가 참여한다. 적군, 아군의 장병들은 물론 현장에 나가 있는 간접사격 통제관(Indirect Fire Controller), 현장관찰자 통제관(Field Observer Controller)도 참여한다.
- 가급적 훈련(프로젝트) 직후에 한다.
- 모든 사람의 의견은 공평하게 취급된다.
- 비난하지 않는다.
- 100% 옳은 정답이나 틀린 답을 찾는 것이 아니다.
- 새로운 생각에 개방적이어야 한다.
- 질문 시에는 공격적으로 하지 않는다(예: '왜 마을 사람들에게 그런요구를 하였나?'보다는 '그렇게 마을 사람들에게 요구했을 때 마을 사람들의 반응이 어떨 것이라 생각했나?'가 낫다).
- 참가자들은 실제 일어난 일에 대한 철저하게 솔직한 관찰 내용을

공유해야 한다.

　실전 같은 훈련과 사후강평의 도입 후 숫자상으로 믿을 수 없을
만큼 긍정적인 효과들이 보고되었다. NTC에서 새로운 훈련방식과
사후강평 도입 이후의 성과를 분석한 결과 기존 훈련 방식에 비해
서, 교전 시 승리 가능성은 소대 전투에서 30배, 중대 전투에서는
15배, 대대 급의 전투에서는 5배가 높아졌다.[21] 그러나 이것은 실
전이 아닌 시뮬레이션의 결과였다. NTC의 효과를 검증한 최초의
실전은 1991년 초, 쿠웨이트를 침공한 이라크를 상대한 '사막의 폭
풍 작전'이었다.

　'사막의 폭풍 작전' 중에 벌어진 '동경 73도선 전투(Battle of 73
Easting)'는 이 NTC의 존재이유를 증명한 가장 극적인 사례였다.
트럼프 행정부에서 백악관 안보보좌관을 지냈던 H.R. 맥마스터
McMaster가 대위 시절 초급 지휘관으로 참전한 이 전투에서 미군 제
2기갑수색연대 산하 3개 대대는 이라크 공화국 수비대의 타와칼나
Tawakalna 사단을 상대로 미국 전쟁사에 남을 대승을 거두었다. 특히
그 중 맥마스터 대위의 부대는 단 아홉 대의 전차와 12대의 브래들
리 장갑차로 이라크 전차 57대, 보병 전투차량 28대, 궤도 장갑차
11대, 트럭 45대와 3개의 방공포대를 파괴했다. 맥마스터 부대 측
사상자 숫자는 '0'이었으며 전투 시작부터 끝날 때까지 걸린 시간은
단 23분이었다. 이라크의 무기가 압도적으로 열위여서 그런 것도
아니었다. 타와칼나 사단은 사담 후세인의 최정에 부대로 소련제
T-72 탱크 등 당시로서는 첨단 무기로 무장한 상태였다. 미 육군은

맥마스터에게 은성무공훈장을 수여하였고, 의회는 그를 불러 이 경이로운 승리의 비결을 물었다. 맥마스터는 상원군사위원회에서 실전과 똑같은 NTC의 훈련이 이 기적 같은 승리의 원동력이라는 취지의 발언을 했다.[22]

미군이 베트남전의 패배를 딛고, 1980년대 이후 벌인 전쟁, 즉 쿠웨이트를 침공한 이라크와 대결한 사막의 폭풍 작전이나 21세기 들어 벌인 전쟁들에서 승리한 것은 NTC의 실전 같은 훈련 덕이 분명이 있을 것이다. 그리고 이 실전 같은 훈련을 더 효과적으로 만든 것은 의심의 여지없이 사후강평이었다. 군에서 도입되어 대성공을 거둔 이후 사후강평은 이제는 민간조직에서도 많이 사용하게 되었다. 이러한 사후강평은 조직에 무슨 일이 일어났고, 어떻게 행동해야 성공 가능성을 높인다는 점을 깨닫게 한다는 점에서 센스메이킹에 분명 도움이 될 뿐 아니라, 그 조직의 경쟁력을 높일 것이다.

제4부

센스메이킹 키우기

미국의 일류 경영대학원에서는
센스메이킹의 개념을 가르칠 뿐 아니라
리더십의 한 덕목으로 그 방법까지 중요하게 다룬다.
센스메이킹 능력을 인위적으로 높이는 것이 가능할까?
조직이나 일반 개인들이
어떻게 센스메이킹 능력을 향상시킬 수 있을까?
센스메이킹 능력이 경영에 주는 시사점은 무엇일까?

이 책의 제4부에서는 민간 조직과 개인의 센스메이킹 능력을 키우는 방법, 그리고 그 경영학적인 시사점에 대해 논한다. 센스메이킹은 옳은 의사결정과 그에 기반한 조직행동을 위해서 하는 것이다. 『하버드 비즈니스 리뷰(HBR)』의 편집장을 지낸 토머스 스튜어트Thomas Stewart는 의사결정에 대한 HBR 특집호의 권두언에서 실수의 허용치(margin for error)에 대해 설명하면서 야구선수와 신경외과 의사의 예를 든다.[1] 그에 따르면 야구선수라면 커리어 내내 타석에서 세 번에 한 번 꼴로만 방망이를 제대로 휘둘러도 슈퍼스타가 된다.

말이 되는 이야기다. 방망이를 거꾸로 들고 쳐도 3할을 친다는 양신 양준혁의 통산타율도 3할 1푼 6리에 불과하다. 통산타율이 3할 3푼 3리인 사람이라면 은퇴 즉시 명예의 전당 감일 것이다. 반면 뇌수술을 하는 신경외과의사라면 그 실수의 허용치가 거의 0에 가까워야 한다는 것이다. 이 역시 말이 된다. 신경외과 의사가 뇌수술 중 세 번에 한 번만 옳은 결정을 내린다면 그 의사 환자의 2/3는 죽거나 큰 후유증에 시달릴 것이니까. 반면 경영자라면 그 실수의 허용치는 야구선수와 신경외과 의사의 중간쯤이라는 것이 스튜어트의 주장이다.

스튜어트는 성공적인 의사결정을 한 경영자의 예로 미국 굴지의 출판사의 CEO를 지낸 윌리엄 조바노비치William Jovanovich를 들었다. 조바노비치는 만약 100번의 의사결정 중 51번만 확실히 옳은 결정을 할 수 있는 사람이 있다면 그는 교과서 외판원에서 포춘Fortune 500 기업의 CEO까지 오를 수 있을 거라 한 바 있다. 조바노

비치 자신이 교과서 외판원에서 포춘 500에 들어가는 출판사의 CEO까지 오른 입지전적인 인물이다.

그렇다면 올바른 센스메이킹을 위한 첫 걸음은 무엇일까? 이 4부에서는 선행연구에서 소개된 센스메이킹을 키우는 방법에 나의 의견을 더해 조직과 개인 차원의 센스메이킹 능력을 향상시키는 방법에 대해서 설명하고, 그 시사점에 대해서 논하면서 책을 마무리 하도록 하겠다.

제7장

기업의 센스메이킹: 어떻게 키울 것인가?

1. 한 군데에서의 정보에만 의존하지 마라

MIT 슬론 경영대학원에서 리더십의 주요 덕목 중 하나로 센스메이킹을 강의하는 데보라 안코나는 센스메이킹 능력을 키우는 중요한 조건으로 한 군데에서의 정보에만 의존하지 말 것을 주문한다. 기업조직이라면 소비자, 공급자, 경쟁자, 내부 다른 부서의 자료뿐 아니라 1, 2차 자료, 즉 컴퓨터의 통계자료와 개인적 인터뷰 자료를 다 섭렵하라는 것이다.[1] 21세기에 들어서 나온 여러 경영 사례 중에, 여러 가지 정보를 활용하여 적은 비용으로 조직 경쟁력을 키운 가장 유명한 사례가 아마도 '머니볼'로 대표되는 메이저리그 야구팀 사례일 것이다.

머니볼과 세이버메트릭스

마이클 루이스Michael Lewis(2003)의 『머니볼Moneyball』과 그 책을 토대로 만들어진 동명 영화의 주인공은 메이저리그 야구팀 오클랜드 어슬레틱스의 단장이었던 빌리 빈Billy Beane이다.[2] 오클랜드 어슬레틱스의 2000년대 초반 선수 선발 예산은 연 4,000만 달러 정도였다. 빌리 빈은 이 금액으로 총 연봉 연 1억3천만 달러 정도를 쓰는 부자 구단들인 뉴욕 양키즈나 LA 다저스과 경쟁하며 선수를 선발하였다. 경쟁구단 대비 1/3도 되지 않는 예산으로 선수를 선발하니 만큼 부자 구단들에 비하면 훨씬 값싼 선수들로 구성된 팀을 꾸릴 수밖에 없었다. 그럼에도 불구하고 어슬레틱스는 빌리 빈이 단장/부사장으로 있는 동안 무려 일곱 번의 지구 우승(아메리칸 리그 서부지구, 2000, 2002, 2003, 2006, 2012, 2013, 2020)과 여섯 번의 지구 준우승(2001, 2004, 2005, 2010, 2014, 2018, 2019 그 중 네 번 와일드카드로 포스트 시즌 진출)을 했다. 특히 머니볼의 무대가 된 2002년 시즌에는 20연승을 거둠으로써 아메리칸 리그 연승 신기록을 세운 바 있다.

지구 우승은 곧 포스트 시즌 진출을 의미한다. 메이저리그 구단 수는 30개다. 그 중 열 팀이 포스트시즌에 진출한다. 팀 숫자가 10개인 우리나라에서 포스트 시즌에 진출하는 팀이 5개인 것에 비하면 메이저리그에서의 포스트 시즌 진출은 확률적으로 훨씬 더 어렵다. 그런 환경에서, 이렇게 가난한 구단이, 이렇게 오랜 기간 동안, 이렇게 자주 포스트 시즌에 진출하는 경우는 정말로 드물다.

책 『머니볼』의 성공과 더불어 빌리 빈의 '가격 대비 성적 좋은 선수 선발 방법', 즉 세이버메트릭스Sabermetrics는 학계(예: Hakes & Sauer, 2006)와 스포츠 언론으로부터 많은 주목을 받았다. 세이버메트릭스는 야구연구협회(Society for American Baseball Research)의 머리글자인 SABR에서 나온 말로 이 단어를 만들어 낸 빌 제임스Bill James에 의하면 '야구에 대한 객관적 진실의 탐구'로 정의된다. 제임스는 캔사스 주립대학에서 영문학과 경제학을 전공하였으나 실제 그의 평생의 관심사는 야구와 통계였다.

그는 1970년대 게토레이의 판매권을 가진 회사로 알려진 스토클리 반 캠프의 콩과 돼지고기 통조림 사업부의 야간 경비원을 하면서 야구에 대한 각종 글을 쓰게 된다. 그의 글들의 요지는 기존에 야구선수의 실력을 나타내는 중요 지표로 여겨졌던 많은 변수들이 실제 그 선수의 실력이나 팀 기여도를 측정하는 데는 상대적으로 큰 도움이 되지 않는다는 것이었다. 대표적인 것이 투수의 승수이다. 투수의 승리는 순전히 본인의 능력으로 되는 것이 아니라 상당 부분은 본인 팀의 타자들이 얼마나 점수를 내었는지, 그리고 야수들이 얼마나 수비를 잘 했는지에 달려있다. 예컨대, '대체로' 투수 자신의 능력을 나타내는 지표인 자책점으로 측정되는 방어율[3]은 꼭 승수와 비례하는 것이 아니다.

LA다저스에 입단하기 전 한화 이글스의 에이스였던 류현진은 7년간 한국에서 활약하는 동안 총 98승을 거두었다. 그 중 가장 많은 승수는 데뷔한 2006년과 그 다음 해인 2007년에 거둔 18승, 17승이다. 그러나 그의 방어율이 최저점에 달한 시점은 2010년으로 그는 1.82라는 경이적인 방어율을 보였지만 그 해는 16승밖에 거두지 못하였다. 17승을 거둔 2007년에 비하면 무려 1점 이상 더 낮은 방어율을 보였음에도 말이다. 그 해 류현진은 상대적으로 타선의 도움을 많이 받지 못했고 출전 횟수도 2006~7년보다 적었다.

타자의 경우도 마찬가지로 선수 개개인의 타율보다는 출루율이 훨씬 득점과 상관관계가 높다는 것 역시 제임스의 주장이었다. 이러한 의견을 받아들인 빌리 빈은 몸이 좋고 타율이 훌륭해 — 따라

한화 이글즈 당시의 류현진 선수 기록(KBO공식사이트)

연도	팀명	방어율	출전경기	승	패
2006	한화	2.23	30	18	6
2007	한화	2.94	30	17	7
2008	한화	3.31	26	14	7
2009	한화	3.57	28	13	12
2010	한화	1.82	25	16	4
2011	한화	3.36	24	11	7
2012	한화	2.66	27	9	9
통산		2.8	190	98	52

서 값이 비싼 ─ 타자보다는 뚱뚱하고 볼품없어도 출루율이 좋은 타자들을 상대적으로 헐값에 스카우트해서 적은 돈으로 재미를 보기 시작했다. 그러나 빌리 빈의 세이버메트릭스가 유명해지면서 곧 다른 팀들이 이 전략을 따라 하게 되었다.

브랜치 리키의 혁신

메이저리그 역사상 평균연봉이 확연하게 낮은, 가난한 구단이 일정기간 강팀의 자리를 유지한 것은 단 세 번뿐이다. 그 하나는 바로 위에서 설명한 대로 책 『머니볼』과 브래드 피트 주연의 동명 영화로 유명해진 오클랜드 어슬레틱스고, 나머지 두 번은 1920년대 말~30년대 초의 세인트루이스 카디널스와 1940년대 말~50년대 초의 브루클린 다저스였다. 이 나머지 두 번의 성공은 같은 사람에 의해서 이룩된 것인데 그의 이름은 브랜치 리키Branch Rickey다. 1920년대 카디널스는 최초로 마이너리그 구단을 소유하여 직접 선수를 육성함으로써 될성부른 나무를 일찍 발굴하여 비교적 저렴한 가격에 활용할 수 있었다.

당시의 카디널스 감독으로 마이너리그 구단, 즉 2군 창설을 주도한 것이 바로 브랜치 리키였다. 반면 1940년대 말부터 50년대 중반까지 브루클린 다저스는 메이저 리그 역사상 처음으로 잭키 로빈슨Jackie Robinson 같은 흑인 선수를 기용해 몇 년 동안 내셔널리그 최강팀으로 군림할 수 있었다. 당시 브랜치 리키는 다저스의 단장을 맡아 온갖 난관을 무릅쓰고 잭키 로빈슨을 스카우트 하는 데 앞장섰다. 2013년 개봉된 영화 〈42〉는 바로 잭키 로빈슨의 전기 영화로 42는 그의 등 번호이다. 이 영화에서 브랜치 리키 역을 맡은 배우는 '영원한 인디애나 존스' 해리슨 포드였다.

그러나 이 브랜치 리키의 성공은 두 번 다 10년이 채 가지 않았다. 카디널스의 2군 육성정책이 효과적이라는 것이 증명되자 메이저리그 구단들은 너도 나도 앞 다퉈 2군을 창설했고 결국 모든 팀들이 2군을 통해 될성부른 나무를 떡잎부터 육성하게 되었다. 마찬가지로 1940년대 말~50년대 중반 다저스의 잭키 로빈슨이라는 걸출한 스타의 등장은 다른 팀들이 앞 다퉈 유능한 흑인 선수를 쓰게 만드는 계기가 되었고, 결국 다저스만이 갖던 흑인 선수를 활용한 경쟁력은 사라지게 된다. 이 사례들이 주는 교훈은 'HR 프랙티스', 즉 인적자원관리의 경쟁력, 특히 '싸고 좋은 인재'를 획득하는 경쟁력은 지속되지 않는다는 것이다.

시장이 효율적이므로, 내가 싸고 좋은 인재를 획득하는 방법을 발견해서 재미를 보면, 그 방법은 금세 다른 사람들에게도 알려지

1910년대의 브랜치 리키 | 1920년대 그는
메이저리그 역사상 최초로 2군 팀을 만들어
선수를 자체적으로 육성하기 시작하였다.

영화 〈42〉에서 브랜치 리키 역을 맡은 해리슨 포드 | 1940년대의 브랜치 리키는 잭키 로
빈슨을 발굴한 유능한 단장이었다. 로빈슨의 등번호인 42번은 메이저리그 모든 구단의 영
구결번이며 로빈슨이 데뷔한 날을 기념해 매년 4월 15일은 메이저리그 모든 선수들이 42
번 백넘버를 달고 경기한다(출처: Warner Bros. photo).

고 사용될 것이다. 결국 유능한 인재를 찾는 구단(또는 회사)들 간의 경쟁 덕분에 싸고 좋았던 인재는, 제 가치에 해당하는 높은 가격을 주고 사야만 하는 희귀 자원(scarce resource)이 되고 만다.

필자의 전공분야인 전략에서 나온 중요 이론 중 하나가 자원기반이론인데 이 이론에서는 앞서 언급한 대로 기업경쟁력의 근원을 가치 있고, 드물고, 모방이 어렵고, 대체가 불가능한 자원이나 능력에서 찾는다. 이 네 가지의 조건 중 가장 만족하기 어려운 조건이 모방이 어려워야 한다는 점이다. 2군 구단을 창설하거나 다저스처럼 인종차별 없이 실력 있는 흑인 선수를 스카우트하는 것은 경쟁 구단 입장에서 볼 때 모방이 어려운 전략이 아니다. 세이버메트릭스를 바탕으로 한 선수 리크루팅 역시 마찬가지다. 야구는 모든 스포츠를 통틀어 가장 통계 자료가 많이 양산되는 운동이고 이 빅데이터는 모든 이들에게 공개되어 있다. 즉 통계를 활용해 저평가된 우량선수를 골라내는 것은 누구나 할 수 있는 일이 된 것이다.

2003년 보스턴 레드삭스는 아예 세이버메트릭스의 창시자인 빌 제임스를 컨설턴트로 고용했다. 결국 그 이듬해 1920년 애칭 밤비노로 알려진 베이브 루스Babe Ruth를 양키즈로 넘긴 다음 생긴 '밤비노의 저주'를 깨고, 1918년 이래 한 번도 이루지 못한 우승을 이루게 된다. 이제 세이버메트릭스를 통한 선수 선발은 빌리 빈만의 전유물이 아니게 된 것이다.

빌리 빈과 네이트 실버

그렇다면 빌리 빈이 이끄는 오클랜드 어슬레틱스는 어떻게 첫 지구 우승을 한 2000년 이후 10년이 훌쩍 지나서까지 비교적 좋은 성적을 낼 수 있었을까? 빌리 빈은 훌륭한 스카우트의 비밀은 정보를 가능한 많이 모으는 것이라 말한다. 다른 사람이 모르는 정보, 예컨대 선수의 친구들, 선수의 가족 정보까지 알아야 된다는 것이다.

버락 오바마가 대통령에 재선될 당시 미국 50개 주의 선거 결과를 모두 정확히 예측해 일약 스타로 떠오른 통계전문가 네이트 실버Nate Silver는, 원래 야구 선수의 성적(처음에는 투수의 성적)을 예측하는 시스템인 페코타PECOTA를 개발해 명성을 얻었었다. 페코타는 '선수의 실증적 비교 및 최적화 테스트 알고리즘(Player Empirical Comparison and Optimization Test Algorithm)'의 약자로 실버는 페코타를 이용해 선정한 야구 유망주 100명을 2006년부터 발표하기 시작하였다.

이것은 다분히 미국 최고의 야구잡지 중 하나인 '베이스볼 아메리카'가 매년 발표하는 야구 유망주 100인 리스트를 겨냥한 것이었다. '베이스볼 아메리카'의 리스트는 페코타의 리스트처럼 순전히 통계를 바탕으로 한 것이 아니라 실버의 표현에 따르면 혼합방식(hybrid approach)으로 정보를 모아 작성된다. 즉 통계자료만이 아닌 스카우트들이 선수를 직접 만나고 작성한 리포트 등이 포함된 1차 자료와, 순전히 통계자료로만 구성된 2차 자료를 혼합해 유망주 100인을 선정하는 것이다.

실버는 그의 베스트셀러 '신호와 소음'에서 2006년 페코타가 선정한 유망주들과 '베이스볼 아메리카'가 선정한 유망주의 2011년 성과, 즉 6년 후 성과를 비교함으로써 어느 예측이 더 정확하였는지를 검증하였다. 두 목록에 오른 선수들이 거둔 승수를 WARP(Wins Above Replacement Player, 승리기여지수)를 통해 측정해 비교한 결과 페코타 목록의 선수들이 546승을 거둔 반면, '베이스볼 아메리카' 목록의 선수들은 무려 630승을 거두어 예측력에서 '베이스볼 아메리카'의 압승이었다. 실은 실버 자신이 2007년 한 잡지에 기고한 글에서 페코타의 예측이 '베이스볼 아메리카'의 예측만큼 정확하기는 어려울 것이라 고백한 바 있다. 그리고 그는 그 이유를 다음과 같이 설명한다.

> 순수하게 통계만을 기반으로 한 예측 목록이 이처럼 (1, 2차 자료를 혼합한) 혼합적 방법에 기반을 둔 예측 목록을 이길 수 있는 유일한 경우란 (1차 자료의) 처리과정에서 유입되는 편견이 편익을 압도할 정도로 클 때뿐이다.[4]

위의 인용에서 괄호 안의 단어는 필자가 독자의 이해를 돕기 위해 집어넣은 것이다. 여기서 말하는 편견이란 선수를 실제로 아는 스카우트가 그 선수의 실력을 나타내는 지표가 아닌, 예컨대 얼굴 생김이나 몸매 같은 것에 좌우되어 그 선수를 과대평가하거나 과소평가하는 경우 같은 것을 말할 것이다. 마이클 루이스의 『머니볼』에는 실제로 많은 스카우트들이 몸매를 갖고 선수를 평가한다거나 심지어 여자친구의 외모가 볼품없다는 이유로(믿을 수 없게도 스카우트들은 그것을 선수의 자신감결여를 나타내는 지표로 본다) 낮은 스카우팅 리포트 점수를 준다는 이야기가 나온다. 그러나 이런 우스꽝스러운 지표가 아니라 실제 선수의 인성을 나타낼 수 있는 교우관계라든가 가족관계까지 파악하는 스카우트의 리포트가 포함된 예측방법은 순수하게 통계자료만으로 한 예측보다 더 정확할 수밖에 없을 것이다.

2018년 가을, 97승으로 오클랜드 어슬레틱스가 아메리칸 리그 서부 지구 준우승을 이룬 직후, 메이저리그 사무국은 경영자상을 신설하여 빌리 빈을 초대 '올해의 경영자(Executive of the Year by Major League Baseball)'로 선정했다. 그가 야구계에서 올해의 경영자로 뽑힌 것은 통산 다섯 번째로 이미 '스포팅 뉴스 Sporting News'에 의해 두 번(1999, 2012), 그리고 '베이스볼 아메리카'에 의해 두 번(2002, 2013) 선정된 바 있다. 『머니볼』 출판 이후 20년 가까이 지난 시점에도 그는 여전히 남들이 알지 못하는 방법으로 '가성비' 좋은 선수들을 골라서 사들였던 것이다.

2. 현장의 목소리를 들어라

밤비노의 저주와 염소의 저주를 다 깨뜨린 사나이

앞서 밤비노의 저주를 깬 보스턴 레드삭스에 대해서 언급하였는데 미국 메이저리그에서 레드삭스보다 더 오랜 기간 우승을 차지하지 못한 팀이 바로 시카고 컵스였다. 시카고 컵스는 1908년 이래 2015년까지 무려 107년간 우승을 하지 못하였다. 컵스가 1908년 이후 월드시리즈에 진출한 것이 1945년이었는데 당시 월드시리즈가 열린 시카고 리글리 필드에 염소를 데려온 관객이 입장을 거절당하자 "다시는 이곳에서 월드시리즈가 열리지 않으리라"고 저주를 퍼붓고 떠나서 '염소의 저주'에 걸렸다고 했다.

그런데 이 염소의 저주가 2016년 시카고 컵스의 극적인 월드시리즈 7차전 역전 우승으로 드디어 깨지고 되는데 바로 이 저주를 깬 사람이 밤비노의 저주를 깬 사람과 동일인물이다. 시카고 컵스의 현 사장이자 2004년 레드삭스의 월드시리즈 우승 당시 단장을 지낸 테오 엡스타인Theo Epstein이 그 주인공이다. 엡스타인은 시카고 컵스를 우승시킨 다음 해인 2017년 미국 경제지 『포춘Fortune』이 선정한 세계에서 가장 위대한 지도자 50인(The World's 50 Greatest Leaders) 랭킹에서 알리바바의 마윈 회장, 프란치스코 교황을 제치고 1위를 차지하기도 했다. 미국 언론이 그의 리더십을 어느 정도로 평가하는지를 보여주는 대목이다.

그런데 2003년 그가 보스턴 레드삭스 단장 취임 시 나이가 얼마인지 아는가? 당시 엡스타인의 나이는 불과 28세, 역사상 최연소의 메이저리그 단장이었고 상당수의 선수들이 그보다 나이가 많았다. 2002년 보스턴 레드삭스를 인수한 존 헨리John Henry가 스포츠 사상 최대의 단장 연봉을 제시하면서 가장 먼저 접촉한 단장 후보는 실은 '머니볼' 열풍을 불러일으킨 오클랜드 어슬레틱스 단장 빌리 빈이었다. 그러나 빌리 빈은 존 헨리의 요청을 거절하고(이 장면은 영화 〈머니볼〉의 마지막 씬을 통해서 많이 알려졌다), 결국 이 자리를 차지한 것이 샌디에이고 파드리스의 부단장이던 엡스타인이었다.

170cm짜리 유격수의 진가를 알아보다

존 헨리가 연봉 250만 달러에 5년 계약이라는, 미국 스포츠 구단 사상 최대 액수의 단장 봉급을 주면서까지 빌리 빈을 영입하려던 이유는, 당시 대두하던 세이버메트릭스를 구단 운영에 도입하기 위해서였다. 엡스타인은 빌리 빈을 대체할 만한 수준의 세이버메트릭스 지식을 이미 갖고 있었다. 샌디에이고 파드리스의 前 단장으로 엡스타인의 상사였던 케빈 타워스Kevin Towers는 2016년 워싱턴 포스트와의 인터뷰에서 '머니볼' 열풍이 일기 2년 전인 2000년, 엡스타인이 출루율과 구장효과(park factors)를 근거로 당시 마이너리그에 있던 키가 불과 170센티미터(5피트 6인치)인 유격수 데이비드 엑스타인David Eckstein을 영입하라는 조언을 했다고 회상했다.

유감스럽게도 타워스는 엡스타인의 말을 듣지 않았다. 유격수 엑스타인을 본 타워스는 "그 친구는 파리(gnat)만하잖아"라는 반응을 보이며 전혀 관심을 보이지 않았다. 실제 그는 당시 '구장효과'라는 것이 무엇인지에 대해서도 알지 못했다고 회고한다. 구장효과는 타 구장 대비 홈구장에서 점수가 더 나올 확률이 얼마나 되는가를 나타내는 지표다. 이것의 수치가 클수록 홈구장에서 타 구장보다 점수가 나올 가능성이 높은 것을 의미하며, 어떤 구장이 더 타자 친화적인지, 투수 친화적인지를 나타내는 지표로 활용된다.

타워스가 엡스타인의 권고를 무시한 지 2년 후 데이비드 엑스타인은 애너하임 에인절스의 주전 유격수로 맹활약하며 월드시리즈 우승에 기여했고, 그로부터 4년 후에는 카디널스 소속으로 월드시리즈 MVP를 타게 된다. "와우, '그 녀석(엡스타인)이 내 귀에 대고 말한 거에 주목하기 시작해야겠는데'라고 생각했죠."『워싱턴 포스트』에 실린 타워스의 회고이다.

하지만 타워스가 엡스타인 덕분에 통계를 이용한 유망주 선별의 중요성을 깨달은 것 못지않게 엡스타인 역시 타워스로부터 많은 것을 배웠다. 엡스타인은 타워스가 남캘리포니아 일대를 돌아다니며 유망선수 발굴에 나설 때마다 그를 수행했고, 타워스는 엡스타인에게 매일 밤 캐처 플레이트 뒤에서 스피드건으로 구속과 구질을 측정하라고 말하며 투수의 구질을 구별하는 방법 등 기초적인 스카우트 이론을 알려주었다.[5]

기존의 세이버메트릭스 지식에 타워스로부터 현장 지식을 배운 엡스타인은 이로써 통계를 적절히 활용하면서도, 현장의 의견에도 귀를 기울이는 단장이 되었다. 보스턴 레드삭스 단장 시절 뉴욕타임스와 한 인터뷰에서 그는 "나는 주변에 있는 모든 사람의 의견을 종합하죠. 나는 방안에 있는 사람들의 의견과 그 의견의 근거를 듣는 것을 좋아합니다. 아마 로스쿨에서 배운 소크라테스식 문답법의 영향일 거예요"라고 회고한다.[6] 그는 예일대 학부, 샌디에이고 주립대학 로스쿨 출신의 변호사이기도 하다.

2016년 11월 시카고 컵스를 108년 만에 우승시킨 후 트로피를 들고 있는 엡스타인 | 밤
비노의 저주에 이어 염소의 저주까지 깨뜨린 엡스타인은 『포춘Fortune』이 선정한 세계에
서 가장 위대한 지도자 50인 랭킹에서 알리바바의 마윈 회장, 프란치스코 교황을 제치고
1위를 차지하기도 했다(출처: AP=뉴시스).

네이트 실버의 실패와 아이디오의 응급실 디자인

오바마 대통령의 재선 당시 주별 선거결과까지 정확히 맞추어 화제가 되었던 네이트 실버는 정작 2016년 대선에서는 힐러리 클린턴의 당선을 예측해 속된 말로 망신살이 뻗쳤다. 역설적으로 2016년 실버의 실패는 오로지 여론조사를 통한 2차 자료에만 근거하였기 때문일 것이다. 여론조사는 어디까지나 표본을 추출해 하는 것이고 표본에 포함된 사람들이 그 인구 전체를 대변하기란 어렵다. 더구나 도널드 트럼프 같이 논쟁의 여지가 많은 대통령 후보일 경우에는 설사 속마음으로는 지지한다고 하더라도 그를 위해 투표하겠다고 대놓고 말하기도 쉽지 않을 것이다. 따라서 여론조사를 근거로 한 거의 모든 예측이 틀렸던 것이다.

만약 실버가 설문으로 된 통계자료에서는 알아낼 수 없는 자료를 포함시켰다면 더 정확한 예측을 할 수 있었을 것이다. 예컨대 트럼프의 당선을 예측한 인공지능, 모그IAMogIA 같은 경우는 구글이나 트위터에서의 검색 횟수를 기준으로 했기 때문에 여론조사를 바탕으로 한 예측과 다른 결과를 예견하였다. 물론 이 한 번의 결과로 모그IA가 여론조사를 통한 예측방법을 뛰어넘었다고 할 수는 없을 것이다. 그러나 다양한 방법을 동원한 예측이 한 가지 방법만을 사용한 것보다 더 정확할 수 있다는 사실을 증명하는 한 예로서는 충분하다고 본다.

MIT의 데보라 안코나는 세계적인 디자인 회사 아이디오IDEO의 예를 들어 여러 곳에서 정보획득하는 것의 중요성을 설명한다.[7] 아이디오는 애플의 첫 번째 마우스와, 애플이 제록스의 기술을 베껴 만든, 그래픽 유저 인터페이스, 즉 GUI를 사용한 운영체제를 탑재한 최초의 컴퓨터 리사Lisa를 디자인한 회사로 유명하고, 그 창업자인 데이비드 켈리David Kelly는 애플 창업자 스티브 잡스의 오랜 친구이기도 하다. 어느 해 아이디오는 병원의 응급실을 디자인해 달라는 의뢰를 받았다. 병원 응급실 디자인을 위해서 당연히 주요 사용자들, 이해관계자들과 심도 깊은 인터뷰가 진행되었다.

응급실 담당 외과의사들과 마취의사들, 그리고 수간호사를 비롯한 간호사들, 심지어 응급실로 응급환자를 이송하는 911(우리의 119) 구급대원들과도 응급실로 들어오는 공간의 동선 관련 질문을 위해 인터뷰가 이루어졌다고 한다. 근데 뭔가 빠진 것 같지 않은가? 가장 중요한 사용자, 즉 환자의 인터뷰가 빠졌다. 문제는 응급실에 실려 오는 환자들은 인터뷰를 할 만한 상태가 아니라는 것이다. 팔 다리가 으깨지고 머리에서 피가 나고, 심장이 멎고, 의식을 잃은 상태인 사람들을 상대로 "여기 응급실 이용해보니 어떠세요?"나 "뭐 딱히 사용하기에 불편한 것 없으세요?"라고 질문을 할 수도 없는 노릇이다.

궁리 끝에 아이디오가 사용한 방법은 응급실에 실려 오는 환자 이마에, 그 보호자의 허가를 받은 상태에서, 초소형 카메라를 장착하는 것이었다. 10시간의 촬영이 끝난 후 실제 영상을 틀어보니 과연 무엇이 찍혀 있었을까? 환자의 시각으로 바라본 응급실에서의 10시간, 그 시간 동안 환자가 구경한 것이라고는 응급실의 천장뿐이었다! 사실 생각해보면 너무 당연한 일이다. 응급실에 입원한 환자가 일어나서 돌아다니며 다른 환자들과 담소를 나누거나, 의사에게 다가가 "선생님, 저 언제 퇴원할 수 있죠?"라고 묻고 다닐 수는 없을 테니까. 그런데 이 당연한 결과가 아이디오의 디자인팀에게는 코페르니쿠스적인 발상의 대전환을 다져오는 계기가 되었다. 그 이전까지는 아무도 응급실 천장 디자인에 대해서는 신경쓰지 않았던 것이다! 영상을 본 디자이너들은 응급실 천장이라는 공간의 중요성을 새삼 깨닫게 되었고 이곳에 중요한 시청각 자료들을 비치하는 것이 효율적이라는 사실을 깨닫게 되었다. '응급실에서의 환자의 경험'이라는 생생한 1차 자료가 없는 상태의 응급실 디자인은 상당히 맥 빠진, 사용자의 측면에서 볼 때는 낙제점 수준의 디자인이 되었을 것이다.[8]

투자은행에서도 현장의 목소리는 중요하다

투자은행(Investment Banking) 산업은 인공지능을 통한 의사결정을 실제 사업에 가장 먼저 활용하기 시작하였다. 앞서 들어가는 말에서 언급한 대로 골드만삭스는 이미 켄쇼라는 이름의 컴퓨터 소프트웨어 및 인공지능 회사의 대주주로 그 회사가 만든 켄쇼라는 동명의 소프트웨어를 의사결정에 적극 활용한다. 국내기업들도 이미 이런 인공지능을 통해 의사결정을 시작하였다.

밸류시스템자산운용은 로보어드바이저라는 인공지능을 통해 컴퓨터 알고리즘과 빅데이터를 이용해 자동으로 투자자산을 배분하는 기술을 적극적으로 활용하는 투자회사다. 다음은 2016년 말 한 신문에 실린 당시 그 회사 정환종 대표의 인터뷰 기사다.

로보어드바이저를 적극 활용하고 있어요. 인공지능은 과거 수십 년 주식시장 차트를 0.1초 단위로 찍은 '스냅샷'을 갖고 있습니다. 무한정에 가까운 스냅샷들을 분석해, 10초마다 상승 또는 하락하는 장의 미래를 예측해 종목을 사고팝니다. 사람은 '점심 먹고 오후에 팔지 뭐'라는 결정을 내리지만, 인공지능은 끊임없이 일합니다. 3,000억 원 운용자산 중 800억 원을 인공지능에 맡기고 있습니다.

그렇다고 해서 기계가 모든 것을 다 할 수 있는 것은 아니다. 펀드매니저들은 여전히 현장의 목소리를 들어야 한다. 실제 기업방문을 통해 CEO의 눈빛부터 직원들의 근무환경, 화장실의 청결도 같은 시시콜콜해 보이는 정보까지 모두 포괄적으로 수집해야 올바른 장세 판단을 할 수 있다. 당시 밸류시스템자산운용에 있었던 정환종 현 골든에그 대표는 같은 인터뷰에서 다음과 같이 말했다.

저희 직업은 '기자'와 비슷해요. 1년에 1,000곳 정도 회사를 탐방합니다. 깊숙한 정보를 얻기 위해 열심히 묻죠. 사장부터 평직원까지 모두 만나려고 노력합니다. 각 기업 정보의 깊이를 1~10으로 구분하면, 1~2단계 고급정보는 해당 기업 사장과 임원만 압니다. 일반 투자자는 8단계에 있고요. 저희는 최소 3~4단계는 알려고 노력합니다. 제품에 대한 시장 반응, R&D 현황, 기업 인사 등 정보를 입수하는 대로 컴퓨터에 입력합니다. 이 정보를 기반으로 투자합니다.[9]

현장의 목소리는 언제나 중요하다. 책상에 앉아 있지 말고, 현장에 가서 직접 몸으로 부닥쳐봐야 한다. 특정한 시공간에서의 구체적 상황에 대한 정보, 즉 노벨경제학상 수상자 프리드리히 하이에크가 '특정한 장소와 시간에서의 특정 지식(specific knowledge of particular circumstances of time and place)'이라고 부른 것을 얻을 수 있다.[10] 하이에크는 이런 맥락적 지식(contextual knowledge)을 강조했는데 사실 맥락적 지식이 중요한 것은 투자은행에서만이 아니다. 조직이 하는 많은 업무는 얼마나 조직원들이 이런 맥락적 지식을 잘 아느냐에 의해 결정되는 경우가 대부분이다. 예를 들면 타 부서와의 협조가 필요할 때 누구에게 부탁해야 문제없이 도움을 얻을 수 있을지 여부를 깨닫는 것(1장 간호사 제인의 사례를 생각해보라)이 업무에 매우 중요할 수 있다. 이런 맥락적 지식은 결국 오랜 현장 경험을 통해 얻어진다.

3. 효율적인 센스메이킹을 위해서 조직 내에서만 통용되는 암호가 필요할 수도 있다

2016년 6월 3일, 경기 구리시 수택3동 주민센터 공연장에서는 매우 특별한 음악공연이 열렸다. 이 날 공연을 기획하고 직접 클라리넷을 연주한 정비담 씨는 소방관의 아들이다. 2014년 7월 17일 세월호 참사 현장에서 수색 작업을 마치고 돌아오다 헬기 사고로 추락해 숨진 강원도 소방본부 소속 고故 정성철 소방령(당시 52세)이 그의 아버지다. 공연은 구리소방서의 소방관들과 그 가족들 앞에서 진행되었다. 정비담 씨는 소방관들을 위로하고 아버지를 위로하는 진혼곡을 연주했다.[11] 필자가 이 공연 기사를 보고 특별히 관심을 가진 것은 공연의 제목이었다. 공연의 제목은 '46, 47'. 46은 '괜찮으냐, 알겠느냐(Are you OK?)', 47은 '그렇다(I'm OK)'는 뜻으로 소방관들이 각종 재난 현장에서 주고받는 무전 신호다.

　맨 협곡의 참극에서 보듯이 소방 작업은 사실 상황자각력과 센스메이킹이 절실하게 요구되는 일이다. 이런 환경에서는 신속하고 정확한 의사전달이 중요하고 이러한 명확한 소통이 센스메이킹에 당연히 도움이 된다. 한국 소방당국이 사용하는 '화재 진압 실무 매뉴얼'에 따르면 국내 소방대원은 앞서 언급한 '47'과 같은 표준 약어 60개를 모두 숙지하고 있어야 한다. '48'은 '현재 위치가 어디인가?'이고, '92'는 구급상황이라는 뜻이다. 일선 소방관들은 앞서 언급한 "사류(Are you OK)이나 사칠 같은 용어는 동료 안부를 묻는 데도 쓴다"고 설명한다. 심지어 약어로 말의 뉘앙스까지 표현하는 경우도 있다고 한다. 약어엔 대불(대형 화재), 자심(자살 의심), 상자(부상자)처럼 말을 줄여 쓰는 형태와 앞서 46, 47처럼 숫자를 사용하는 경우가 있다. 예컨대 '19(하나아홉)'은 화재, '29(둘아홉)'은 산불, '44(사사)'는 조사 중의 뜻이다. 이 밖에 일종의 의태어처럼 화염을 '꽃'으로, 연기를 '구름' 같이 비유를 쓰거나, 건물을 '집'으로 통일한 병집(병원), 학집(학교), 동집(동사무소) 같은 약어도 사용된다.[12]

　앞서 설명한 항공모함에서도 많은 약어가 사용된다. 이 역시 효율적인 소통을 위한 것이다. 공식명칭이 너무 길기 때문에 그렇게 부르는 것도 있고, 이름 자체가 어려워서 그렇게 되는 경우도 있다. 예컨대 앞서 설명한 비행기 사출 장치 캐터펄트는 원래 중세시대 공성전에서 사용된 투석기를 지칭하는 단어로 정식명칭은 '항공기 캐터펄트(aircraft catapult)'인데 줄여서 부르는 것이다. 그런데 니미 츠급 항모에서는 이마저 줄여 이를 '캐트cat'라 부른다.

앞서 항공모함의 항공 관제실(flight deck control)에서 위지보드라는 이름의 항모 갑판 모형 위에 미니어쳐 항공기를 놓아두고 모든 항공기를 통제하는 사람이 항공기 관리장교(Aircraft Handling Officer)라 설명하였는데 이들도 항모에서는 그저 핸들러Handler라는 약어로 불린다. 승무원들은 각각 다른 색깔의 유니폼으로 그 역할을 구분한다고도 설명하였는데, 이 핸들러의 유니폼 색은 노랑이다. 비슷한 맥락에서 캐터펄트를 사용하여 항공기를 이함시키는 사람의 공식명칭은 항공기 이함장교(Catapult Launching Officer)이나 실제로는 슈터Shooter라는 약어로 불린다. 슈터 역시 노란색 유니폼을 입기 때문에 핸들러나 슈터의 제복에는 앞뒤에 대문자로 커다랗게 'HANDLER', 또는 'SHOOTER'라고 쓰여 있어 오늘 전입한 신병도 이들의 역할을 바로 알 수 있게 된다. 이런 약어 사용을 통해 해당 조직만의 독특한 문화가 형성되고 소통이 쉽고 간결해지며 의사전달이 더 빠르게 이루어지는 것이다.

4. 공감능력을 통한 팀워크를 키워라

무한도전: 정총무가 쏜다

필자는 TV 프로그램 무한도전의 열렬한 팬이었다. 특히 2010년 이전에 방영된 초창기 에피소드들을 좋아했는데, 2010년 이후 방영된 에피소드 중 제일 좋아하는 것을 꼽으라면 아마도 2011년 초에 방영된 '정총무가 쏜다'를 택할 것이다. 이 에피소드의 초반 9분은 혁신적인 아이디어가 어떻게 오랜 팀워크에 의해서 탄생하는지를 보여주는 창의성의 교재로 손색이 없다. 조직구성원들이 아무 생각 없이 던지는 제안들이 모이고, 그 제안 중에 하나가, 의미가 부여되고 정제를 거쳐 훌륭한 아이템으로 변신하는 과정을 보여주는 센스메이킹의 모범사례이다.

이날의 에피소드를 한마디로 정의하라면 즉흥성이다. 2010년 12월말 연예대상 시상을 끝낸 무한도전 멤버들은, 멤버 중 하나인 길의 갑작스런 다리 부상으로, 몸 개그 등 액션이 많을 다음날 촬영 일정이 취소될 위기에 처하자 한 자리에 모인다. 이미 정형돈도 다리를 다친 상황이라 두 명의 멤버가 빠진 상태로 액션 위주의 촬영을 하기는 어렵다는 것이 제작진의 중론이었다. 멤버들은 이에 기존 계획을 대체할 '플랜 B'를 생각해내기 위해 브레인스토밍을 진행한다. 멤버들의 부상 외에 또 다른 제약 조건은, 액션이 어려워진 이상 스튜디오를 빌려서 대화 중심으로 쇼를 진행해야 한다는 점이었다. 문제는 연말이라 모든 스튜디오가 시상식 등의 예약이 꽉 차 있어서 방송국에서의 녹화도 어려워졌다는 사실이다.

브레인스토밍이라는 단어가 뜻하는 그대로 멤버들은 이 상황을 대처하기 위해 즉흥적으로 아이디어를 쏟아낸다. 말도 안 되는 아이디어들이 오가는 상황에서 리더인 유재석이 '뭐가 됐든 되든 안 되든, 최선을 다해서 끝까지 아침부터 6시까지' 녹화를 진행하자고 제안한다. 이에 정준하는 일단 음식부터 시키고 일을 진행하자고 유재석의 멘트를 받고 이 제안에 박명수가 '니가 살거야?'라고 물으면서 이 프로젝트가 탄생하게 된다.

자신이 음식을 사겠다는 정준하의 대답에 박명수는 '정준하 어디까지 사나'라는 코너를 진행하자고 받고, 이 농담 같은 아이디어에 정형돈이 2010년 7월 시크릿 바캉스 특집에서 정준하가 일행의 총무 역할을 했던 것을 상기시키며 코너 이름을 '내가 바로 정총무야'라고 명하자고 제안한다.

박명수가 이를 '정총무의 내가 낸다'로 하자고 받자, 유재석이 '정총무의 내가 쏜다'로 하자고 결정을 짓고 게임의 규칙을 정하기 시작한다. 멤버들이 음식을 사기 시작하면 일정 시간이 지난 후 정총무가 구매를 멈추게 할 수 있게 하자고 유재석이 제안하고, 이에 하하가 먹는 것에 국한하지 말고 입는 것, 신는 것, 타는 것, (손에) 차는 것도 하자고 받는다. 결론적으로 유재석이 최종적으로 확정한 게임 규칙은 시작과 동시에 멤버들이 물건을 사고 일정 시간 후 구매 시간이 종료되면 정준하가 눈대중으로 모든 구매품의 가격을 합산, 예측하여 승패를 결정하자는 것이었다. 즉 그 예측이 실제 가격의 ±5% 오차 범위에 있을 때는 멤버들이 가격을 지불하고 ±5% 바깥일 때는 정 총무가 지불하는 것으로 하자는 것이다.

이 말도 안 되는 아이디어는, 하나라도 더 사고 더 먹으려는 멤버들의 탐욕과, '자영업자 출신' 정준하의 신들린 듯한 계산능력이 어우러져서 흥미진진하면서도 배꼽 빠질 정도로 웃기는 예능 쇼를 만들어 냈고, 결과적으로 '정총무가 쏜다'는 무한도전 팬들이 '전설'로 꼽는 명 에피소드로 남게 되었다. 필자는 이 에피소드의 초반 9분간, 멤버들의 말도 안 되는 생각이 점점 '메이크 센스'해 지고, 정제과정을 거쳐 혁신적인 아이템으로 변신하는 과정이 너무도 자연스러워서 혹시 대본이 있는 것이 아닐까 의심한 적이 있다. 마침 필자가 재직하는 학교의 행사에 무한도전의 프로듀서인 김태호 PD가 특강 강사로 초대되었다. 필자는 강의장을 찾아가 김태호 PD에게 직접 이때의 상황을 물어보았다. 김 PD는 혹시 대본이 있었느냐는 필자의 질문에 이때는 전적으로 멤버들의 생각대로 진행된 것이고 작가나 PD의 개입은 없었다고 확인해 주었다.

무한도전 사례는 멤버들 간의 끈끈한 우정과 자유로운 분위기가 창의적인 아이디어를 탄생시킨 경우이다. 그러나 팀워크가 좋다고 해서 그것이 꼭 팀원들 간의 사이가 아무 문제없이 좋아야만 한다는 뜻은 아니다.

구글: 산소 프로젝트(Project Oxygen)

위대한 실리콘 밸리의 혁신기업들은 대체로 두 명 이상의 공동창업자들이 있다. 휴렛패커드는 윌리엄 휴렛과 데이비드 패커드가, 구글은 래리 페이지와 세르게이 브린이, 야후는 제리 양과 데이비드 파일로가, 마이크로소프트는 빌 게이츠와 폴 앨런, 그리고 애플은 두 명의 스티브, 즉 잡스와 워즈니악이 탄생시켰다. 이들의 공통점은 비교적 어릴 적부터, 또는 오랜 기간 같이 세월을 보낸 친구들이라는 점이다. 즉 위대한 조직은 처음부터 작은 팀(불과 두세 명 내지는 열 명 이내의 성원으로 구성된) 내의 긴밀한 협업으로 시작되었고, 대체로 창업자들이 서로 상호보완적 특성을 가진 경우가 많았다. 이들은 친구였지만 항상 사이가 좋지는 않았다. 워즈니악과 앨런은 공동창업자와의 불화로 결국 자신들이 세운 회사를 떠났다.

앞서 언급한 세계적인 디자인 회사 아이디오는 다양한 경력의 사람들이 모여 디자인을 한다. 인류학전공자, 인간공학 전공자, 인문학 전공자, 소프트웨어 디자이너, 저널리즘 전공자, 항공공학자, 의사, 오페라 가수까지 서로 전혀 다른 배경을 가진 사람들이 모여 브레인스토밍을 하고 거기에서 창조, 혁신성, 그리고 생산성 증대가 이루어진다. 배경이 전혀 다른 사람들이 만나는 것이니 당연히 팀원 간의 사이가 아무 문제없이 좋을 수만은 없을 것이다.

그렇다면 어떤 리더가 소규모 조직, 또는 팀의 성과를 높이고 생산성을 증가시키는 것일까? 구글은 이 주제에 대단한 관심을 가졌다. 좋은 팀 리더의 특징을 찾아내기 위해서 2009년 구글 인력분석팀(People Analytics)은 '산소 프로젝트(Project Oxygen)'를 시작하였다. '좋은 리더야말로 조직의 산소'라는 의미에서 명명된, 좋은 매니저의 요건을 알아내기 위해 착수한 프로젝트였다. 구글은 빅데이터 활용의 도사답게 구글 내 팀장급 이상에 관한 자료를 데이터 마이닝 기법을 통해 분석하였다. 직원 대상의 서베이, 팀장 성과평가, 최고의 매니저 후보 선정 등 100종류, 1만 건 이상을 수집해 1년 이상 분석하여 좋은 리더가 갖추어야 할 여덟 가지 조건을 그 중요도에 따라 순서대로 추려내었다.

기존의 팀장급 리더십 교육에서 가장 강조하는 것은 주로 관리자 역량이나 기술적 전문성이다. 반면 구글 산소 프로젝트의 연구결과는 뜻밖이었다. 관리자의 기술적 역량은 8가지 조건 중 중요성 8위, 즉 꼴찌였다. 순서대로 거명하면 1. 좋은 코치가 될 것, 2. 권한위임(Empower)을 하고, 자잘한 일까지 간섭(micromanage)하는 것은 삼갈 것, 3. 팀원들의 대면보고, 개인적 성공, 그리고 웰빙well-being에 관심을 기울일 것, 4. 생산적이고 결과 지향적이 될 것, 5. 좋은 대화 상대가 되어 팀원들의 말에 귀를 기울일 것, 6. 직원들의 커리어 개발에 도움이 될 것, 7. 팀을 위한 명확한 비전과 전략을 가질 것, 8. 팀에게 조언할 만한 기술적 숙련성을 가질 것이었다.[13]

한마디로 직원들은 기술적인 전문성을 가진 리더보다 1 대 1 미팅을 자주 만들어 대화하고, 직원들의 삶과 경력관리에 관심을 가져주는 리더를 선호한다는 것이다. 즉 좋은 리더가 되려면 인간미와 업무능력을 균형 있게 갖춰야 하지만 그 중 우선순위는 인간미와 소통능력이지 업무능력이 아니라는 것이 산소 프로젝트의 결론이었다.

구글은 산소 프로젝트의 결과를 팀장 교육에 적극 적용했다. 단기적인 결과는 만족스러웠다. 최하위에 속하던 팀장들의 약 75%가 팀원들로부터 전보다 리더십이 나아졌다는 평가를 받았다. 2009년까지 3년 연속 하락세를 보이던 직원 1인당 순익 기여도 역시 2010년 34만 달러로 상승했다. 구글은 2011년 3월 이 내용을 '구글의 규칙(Google's Rules)'이라는 사규로 만들어 공식화했다. 그런데 2011년 말 직원 1인당 순익 기여도가 29만 달러로 줄더니, 2012년에는 19만 달러로 전년도의 2/3 수준으로 하락하였다.[14] 결국 구글은 2012년 산소 프로젝트의 후속 연구를 시작하였다. 프로젝트명 아리스토텔레스. '전체는 부분의 합보다 크다'는 아리스토텔레스의 명언을 차용해 팀 생산성을 향상시키는 방법을 연구하는 것이었다.

아리스토텔레스 프로젝트

『뉴욕타임스』의 찰스 두히그Charles Duhigg는 아리스토텔레스 프로젝트 수행과정을 다음과 같이 설명한다. 아비어 두베이Abeer Dubey가 구글 인력분석팀의 디렉터로 이 프로젝트의 책임을 맡게 되었다. 그는 구글 내의 유능한 전문가들을 꾸려 프로젝트를 진행하였다. 그리고 프로젝트 연구원으로는 예일대학교 경영대학원에서 MBA를 마치고 구글에 입사한 줄리아 로조스키Julia Rozovsky가 투입되었다. 두베이의 팀은 구글 내에 180개의 팀을 상대로 데이터를 모았다. 200번이 넘는 인터뷰를 통한 질적 자료에 각종 통계자료가 더해졌다. 두베이와 로조스키의 연구 과제는 어떤 구성원들로 만들어진 팀이 가장 좋은 성과를 내는가 하는 것이었다.

그들은 크게 팀을 구성하는 두 개의 측면에 초점을 맞추었다. 하나는 팀 구성원들 개인의 특성과 그 특성들의 조합이다. 어떤 전공을 공부한 사람들인지, 어떤 성격을 가진 사람들인지, 이 팀원이 되기 전에는 어떤 성과를 내었던 사람들인지 등은 개인의 특성이다.

또한 같거나 비슷한 전공을 공부한 사람끼리 묶는 것이 좋은지, 다른 전공끼리 묶는 것이 좋은지, 외향적인 사람과 내성적인 사람들을 섞어 놓는 팀이 좋은지 아니면 비슷한 사람끼리 구성하는 것이 좋은지, 회사 밖에서 자주 만나는 친구들끼리 묶는 것이 좋은지 아닌지 등은 특성들의 조합이다. 반면 두 번째의 측면은 팀 구성의 역동성(dynamics)이었다. 즉 이들은 어떤 식으로 소통을 하는 사람들인지, 어떤 내부의 그룹 규범들(group norms)을 통해 일을 하는지 등이다. 첫 번째 측면의 연구는 주로 두베이가 중심이 되어 이끌었고 두 번째 측면, 즉 그룹의 규범에 관한 연구는 주로 로조스키가 수행하였다.

두베이의 노력에도 불구하고 첫 번째 측면의 연구로는 별 성과를 내지 못하였다. 예를 들어 가장 성과가 좋은 팀으로 분류된 그룹 중에는 회사 밖에서도 자주 어울리는 친구들로 구성된 팀도 있었고, 회사 밖에서는 아예 한 번도 만나지 않는 사람들로 구성된 팀도 있었다. 성격이 강한 리더를 가져서 위계가 확실한 팀도 있었고 반대로 상대적으로 평등한 위계를 갖는 팀도 있었다. 심지어 인구통계학적 특성(나이, 인종, 외모 등) 면에서, 성격 면에서, 전공 면에서 각기 거의 비슷한 성원으로 구성된 두 개의 팀이 성과 면에서는 전혀 다른 경우도 있었다. 기억하시라. 이 프로젝트를 진행한 회사는 다름 아닌 구글이다. 두베이는 "우리(회사)는 (빅데이터로 어떤) 경향(pattern)을 찾는 데는 도사들이잖아요 … (그런데) 그런 경향은 없었습니다"라고 회고하였다.[15] 결국 '누가(Who)' 구성원인지는 별 의미가 없다는 결론을 내릴 수밖에 없었다.

로조스키는 사회학 전공자, 조직심리 전공자들과 함께 이 그룹 규범 측면의 연구를 계속하였다. 1년이 넘는 연구 끝에 그들은 마침내 구성원들이 이 그룹의 규범을 이해하고 그 규범에 영향을 줄 수 있는지의 여부가 팀 성과에 가장 중요한 예측변수라는 사실을 발견하였다. 그들은 크게 다음 다섯 가지 요인으로 이 변수를 분류하였다.[16] 그 중 가장 중요한 것은 '심리적 안전(Psychological Safety)'이다. 팀원 상호간 서로 상처받거나 창피당할 걱정 없이 팀을 위해 기꺼이 위험을 감수할 수 있느냐 하는 것을 의미한다. 구글은 이 항목이 나머지 4개의 기본이라고 설명한다. 이것이 전제되지 않으면 개인은 역량을 발휘하지 못하며 팀의 신뢰도 무너진다는 것이다. 앞서 거론한 미 육군의 사후강평의 기본원칙도 그렇다. 상관 앞에서, 상관의 잘못을 지적하는 것으로 여겨질 수 있는 발언을 해도 상관없는, 그런 원칙이 미 육군을 강하게 만들었다.

　　두 번째는 신뢰성(Dependability)이다. 팀 멤버들이 일을 제 시간에 끝낼 수 있느냐, 구글이 요구하는 높은 수준을 맞추어 낼 수 있느냐 하는 것이다. 세 번째는 조직 구조와 투명성(Structure and Clarity)이다. 팀 자체가 명확한 목표를 갖고 있는지, 멤버 각자의 역할과 계획이 분명하게 되어 있는지 여부이다. 사실 이 세 번째 항목은 목표설정(Goal setting)이론이라는 이름으로 거의 40여 년 전에 밝혀낸 내용이다. 록Locke과 그의 동료들은 명확하고 구체적인 목표(가능하면 약간 달성하기 쉽지 않은 도전적인 목표)의 제시가 직무성과를 높이는 방법이라고 주장하고, 그것을 통계학적으로도 증명한 바 있다.[17] 네 번째는 일의 의미(Meaning)다. 각자가 하고 있는 일이 자신뿐만 아니라 팀원들에게도 얼마나 중요한지 알아야 한다. 다섯 번째는 업무의 영향력(Impact)을 깨닫는 것이다. 팀원 개인이 지금 하는 일이 회사에 어떤 영향을 주고 어떤 변화를 가져오는지 알고 있어야 한다.

두 번째, 세 번째, 네 번째와 마지막 조건은 앞의 5장에서 기론한 와익과 로버츠의 항공모함 연구에서 나오는 컬렉티브 마인드풀니스Collective Mindfulness의 조건들과 일맥상통한다. 앞서 설명한 대로 컬렉티브 마인드풀니스란 인지적으로 상호 의존적인 사람들이 어떤 조직 행동을 함께 할 때 보여주는 패턴이다. 이 개념을 만들어낸 와익과 로버츠는, 컬렉티브 마인드풀니스를 가진 조직에서는 구성원이 자신의 일을 하면서 자신의 일이 그 사회 시스템 내에서 어떤 역할을 하는 지 확실히 인지하고(representation), 자신의 액션을 그 시스템의 일부로 연결할 수 있어야 한다고 지적한 바 있다. 조금 생뚱맞게 들릴 수도 있으나 이런 능력을, 해당분야에서 가장 뛰어난 조직 내에서 잘 발휘한 사람의 하나가 박지성이었다.

박지성의 재능을 알아보고 그를 맨체스터 유나이티드로 데려간, 축구 역사상 가장 위대한 감독 중 하나인 알렉스 퍼거슨Alex Ferguson은 2011년 올드 트래포드에서 한 기자회견에서 박지성에 대해서 이런 평을 하였다. "그는 항상 팀을 위해 뛴다. 그 자신, 개인을 위해서가 아니라. 그는 언제나 팀 내에서 자신에게 주어진 역할들이 무엇인지 정확하게 파악하고(identify) 있으며 … (중략) … 환상적인 팀 플레이어(team performer)다."[18]

축구 역사상 가장 위대한 센터백 중 하나로 꼽히는 맨유의 전 주장 리오 퍼디낸드Rio Ferdinand 역시 박지성에 관해서 비슷한 평가를 한 바 있다.[19] 경영학자이자 축구 팬으로서 박지성의 맨유 7년간을 한마디로 정의하라면, 그는 정말로 센스메이킹 능력이 탁월한 선수였다고 하겠다. 그보다 드리블링 스킬이나 득점력이 좋은 공격형 미드필더는 엄청나게 많지만, 잔디 위에서, 공을 가진 상태나 없는 상태에서나, 그보다 더 센스메이킹을 잘 하는 선수는 매우 소수일 것이다. 그런 능력은 자신이 속한 조직을 더 강하게, 더 효율적으로 만들고, 경쟁상황에서 승리하게 한다. 박지성의 행운은 그런 그의 능력을 알아보고 중용한 히딩크나 퍼거슨 같은 리더가 있었다는 것이다.

사실 구글 아리스토텔레스 프로젝트가 제시한 위의 다섯 가지 조건 중 가장 중요하다고 거론된 심리적 안전은 팀원들의 공감능력과 직결되는 사항이기도 하다. 이 '심리적 안전'과 관련해서 픽사Pixar에서 시작되어 이제는 디즈니 애니메이션 사업부 전체에서 사용되는 독특한 제도가 좋은 모범답안이 될 것이다.

픽사의 브레인트러스트

세계적인 영화사 픽사에는 브레인트러스트Braintrust라는 독특한 회의 제도가 있다. 픽사의 감독 피트 닥터Pete Doctor는 2004년부터 '일상으로부터의 탈출'이라는 주제로 한 영화를 구상했다. 원래 이 영화는 시놉시스 단계에서는 하늘을 떠다니는 성과 두 왕자의 이야기였다. 두 왕자는 서로를 끔찍하게 싫어했고, 왕위를 두고 다투다 결국 땅으로 추락한다. 그리고는 그곳에서 우연히 만난 키 큰 새를 통해, 조금씩 서로를 이해해간다. 처음 이 시놉시스를 들은 브레인트러스트 참가자들은 두 왕자에게 공감하기 힘들고, 하늘을 떠다니는 성이라는 세계관을 이해하기 어렵다고 했다. 닥터는 일상으로부터의 탈출이라는 주제에 맞게 이야기를 재구성한다.[20]

그는 브레인트러스트의 피드백에 따라 인물부터 스토리까지 대대적으로 뜯어 고쳤다. 그 과정에서 서로를 미워하는 두 왕자는, 일상을 벗어나고픈 백인 홀아비 노인과, 보이스카웃(정확한 명칭은 '야생탐험대'였다)에서 상급대원으로 진급하기 위해 봉사점수가 필요한 여덟 살짜리 동양계 소년으로 바뀌었고, 하늘을 나는 성은 수천 개의 풍선에 매달린 집으로 변했다. 어릴 적부터 대자연으로의 모험을 꿈꾸던 소년과 소녀가 만나 사랑을 하고, 결혼하여 그 꿈만을 간직한 채 같이 살다가, 늙어서 부인을 잃고 홀로 남은 할아버지가 우연히 만난 동네 꼬마와 함께 떠나는, 믿을 수 없이 아름다운 여행기가 탄생한 것이다. 이 영화가 바로 2009년 픽사의 히트작이자 만화영화로서는 최초로 칸 영화제 개막작으로 선정된 영화, 〈업Up〉이다.

이 브레인트러스트 회의는 1995년 발표된 영화 〈토이 스토리〉 제작 과정에서 자연스럽게 생겨난 후 회사의 전통이 됐다. "영리하고 열정적인 직원들을 한 방에 모아놓고 서로 솔직하게 의견을 얘기하도록 장려하는 것이다. 정직을 요구받는 상황에 부담을 느끼는 사람도 솔직하게 이야기해 보자는 요청을 받으면 조금 더 편하게 얘기할 수 있다"라는 것이 에드윈 캣멀Edwin Catmull 픽사·디즈니 애니메이션 사장의 주장이다.[21] 캣멀은 픽사의 전신인 루카스 필름의 디지털 디비전 시절부터 근무했으며 스티브 잡스가 이 디비전을 사들여 픽사를 창업할 때 공동창업자이자 CTO(최고기술책임자)로 합류한, 픽사 역사의 산 증인이다.

이 브레인트러스트는 픽사를 대표하는 핵심 멤버들과 영화감독·제작팀이 한 자리에 모여 영화의 제작 초기 단계부터 마지막까지 미흡한 점과 개선점을 토론하는 자리이다. 이 자리가 성공적인 피드백의 장이 되기 위한 몇 가지 조건이 있다. 모든 참가자는 공평한 기회를 갖되 경영진이 감독의 뜻을 뒤엎을 수는 없다. 자칫 감독의 창의성이 위협받기 때문이다. 발언자의 계급은 중요하지 않다. 스토리에 대한 이해를 전제로 어떤 모진 발언도 가능하다. 단 감정적인 비난은 금물이다. 즉 부하직원이 내용에 대한 어떤 비판을 해도 상관이 없는 것이다. 이 전제가 실현되려면 회의 참가자들 간에 철저한 신뢰가 필요하다. 그래야 참가자들의 심리적 안전이 담보되고, 팀원들이 서로를 이해하는 상태에서 건설적인 비판이 가능한 것이다. 이런 조건들을 듣고 보니 왠지 기시감이 생기지 않는가? 앞장에서 거론한 미군의 사후강평조건들과 거의 비슷하다. 참가자들이 무슨 말을 해도 괜찮은 문화 속에서, 그들의 비평에 따라 전면적인 수정 작업을 통해 개봉된 작품들 중에는 〈토이 스토리〉, 〈토이 스토리2〉, 〈라따뚜이〉 등이 있다.

디즈니가 픽사를 인수한 이후, 픽사 CTO에서 디즈니 애니메이션 부분 사장으로 변신한 에드윈 캣멀은 최고 창조 책임자(Chief Creative Officer) 존 라세터John Lasseter와 함께 2006년 스토리 트러스트Story trust라는 이름의, 픽사의 브레인트러스트와 거의 같은 제도를 만들었다. 이 제도를 통해 디즈니에서도 많은 영화의 스토리가 대폭 바뀌고 큰 성공을 거두었다. 그러한 영화중 하나가 만화영화 사상 역대 최고 흥행작 〈겨울왕국〉이다.[22]

5. 반드시 '악마의 변호인'을 두라: 이스라엘의 대실수(Mehdal)

대학교에서 고급 통계학 강의를 들은 사람이라면 아마도 1종 오류와 2종 오류의 차이에 대해 배웠을 것이다. 1종 오류는 귀무가설(예컨대 'A와 B사이에 관계가 없다'는 가설)이 참이지만 이를 잘못해서 기각하는 것이다. 반면 2종 오류는 귀무가설이 사실이 아닌데 잘못해서 이를 기각하지 못하는(통계학에서는 귀무가설의 경우 '받아들인다'는 표현 대신 '기각하지 못한다'는 표현을 쓴다) 것이다. 이 두 개의 오류(1종 오류는 알파리스크, 2종 오류는 베타리스크라 한다)를 비교하여 그 중 리스크가 덜한 쪽을 택하는 것이 이 오류에 대한 통계학적인 해결책이다. 그러나 모든 일이 통계적으로 해결되지는 않는다.

실제 사회에서는 통계로 해결할 수 없는 판단거리가 훨씬 많다. 예컨대 'A는 화성 연쇄살인사건의 범인이다'라는 가설이 있다고 하자. 이 경우 귀무가설은 'A는 화성 연쇄살인사건의 범인이 아니다'가 된다. 여기서 1종 오류는 A가 실제 범인이 아닌데 그에게 유죄판결을 내리는 것(잘못해서 귀무가설을 기각하는 것)이고, 2종 오류는 A가 실제 범인인데 그에게 무죄판결(잘못해서 귀무가설을 기각하지 못한 것)을 내리는 것이다. 법정에서는 후자보다 전자에 훨씬 더 엄격하다. 10명의 범죄자를 놓치더라도 1명의 선량한 피해자를 막는 것이 법의 원칙이다. 그렇기 때문에 법정에서는 죄가 있는지를 밝히는 과정이 철저하게 증거 중심으로, 법리로만 이루어져야 한다. 무죄추정의 원칙은 그래서 나온 것이고, 따라서 1종 오류에 훨씬 더 엄격한 것이다.

그러나 경영 현장에서는 1종 오류가 2종 오류보다 나은 경우가 있다. 이런 일이 있어날 가능성이 매우 희박하지만 전혀 없지는 않은데, 그 가능성을 완전히 무시했다가 실제 그 일이 벌어질 경우 볼 피해가 어마어마하다면 특히 그렇다. 따라서 많은 사람들이 그런 일이 절대로 있을 수 없다고 생각하는 위협 요소에 대해서(앞서 언급한 나심 니콜라스 탈레브가 말한 블랙 스완 같은 경우를 말한다) 신중히 생각하고 대비하는 사람이 필요한 경우가 생긴다. 물론 법정에서처럼 무고한 피해자가 나오는 것은 방지해야 하지만 말이다. 이런 경우, 즉 많은 사람이 그런 일이 있을 수 없다고 생각하는 가설이 참인지를 검증하기 위해서는 악마의 변호인(Devil's advocate)이 필요할 수 있다.

탈레브는 그의 책에서 제1차 세계대전의 발발, 9·11 테러 같은 것들을 블랙 스완의 예로 들고 있다. 그러나 펜실베니아 대학 석좌교수 필립 테틀록Philip Tetlock은 댄 가드너Dan Gadner와 공저한 책『수퍼포어캐스팅Superforecasting』에서 사실 많은 경우 블랙 스완은 검정이 아니라 회색이라 주장한다.[23] 즉 그 전에 그런 일이 발생할 징조들이 많이 나타나 있었으나 사람들이 그것들을 무시했을 뿐이라는 것이다. 나도 그들의 의견에 동의한다. 멀리 갈 것도 없이 코로나 팬데믹을 생각해 보라. 사스나 메르스, 에볼라 바이러스는 그런 사전 징조들이었다. 실제로 빌 게이츠는 2015년 테드TED연설을 통해 에볼라가 전 세계적으로 퍼지지 않은 것이 참으로 다행이라며, 앞으로 1,000만 명 이상의 인류를 살상할 것은 핵무기가 아니라 바이러스라 예측한 바 있다. 실제로, 코로나 팬데믹의 공식 사망자는 2022년 말 기준으로 670만 명 정도이지만, WHO는 2022년 5월 5일 코로나19 팬데믹으로 인한 사망자를, 2년 반 동안 전 세계에서 1천 490만 명이라 추산했다. 그럼에도 불구하고 각국의 정부는 2020년 전까지 그런 팬데믹을 상상조차 할 수 없었다. 악마의 변호인 시스템이 제대로 작동하려면 바로 조직 내에 그러한 징조들을 수집하고, 해석하고, 보고하는 기관이나 사람이 공식적으로 존재하여야 하고 그 보고를 귀담아 들을 수 있는 제도적 기반이 마련되어야 한다.

〈월드 워 Z〉와 '열 번째 사람'

〈월드 워 Z〉라는 헐리우드 좀비 영화가 있다. 필자는 좀비 영화를 좋아하지 않지만 몇 년 전 미국 출장길에 비행기 안에서 이 영화를 보고 흥미로운 장면을 발견하였다. 이 영화를 전혀 모르는 독자들을 위해 약간 설명하면, UN의 조사관 제리 레인(브래드 피트 분)의 좀비 퇴치작전을 그린 영화다. 어느 날 원인을 알 수 없이 전 세계적으로 좀비가 창궐한다. 제리 레인은 UN사무차장으로부터 좀비 창궐의 원인과 해결책을 알아내라는 특명을 받는다. 임무를 수행하는 과정에서 그는 이스라엘은 미리 대비해서 성벽을 쌓아 좀비들로부터 안전하다는 정보를 얻게 된다. 제리 레인은 이스라엘이 어떻게 좀비로부터 안전하게 될 수 있었는지를 알아내기 위해, 나라 전체를 좀비로부터 구한 영웅인 모사드의 고위간부 유르겐 웜브런(루디 보우큰Ludi Boeken 분)을 만난다. 이 두 사람의 대화를 잠깐 보자.

제리 레인　어떻게 이스라엘은 미리 알 수 있었죠?

웜브런　인도 고위 장성의 비밀통신을 감청하다 정보를 얻었소. '라크샤사'와 싸우게 될 거라고 하더군요(역주: 라크샤사는 힌두교 신화속의 악마 같은 괴물을 말한다). 해석하면 '좀비'죠. 기술적으로는, 언데드라고 하지요.

제리 레인　유르겐 웜브런, 모사드의 고위간부이자, 냉철하고 효율적이나 상상력은 부족하단 평을 듣는 당신이 '좀비'라는 그 감청 내용 하나만 듣고 수년 동안 성벽을 쌓았단 말입니까?

웜브런　글쎄요, 그렇게 거두절미해서 설명하면 나라도 믿지 않았을 겁니다.

1930년대, 유대인들 중 누구도 자신이 강제 수용소에 가게 될 거라 믿지 않았지요. 1972년 올림픽 때, 누구도 우리 선수들이 학살당할 거라는 생각을 못했어요.

1973년 9월 경 우린 아랍군의 심상치 않은 움직임을 파악했습니다. 그러나 우리는 만장일치로 군사적 위협은 없다고 결론 내렸지요. 한 달 뒤, 아랍 국가들의 공격에 우린 거의 바다에 수장될 뻔 했어요. 그래서 우린 변화를 좀 주기로 했지요.

제리 레인　변화를 준다고요?

〈월드 워 Z〉의 제리 레인(브래드 피트)과 유르겐 웜브런 | 모사드 간부인 웜브런은 '열 번째 사람', 즉 악마의 변호인에 좀비들로부터 이스라엘을 지킬 수 있었다고 설명한다. 실제 이스라엘 군 정보국 AMAN은 이 악마의 변호인 제도를 운영하고 있고, 그 계기는 영화에서 나온 대로 1973년 10월의 4차 중동전쟁이었다(사진출처: 〈월드 워 Z〉 화면 캡처)

웜브런   '열 번째 사람'이라는 겁니다. 열 명 중 아홉이 같은 정보를 가지면 그들은 똑같은 결론에 도달하게 되지요. '열 번째 사람'의 의무는 거기에 이의를 제기하는 겁니다. 그 반대의견이 얼마나 말이 안 돼 보이는지는 상관없어요. '열 번째 사람'은 다른 아홉 사람이 틀릴 수도 있다는 걸 가정해야 합니다.[24]

영화 자체는 만화 같은 스토리였지만 이 열 번째 사람이라는 개념은 당시 주류 언론의 주목을 받았다. 영화가 개봉되고 1~2년 후까지도 구글에서 'tenth man', 즉 열 번째 사람이라고 입력하면 영화 쪽 언론이 아닌 전문 경제지에서 이 개념을 소재로 쓴 칼럼들을 쉽게 찾아 볼 수 있었다. 사실 이 영화에서 만든 용어인 '열 번째 사람'은, 의사결정 과정에서 모두가 비슷하게 잘못된 생각을 할 때, 즉 어빙 재니스에 의해 유명해진 용어, '집단사고(Groupthink)'를 할 때 반대자 역할을 하는 악마의 변호인(Devil's advocate)을 뜻한다.[25] 실제 이스라엘 군 정보국은 열 번째 사람이라고 지칭하지는 않지만 이 악마의 변호인을 사용한 정보수집 및 해석 방법을 채택하고 있다. 그리고 이 방법이 채택된 계기도, 영화에서 말하는 대로 1973년 10월에 벌어진 4차 중동 전쟁이었다.

'적에 대해 거의 모든 것을 알고 있었으나 기습당했다'

이 전쟁은 중동사史 뿐 아니라 세계사적으로도 중요하다. 앞서 '들어가는 말'에서 언급한 대로 바로 이 전쟁의 결과로 제1차 오일쇼크가 발발한 것이다. 그런데 이 전쟁은 영화 대사처럼, 이집트와 시리아의 침공을 미리 낌새를 챘음에도 불구하고 무방비 상태로 있던 이스라엘에게 궤멸의 위기를 맞게 하였다. 이 전쟁에 대한 이스라엘의 대비는 메달mehdal(enormous blunder, 엄청나게 어리석은 실수)[26]이라는 신조어로 요약된다. 이 말은 욤 키푸르 전쟁 때문에 탄생한 말이다.[27] 풀어서 설명하면 '잘못된 가정 때문에, 적에 대해 거의 모든 것을 알고 있었음에도 불구하고 기습당하게 만든 대실수' 정도가 될 것이다.

이스라엘이 기습 선제공격으로 시나이 반도, 골란 고원 및 이집트와 요르단 일부를 점령해 영토를 두 배 이상 키운 '6일 전쟁'이 일어난 것이 1967년이었다. 그 후 이스라엘군의 자신감은 하늘을 찔

렸고 1972년에는 군 전체에서 가장 영리한 사내라는 마흔 네 살의 젊은 소장 엘리 제이라Eli Zeira가 군사정보국(히브루어 머리글자를 따서 AMAN이라 부른다) 국장으로 취임했다. 군사정보국 AMAN은 적군의 동향을 탐지하여 군 수뇌부에 보고하는, 한마디로 이스라엘의 안위를 지탱하는 최후의 보루 같은 기관이었다.

제이라는 아랍 진영의 의도를 파악하는 더 컨셉트the concept라는 개념을 창안해 AMAN의 부하들에게 그 기준을 따라 적군 동향을 분석하라는 명령을 내렸다. '6일 전쟁' 중 보여준 이스라엘의 막강한 공군력과 미사일, 그리고 지상군의 위력에, 아랍 진영은 전쟁을 일으키는 데 신중해질 수밖에 없고, 그들이 이스라엘로부터 제공권을 뺏어가는 일이 벌어지지 않는 한 선제공격을 하기는 어렵다는 것이 더 컨셉트의 주요 가정이었다. 그는 1973년 봄 군 수뇌부에게 아랍 국가들이 이스라엘과 전면전을 치를 준비가 되어 있지 않다는 더 컨셉트의 주 논리를 먼저 설명했다. 그것은 다음과 같은 가정에 근거하였다.

첫째, 아랍 진영은 제한된 국지전(만)은 시작할 능력이 있었지만 그들도 이스라엘이 그 게임의 규칙에 얽매이지 않을 것 — 즉 국지전으로 끝내지 않을 것 — 이라는 것을 완벽하게 잘 알고 있고, 국지전은 전면전으로 빠르게 확대될 것이다. 둘째, 만일 전쟁이 일어난다면, 그것은 (이스라엘의 막강한 공군력과 전차부대를 감안할 때) 짧은 전쟁이 될 것이다. 셋째, 국지전에서 곧 전면전으로 확대될 전쟁에서 아랍인들이 빠르게 패배할 것이다.[28] 군 수뇌부는 제이라의 명쾌하고 논리적인 설명에 완전히 설득되었고 안심했다.

1970년 말부터 이스라엘은 이집트 핵심요직에 있는 사람을 스파이로 쓰고 있었다. 그는 가말 압델 나세르Gamal Abdel Nasser 전 이집트 대통령의 사위이자 당시 안와르 사다트Anwar Sadat 대통령의 특별 고문이었던 이집트인 아사라프 마르완Ashraf Marwan이었다. 그는 사다트의 특사로 리비아 지도자 카다피와 회담하는 등 당시 이집트 대통령의 최고위 참모 중 하나였다. 모사드에 극비리에 고용된 이후 더 앤젤The Angel이라는 암호명으로 불린 그는 다양한 고급 정보를 이스라엘 측에 넘겨주었고, 2007년 런던의 아파트에서 아마도 모 국가의 정보기관에 의해 이루어진 것으로 추정되는 의문의 추락사를 당했다.[29] 그는 1973년 1월과 4월 두 차례에 걸쳐 이집트와 시리아의 기습공격 계획을 이스라엘에 알렸으나 두 번 다 불발에 그쳤으므로 제이라는 그의 말을 신뢰하지 않았다.

1973년 9월, 시리아는 골란고원에 지대공미사일 포대를 배치했고, 그달 말까지 수에즈 운하 서안에서는 이집트군의 군사훈련이 계속되었다. 제이라는 시리아의 움직임을 9월 13일에 발생한 공중전에서 13대의 시리아 전투기들이 이스라엘 전투기들에 의해 격추된 것을 감안한 보복 및 대비 차원일 것으로 분석했다. 그는 골란고원에 전진 배치된 시리아군은 공군의 공습으로 대처할 수 있고 이집트군의 훈련은 연례행사에 불과하다고 수뇌부에 보고했다.

9월 25일 골다 메이어 총리는 요르단 후세인 국왕과의 극비 정상회의에서 시리아의 장군으로부터 얻었다는 극비 첩보를 전해 들었다. 시리아가 곧 이집트와 함께 이스라엘을 공격할 것이라는 정보였다. 이스라엘은 그 말을 믿지 않았다.[30] 그 다음날에는 총리 자신이 '좋은' 정보원이라고 평가한 출처로부터 이집트가 이스라엘 공격을 시작할 조짐을 보이며 그 공격은 수에즈 운하를 건너오는 것을 포함한다는 구체적인 정보가 전달되었다. 이에 AMAN은 이집트의 군사 이동은 이스라엘의 선제공격 가능성에 겁을 먹고 하는 대비 행동이라 분석했다. 거의 동시에 CIA는 시리아가 곧 골란 고원을 되찾기 위해 이스라엘 공격을 시작한다는 리포트를 이스라엘 측에 건넸다. AMAN은 CIA 측 정보는 거의 다 요르단 후세인 국왕이 그 출처라며 이번에도 그 리포트를 무시했다.[31]

욤 키푸르 시작 닷새 전인 1973년 10월 1일 이스라엘의 정보장교 벤야민 시만토브Benjamin Siman-Tov는 시나이 반도의 요원들로부터 이집트군의 결집 소식을 듣고 지휘관들에게 보고했다. 제이라는 그 전에도 비슷한 보고를 받은 적이 있었기 때문에 무시했다. 그는 '더 컨셉트'를 강조하면서 이집트의 공군력이나 미사일이 아직 이스라엘을 제압할 수준이 되지 못한다는 말을 되풀이 했다. 다음 날과 그 다음날 이집트군의 움직임 뿐 아니라 시리아군의 동향도 심상치 않다는 보고가 올라왔다. 골다 메이어 총리가 회의를 소집했고 이번에도 제이라는 큰 걱정할 필요 없다고, 통상적인 훈련이라고 다독였다.[32]

10월 4일 이스라엘은 감청을 통해 시리아와 이집트에 파견된 소련의 군사 고문관들과 그 가족들이 극비리에 공항에 집합해서 소련으로 돌아간다는 것을 알아냈다. 항공사진에서도 수에즈 운하와 골란 고원 주변에 지상군과 탱크가 배치되어 있는 것이 보였다.[33] 5일 아침 군 수뇌부가 6일 전쟁의 영웅이자 국방장관인 모세 다얀

Moshe Dayan의 집무실에 모였다. 다얀이 아랍군의 동태를 경계해야 한다고 주장하고, 육군참모총장도 그에 동의했다. 그러나 제이라는 여전히 전쟁 가능성은 매우 낮게 보고 있었다. 총리 집무실에서 이어진 회의에서도 제이라는 이집트와 시리아의 공격가능성은 없다고 잘라 말했다.

'더 앤젤'의 제보

욤 키푸르 첫 날인 10월 6일 새벽, 이스라엘은 결국 전쟁이 일어날 거라는 것을 알게 되었다. 적군의 움직임을 보고 안 것이 아니라 앞에서 언급한, 이집트의 국부國父 나세르의 사위이자 사다트 대통령의 최측근에 있는 모사드 스파이, '더 앤젤'이 '이집트가 전쟁을 시작한다'라는 확실한 메시지를 전한 것이다.[34]

1973년 10월 4일 '더 앤젤' 아사라프 마르완은 파리를 방문해서 런던의 모사드 연락책에게 전화를 걸었고 저녁에 그 메시지가 런던에 주재한 모사드 요원(암호명 두비Dubi)에게 전달되었다. 그 메시지는 '화학물질(chemicals)'이라는 암호를 포함하고 있었는데 이는 이집트가 곧 전쟁을 시작한다는 의미였다.[35] 마르완은 즈비 자미르Zvi Zamir 모사드 국장과의 긴급 면담을 요청했고 10월 5일 밤 런던의 안전가옥에서 두 사람이 만났다. 그 자리에서 마르완은 '내일 사다트가 전쟁을 시작할 것'이라고 알렸으나 발발 시간은 일몰 무렵, 즉 오후 5시 20분경으로 잘못 알려 주었다. 불과 그 2일 전 다마스쿠스에서 열린 이집트와 시리아의 비밀 회담에서 전쟁 개시 시각을 '해질 무렵'에서 오후 2시로 앞당긴 것을 몰랐던 것이다.[36] 자미

사다트와 카다피(앞줄 왼쪽부터), 그리고 '더 앤젤'(뒷줄 가운데 붉은 표시) | 우리 바 요셉Uri Bar-Joseph의 책『더 앤젤: 이스라엘을 구한 이집트 스파이』의 표지사진이다. 아사라프 마르완의 일대기를 다룬 이 책은 정말 흥미진진하다. 살라딘Saladin(1137~1193)이래 가장 위대한 아랍 지도자라는 이집트의 국부 나세르의 사위가 이스라엘의 스파이라니! 이 책은 이스라엘 감독 아리엘 브로멘Ariel Vromen에 의해 〈The Angel〉이라는 제목으로 영화화 되었다(사진출처: HarperCollins Publishers).

르의 명령으로 이스라엘의 모사드 본부에 '오늘 일몰 무렵 전쟁이 시작된다'는 암호문이 전달된 것이 10월 6일 새벽이었고, 새벽 4시 30분경에는 이스라엘 수뇌부 모두가 잠에서 깨어나 그로부터 열세 시간 이내에 전쟁이 일어날 것을 알게 되었다.[37]

메이어 총리는 아침 8시경부터 다얀 국방장관, 합참의장 다비드 엘라자르David Elazar와 회의를 열었다. 엘라자르가 선제공격을 제안하였으나 메이어는 반대했다. 메이어는 닉슨 행정부로부터 중동에

10월 전쟁 당시 이스라엘 수뇌부 | 우측부터 메이어 총리와 다얀 국방장관. 그들은 모든 정보를 갖고 있었음에도 불구하고 이집트와 시리아의 기습을 허용했다(사진출처: 로이터).

서 새로운 전쟁을 시작하지 말라는 경고를 지속적으로 받고 있었고, 바로 그날 욤 키푸르 첫 날에도 키신저 당시 미 국무장관으로부터 선제공격은 안 된다는 말을 들었다. 만약의 경우 미국의 도움이 절실한 이스라엘이 미국의 뜻을 거역할 수는 없었다.

긴급 소집한 국무회의가 정오에 시작되어 두 시간 정도 진행되고 나서, 해질녘보다 훨씬 이른 오후 2시, 시나이 반도에 이집트 포병대의 포탄이 장대비처럼 쏟아지기 시작했다. 오후 4시에는 2만3천 명의 이집트 육군이 수에즈 운하를 넘어 침공했고, 거의 동시에 시리아군은 골란 고원으로 진격했다. 이스라엘은 속수무책으로 당했다. 욤 키푸르 날인데다가 너무 급작스럽게 당한 기습인지라 예비군을 동원할 수 없었고, 엄청난 수적 열세 탓에 1만 명 이상의 이스라엘 병사가 전사하거나 부상했다.[38]

이스라엘 육군과 공군의 치열한 항전으로 사흘 만에 적의 공세를 누그러뜨리고 결국 그달 말 전쟁을 멈추었으나 전쟁 발발 후 사흘간 당한 공격은 이스라엘군 뿐 아니라 국민 전체에게 깊은 상처를 남겼다.

'악마의 변호인' 오피스

이 전투 이후 이스라엘 군 정보국 AMAN은 아무리 허황되거나 실제 일어날 가능성이 희박해 보이는 시나리오도 검토하고 그 가능성을 타진하는 식으로 의사결정을 하게 되었다. 영화 〈월드 워 Z〉처럼 'tenth man', 즉 열 번째 사람을 도입한 것이다. 야이르 라빈 Yair Livne은 스탠포드 대학 경제학 박사로 AMAN에서 리서치팀 리더로 일한 이색 경력을 갖고 있다. 그는 이스라엘 방위군 연구 본부장을 지낸 요세프 커퍼와세르Yosef Kupperwasser의 설명을 바탕으로 이스라엘 군 정보부가 73년 10월 전쟁 이후 도입한 악마의 변호인 정책을 다음과 같이 설명한다.

악마의 변호인 오피스는 AMAN의 정보 평가가 창의적이며 집단 사고의 희생물이 되지 않도록 보장하는 역할을 한다. 이 오피스는 분석 부서와 정보 생산 부서에서 나오는 보고서들을 정기적으로 비난하고 이들 부서의 평가에 반대되는 의견을 담은 보고서를 작성한다. 악마의 변호인 오피스에 있는 직원들은 창의적이고 '틀에 박히지 않은' 사고방식을 가진 것으로 알려진 매우 경험 많고 재능 있는 장교들로 이루어져 있다. 그들은 (AMAN 내의 다른 군사정보) 분석가들에 의해 높이 평가되고 있다. 이렇게 함으로써, 그들의 결론은 주목 받고, 그들의 메모는 모든 주요 의사 결정자들뿐만 아니라 군사 정보국장의 사무실로 바로 보내진다. 악마의 변호인실은 또한 보안 환경 내에서 근본적이고 부정적인 변화가 발생할 가능성을 조사하는 보고서를 작성하여 집단사고와 일반적인 통념을 적극적으로 타파하고 있다. 이는 군에서 그러한 일이 벌어질 가능성이 없다고 생각하는 경우에도, 정확히 그 대체 가능성과 최악의 시나리오를 추정하기 위해 이루어지는 것이다.[39]

우연의 일치인지는 모르나 이 악마의 변호인 정책이 시작된 이후 아직까지는 이스라엘이 아랍 측의 기습공격을 허용한 적은 없었다. 오히려 그 반대로, 이스라엘은 완벽한 정보력을 바탕으로 번번이 아랍 측의 허를 찌르는 기습공격을 단행했고(1981년의 이라크 원전 폭격과 2007년의 시리아 원전 폭격이 대표적이다), 그때마다 아랍 진영의 핵무기 개발을 확연하게 지연시키는, 그들로서는 대단히 큰 성과를 거두었다.

물론 악마의 변호인이 있다고 해서 그것이 모든 예상치 못한 참사를 미연에 방지하는 것은 절대 아니다. 조직이 갖고 있는 자원과 시간의 제약 때문에, 모든 위험요소를 고려해 업무를 처리하거나 전략을 짜는 것은 현실적으로 불가능하다. 그러나 악마의 변호인이 제기한, '만에 하나 일어날 수 있는 사건'이 발생할 때, 그런 제도가 있는 조직과 없는 조직의 대처는 하늘과 땅 차이일 것이다. 악마의 변호인이 있는 조직에서는 그 사건에 대한 예상과 함께 대비책에 대한 거론이 있을 것이므로, 적어도 조직 전체가 그 사건에 대한 센스메이킹을 하는 시간은 확연하게 단축할 수 있다. 반면, 없는 조직에서는 '도대체 이 사건이 왜 일어났고, 무슨 의미가 있는 사건인지'를 깨닫는 데도 엄청난 시간이 필요하다(9·11 테러를 생각해 보라). 많은 비상사태가, 그 해결책의 제시와 실행을, 특정한 골든타임 이내에 해야 하는 경우가 많다. 그 황금 같은 시간을 아낄 수 있다는 점에서, 비록 그 사태 자체를 미연에 방지하지는 못하더라도, 악마의 변호인이 유용한 것이다.

6. 흩어져 있는 점들을 연결하라

하이에크, 위키피디아, 지식기반관점, 그리고 경쟁우위

센스메이킹은 어떤 의미에서는 '흩어져 있는 점들을 연결하는 행위'다. 영어식 표현인 셈인데, 스티브 잡스의 2005년 스탠포드 대학 졸업식사로 유명해진 이 '(흩어져 있는) 점들을 연결한다(connecting the dots)'는 관용구는 여러 개의 서로 다른 생각이나 경험들의 관계를 통해 큰 그림을 이해한다는 뜻으로 쓰인다. 센스메이킹에서 흩어진 점들은 주로 의사결정을 하는 당사자의 경험일 수도 있고 지식이나 정보일 수도 있다. 다만 기업 경영자 입장에서의 지식과 정보는 단순히 해당기업의 연구개발 부서에서 이루어지고 있는 신제품이나 경쟁회사가 준비 중인 제품이나 서비스에 국한되지 않는다. 소비자가 무엇에 관심을 갖는지, 뭘 버리고 뭘 사는지에 관심을 가져야 하고, 연구소나 대학에서 어떤 연구가 이루어지고 있는 지에도 관심을 두어야 한다.

1974년도 노벨경제학상 수상자인 프리드리히 하이에크가 1945년 발표한 '사회 내의 지식 활용(Use of Knowledge in Society)'은 경제학 분야의 최고 학술지인 『아메리칸 이코노믹 리뷰(AER)』가 2011년 창간 100주년을 기념하기 위해 선정한 'AER 역대 최고 논문 Top 20'안에 드는 명 저작이다. 위키피디아의 창업자 중 하나인 지미 웨일스Jimmy Wales는 이 논문을 대학생 시절에 읽고 위키피디아를 운영하는 데 가장 핵심적인 아이디어를 얻었다고 고백한 바있다.[40]

하이에크가 그 논문에서 말하는 핵심 주장은 한 사람이 갖는 지식은 사회 전체가 소유한 지식의 지극히 일부분에 지나지 않으며, 사람들의 지식이 모두 동원되어야 비로소 학문적 진리가 이루어진다는 것이다. 하이에크는 이 논문을 계획경제를 주장하는 오스카 랭지Oskar R. Lange에 대한 반박 성격으로 집필했고, 결국 계획경제는 시장경제를 따라 올 수 없다는 주장을 펴기 위한 의도로 이 이야기를 한 것이다. 반면 지미 웨일스는 이 주장을 일종의 오픈 이노베이션, 그리고 집단적인 협업의 장점을 강조하는 것으로 해석하여 위키피디아를 창업하였다.

사실 하이에크의 이 논문은 경영전략 분야의 한 흐름인 지식기반 관점(Knowledge based perspective)의 뿌리가 되는 논문으로도 유명하며 경영전략의 가장 큰 줄기 중 하나인 자원기반 관점에도 어느 정도 영향을 끼쳤다. 1991년 노벨경제학상을 수상한 시카고 대학의 로널드 코스Ronald Coase는 1937년에 발표한 고전 논문에서 조직이 아니라 개인이 생산과정의 모든 단계를 담당한 후 시장을 통해 생산품을 거래한다면 어떻게 될까라는 질문을 통해 기업의 존재이유를 설명하였다. 즉 처음 원료를 구입한 생산자가 이를 가공해 팔고, 다음 단계 생산자는 가공된 원료로 부품을 만들어 파는 식으로 원료 구입부터 조립까지 각 단계별로 개별 생산자가 따로 있을 경우 시장에서의 거래 비용이 더 들 가능성이 높다는 것이다.[41]

이 주장을 발전시킨 올리버 윌리엄슨Oliver Williamson 역시 2009년 노벨경제학상을 수상하는데 그가 집대성한 이론이 바로 거래비용이론이었다. 그의 주장에 따르면 시장을 통한 거래에서 발생하는 거래비용이 지나치게 크기 때문에 거래를 내부에서 행하는 조직, 즉 회사가 출현한다는 것이다.[42] 기업의 탄생이유에 대한 더욱 최근의 시각은 바로 이 거래비용이론에서 한걸음 더 나아가고 있는데 그것이 바로 지식기반 관점이다. 지식기반관점에서는 지식을 시장에서 거래(Market transaction)하는 것보다 기업을 통해 조직내부에서 하는 것이 지식의 공유와 이전이 쉽기 때문에 기업이 존재한다고 주장한다.

예컨대 고셜과 모란Goshal and Moran은 기업이라는 조직의 존재가 시장에서의 거래에 비해 갖는 장점은 단순히 거래비용의 절감이라는 것뿐 아니라, 제품과 서비스를 생산하는 과정에 있어서 각 개인이 갖고 있는 지식을 관리하고 사용하는 데에 있다고 지적하였다.[43] 비슷한 맥락에서 그랜트Grant 역시 기업의 가장 큰 책무 중의 하나는 여러 전문가(Specialists)들의 노력을 조정하는 일이라 주장하였다. 기업은 일종의 지식과 정보로 이루어진 조직인데, 그 기업이 갖고 있는 ─ 정확히는 그 기업에서 일하는 사람들이 갖고 있는 ─ 여러 가지 지식과 정보를 배열하여 쓸모 있는 자원과 능력, 그리고 물건과 서비스를 만들어 내는 것이 기업 경쟁력을 증가시키는 일일 뿐만 아니라 기업의 존재 이유라는 것이다.[44]

결국 기업의 능력은 흩어진 점들을 연결하여 지식의 활용을 잘하는 데 있다는 것인데 여기서의 지식은 꼭 조직 내의 지식만을 의미하지는 않는다. 조직 외부에 존재하는 지식이나 자원의 활용도 기업에게는 매우 중요하다. 다만 지식이나 자원시장이 효율적이라면 특정기업이 외부의 특정 지식이나 자원을 독점하여 경쟁우위를 누리기는 어려울 것이다. 효율적인 시장에서라면 같은 돈을 가진 어느 누구에게나 같은 정보와 기회가 있듯이 효율적인 지식 또는 자원 시장은 모든 기업에게 그 지식이나 자원을 사들일 공평한 정보와 기회를 부여할 것이기 때문이다. 누구나 살 수 있는 자원이나 지식이라면 그것이 나만의 경쟁우위가 될 수는 없다.

경영전략의 패러다임 중 하나인 자원기반 관점의 거두인 제이 바니는 자원선택을 통한 기업의 경쟁력 증가는 다음 두 가지 경우가 충족될 때 가능하다고 설명한다. 첫째, 특정기업이 해당 자원의 가치에 대한 우월적 정보를 갖고(즉 자원시장이 완벽히 효율적이 아니고), 둘째 그 자원이 다른 자원들과의 결합에 활용되어 가치가 더 높아지는 경우이다.[45] 전자의 경우는 앞서 설명한 대로 야구팀 오클랜드 어슬레틱스가 저예산으로도 세이버메트릭스라는 새로운 선수 선발 기준으로 저평가된 우량자원, 즉 우수선수들을 뽑은 것이 한 예라고 하겠다. 다음에 소개할 두 가지 사례, 즉 마이크로소프트의 QDOS 구입과 애플의 1.8인치짜리 도시바 하드디스크의 구입은 위의 두 가지 경우를 다 충족하는 좋은 예들이다.

마이크로소프트의 QDOS구입

1980년대 초 마이크로소프트는 IBM으로부터 IBM PC의 운영체제를 만들어 달라는 요청을 받는다. 빌 게이츠는 이것이 앞으로 엄청나게 성장할 PC소프트웨어 시장을 장악하게 할, 하늘이 주신 기회라는 것을 알아차렸다. 단 문제는 당시 마이크로소프트에게는 IBM이 요구하는 운영체제를 짧은 시간에 만들어 낼 역량이 없었다는 것이다.

이에 마이크로소프트는 같은 도시에 위치한 시애틀 컴퓨터 회사(Seattle Computer Products)라는 구멍가게만한 벤처기업이 만들어 낸 'QDOS'라는 이름의 프로그램을 돈을 주고 사게 된다. 처음 지불한 가격은 25,000달러로 이것은 마이크로소프트가 이 QDOS를 쓸 수 있는 라이선스의 가격이었고 그 이듬해 추가로 5만 달러를 지급하고 아예 QDOS에 관한 일체의 권리를 시애틀 컴퓨터 회사로부터 양도받게 된다. 당시 시애틀 컴퓨터 회사 측에서는 마이크로소프트가 이 QDOS로 뭘 하려는지에 대한 정보는 전혀 없는 상태에서 상대적으로 헐값인 5만 달러에 그 모든 권리를 양도한 것이다.

마이크로소프트는 바로 이 QDOS를 약간 수정해 MS도스를 만들어 냈고 이것이 바로 당대 최강의 PC기업인 IBM의 표준운영체제가 되었다. 그 후의 역사는 잘 알다시피 도스의 성공을 바탕으로 명성을 얻은 MS는 윈도우라는 후속 운영체제를 개발하게 되고 이것으로 빌 게이츠는 20세기 말부터 21세기 초, 거의 사반세기에 가까운 기간 동안 세계 최고의 부자로 등극하게 된다.

1980년 당시 MS는 QDOS라는 해당 자원의 가치에 대한 우월적 정보(즉 IBM이 운영체제를 찾고 있고 이 QDOS가 운영체제 역할을 할 수 있을 것이라는 정보)와 다른 자원들과의 결합(시애틀 컴퓨터 회사로부터 사들인 QDOS와 'MS와 IBM과의 관계'라는 마이크로소프트의 또 다른 자원의 결합), 두 조건이 모두 충족되었기 때문에 여타 소프트웨어 기업을 따돌리고 독보적인 경쟁력을 보유하게 된 것이다.

애플의 1.8인치짜리 도시바 하드디스크의 구입

1990년대 말까지만 하더라도 애플은 일부 마니아층의 소비자들에게만 사랑받는 맥 컴퓨터만을 주로 판매하는 회사였다. 애플은 보다 넓은 계층의 소비자들에게 다가가기 위해 고민하고 있었는데 2000년 스티브 잡스는 바로 그런 노력의 하나로 음악기기, 즉 MP3 플레이어를 만들자는 아이디어를 낸다.

당시 애플의 2인자였던 존 루빈스타인John Rubinstein은 이 생각에 그렇게 적극적이지 않았는데 루빈스타인이 망설인 이유는 아직 MP3플레이어를 만들기에는 부품 산업이 충분하게 발전하지 않았다는 이유였다. 기존의 휴대용 음악기기에 비해 장점을 가지려면 제품의 사이즈와, 음악을 저장할 수 있는 메모리 측면에서 MP3 플레이어가 CD 플레이어를 비롯한 다른 기기들에 비해 획기적으로 앞서야만 한다는 것이 루빈스타인의 생각이었다.

　문제는 음악을 저장할 수 있는 공간으로 고려되는 두 부품군 ─ 하드디스크 드라이브와 플래시메모리, 즉 USB용 칩 ─ 에게 모두 결정적인 하자가 있었다는 것이다. 하드디스크 드라이브의 문제점은 그 물리적 크기였다. 당시의 표준 하드디스크 드라이브는 2.5인치였다. 2000년대 중반에서 2010년대 초반까지 많이 사용하던 컴퓨터 외장하드 디스크를 연상하면 될 것이다. 1세대 갤럭시 스마트폰 정도의 높이와 너비에 두께가 1센티미터 정도는 되는 크기였다. 그런 사이즈의 부품으로 MP3플레이어를 제조하면 아마 필자가 1980년경 사용하던 1세대 워크맨보다 딱히 더 작은 제품을 만들기 어려웠을 것이다. 즉 MP3플레이어의 생명이라 할 수 있는 휴대성이라는 관점에서 낙제점을 면하기 어려웠다.

　반면 플래시메모리의 문제점은 저장 용량의 부족이었다. 잡스가 음악기기 시장에 진출을 고려하던 2000년 당시 합리적인 가격의 USB칩의 평균 용량은 64메가바이트 정도였다. 이런 칩으로 음악을 저장하는 MP3플레이어라면 어떤 음질로 저장하느냐에 따라 다르겠지만 대충 15곡정도 들어갈 것이다. 즉 이번 주 탑 20에 들어가는 히트곡들도 다 저장하지 못하는 것이다.

　그런데 2001년 2월 일본 출장길에 오른 존 루빈스타인은 오랜 공급기업인 도시바를 방문하였다가 뜻밖의 시제품을 마주하게 된다. 도시바가 막 개발에 성공한 1.8인치짜리 하드 디스크 드라이브였다. 1달러 은화만한 크기에 매우 얇은 하드 디스크 드라이브로, 값은 기존 2.5인치 하드 드라이브에 비해 같은 용량일 경우 배 정도 비쌌다. 개발사인 도시바조차 이 하드 드라이브로 뭘 할 수 있을지 몰라서 고민하던 차였다. 기존의 노트북 컴퓨터는 2.5인치 하드로 도 충분히 얇게 만들 수 있었고, 무엇보다 값이 비쌌기 때문에 컴퓨 터 제조업체들에게는 그다지 매력적인 부품이 될 수 없었기 때문 이다.

존 루빈스타인은 도시바의 1.8인치 하드를 보는 즉시 이 물건으 로 무엇을 할 수 있을 지 알아차렸으나 그 자리에서는 별 관심 없다 는 듯이 포커페이스를 유지하였다. 그리고 마침 그 무렵 동경에서 열린 맥월드 컨퍼런스에 기조연설을 하기 위해 일본을 방문한 스 티브 잡스와 저녁에 만났다. 그는 "(그 저장 공간 문제를) 어떻게 할 지 알았어요. 내가 1,000만 불만 쓰게 해 주세요"고 자신 있게 잡스 에게 선언하였다.[46] 잡스는 그 자리에서 1,000만 달러를 쓰는 것을 허가하였고 루빈스타인은 도시바를 다시 방문하여 1.8인치 하드 드라이브를 전량 공급받는 계약을 체결하게 된다. 그래서 탄생한 것이 2001년 선보인 1세대 아이팟이다.

다음 쪽 사진의 왼쪽이 2001년 등장한 1세대 아이팟이고 오른쪽 은 그 이듬해인 2002년 등장해 국내에서 선풍적인 인기를 끌었던 국내기업 아이리버가 만든 IFP-100이다. IFP-100는 당시로서는 최 신, 최대 용량의 플래시메모리를 써서 무려 256메가바이트라는 저 장 공간을 자랑하였다. 60곡정도 저장이 가능한 것이다! 60곡이라 면 적어도 이번 달에 히트하는 곡들은 대충 다 포함시킬 수 있을 것 이다. 그렇다면 그 전해에 등장한 1세대 아이팟의 저장 공간은 얼 마였을까? 놀라지 마시라. 5.4기가바이트였다. 5.4기가바이트

좌측 아이팟 1세대(2001)과 우측 아이리버의 IFP-100(2002)

1세대 아이팟 | 1세대 아이팟의 저장공간은 5.4기가바이트로 당시로서는 획기적인 크기였다.

아이리버 IFP-100 | IFP-100의 저장공간은 아이팟보다 1년 늦게 출시되었음에도 불과 256메가바이트였다.

라면 1,000곡 가까이 저장이 가능하다. 1,000곡이라면 웬만한 사람들에게는 일생의 음악이 다 들어가는 셈이다. 필자의 경우라면 1970~80년대 어린 시절 즐겨 듣던 아바, 레드 제플린, 퀸, 비지스, 조용필부터 2010년 이후 듣기 시작한 힙합 음악들까지 다 포함되는 것이다. 아이팟이 당시 여타 MP3 플레이어에 비해 얼마나 큰 장점을 가지는지를 보여주는 사례이다.

이 아이팟 개발 사례에도 마이크로소프트가 도스를 만들어(정확하게는 사서) PC운영체제 시장을 석권하던 당시와 비슷한 패턴이 발견된다. 즉 제이 바니의 지적대로 특정기업이 해당 자원의 가치에 대한 우월적 정보를 갖는 경우와 그 자원이 다른 자원들과의 결합에 활용되어 가치가 더 높아지는 경우 두 가지 다 해당되는 것이다.

애플은 도시바의 1.8인치 하드디스크 드라이브의 가치에 대한 우월적 정보를 갖고 있었다. 즉 당시로서는 별 쓸모가 없어 보이는 '작고 가늘지만 값이 너무 비싼' 하드 디스크 드라이브가 노트북 컴퓨터가 아닌 MP3 플레이어용으로는 매우 유용한 것이라는 사실이다. 그리고 도시바의 이 하드 드라이브가 애플이 갖고 있는 뛰어난 디자인 역량과 결합되어 그 가치가 더 높아진 것이다. 기업들은 자신들이 가진 역량과 외부의 자원이 결합되었을 때 어떤 시너지가 날 것인지를 끊임없이 고민하고 탐색하여야 한다. 그렇기 때문에 이 7절의 제목, '흩어져 있는 점들을 연결하라'라는 주장이 나온 것이다. 즉 우리가 가진 자원과 역량이 외부의 그것들과 시너지를 내게 하기 위해서는 단순히 우리 회사의 연구개발부서에서 무엇을 하는지 파악하는 것으로는 부족하다. 경쟁 기업 및 관련 기업의 연구동향은 물론 대학의 연구소 등에서 이루어지는 첨단 연구도 주목하여야 한다. 『사이언스Science』나 『네이처Nature』를 비롯한, 과학 학술지의 최신 내용도 꿰고 있어야 하는 것이다.

제8장

개인의 센스메이킹: 어떻게 키울 것인가?

이 책을 처음 구상하기 시작한 시기는 이세돌과 알파고의 대국이 열리던 즈음이었다. 아직은 컴퓨터나 인공지능이 범접할 수 없다고 생각해 왔던 영역, 즉 인류가 만든 가장 어려운 두뇌게임 바둑에서, 세계 최강 기사 중 하나인 이세돌 9단이 기계에 속절없이 패배하는 것을 많은 한국인이 공포 속에 바라보던 그 시점이다. 그 이후 알파고는 곧 인공지능, 즉 AI의 대명사가 되었고 한국인들은 앞으로 수많은 직업들이 이런 알파고들에게 대체될 것이라 걱정하게 되었다. 물론 그 걱정은 현재도 유효하다. 하지만 필자는 이 책을 쓰면서 아직도 기계가 범접하기 어려운 인간의 영역이 있다면 그것은 오히려 복잡하고 섬세한 센스메이킹을 요구하는 직업일 것이라 생각하였다.

예컨대 AI 덕에 미래에 위협받을 일자리 중의 하나로 많은 사람들이 의사를 꼽는다. 그 어떤 명의도 특정 증상에 대해 인공지능처럼 많은 사례와 연구결과를 바탕으로 보다 더 정확한 의사결정을 할 수는 없을 것이다. 그럼에도 불구하고 필자는 의학에 있어서 많은 임상영역이 당분간은 인공지능에 완전히 대체되기 어려울 것이라 생각한다. 그 이유는 단순히 엑스레이나 MRI머신, 또는 인체에 튜브로 연결된 컴퓨터로는 측정할 수 없는, 또는 판단이 어려운 영역이 있을 것으로 생각되기 때문이다. 이 글 앞부분에 소개된 간호사 제인의 사례가 한 예이다. 의사나 간호사가 수시로 환자를 돌보고 단순히 기계로 나타나지 않는 환자의 상태를 파악해서 해결책을 찾아내는 것은 아무리 훌륭한 알고리즘을 가진 기계라도 완벽히 대체하기는 당분간은 어려울 것으로 생각된다.

영국의 저술가이자 언론인인 루크 도멜Luke Dormehl은 2017년 출간된 저서 『생각하는 기계: 인공지능을 향한 여정(Thinking Machines: The quest for artificial intelligence)』에서 궁극적으로 AI는 고용에 관한 한, 총합으로는 실보다는 득을 더 많이 제공할 것이라 주장했다. 1900년 미국의 노동인구 중 40%는 농업에 종사하였고 같은 시기 20% 조금 넘는 사람들이 제조업에 종사하였다. 2015년 이 수치는 각각 2%(농업)와 8.7%(제조업)로 줄어드는데, 실제 일하는 국민의 비율은 1900년 전체 국민의 31%에서 2015년 44%로 오히려 증가하였다. 즉 미국에서 자동화, 기계화로 사라진 일자리보다 더 많은 새로운 일자리가 창출되었다는 뜻이다. 그리고 그 기간 중 시간당 임금은 인플레이션을 감안해도 11배 정도 증가하였다.[1]

컨설팅업체 프라이스워터하우스쿠퍼스(PwC)도 2018년 발간한 보고서를 통해 향후 20년간 AI와 자동화 덕에 더 많은 일자리가 생길 것으로 예측했다. PwC는 2017년부터 2037년 사이에 로봇과 인공지능으로 사라지는 일자리는 700만 개인 반면, 생산 비용이 감소하고 지출이 늘면서 결과적으로 720만 개의 일자리가 새롭게 생길 것으로 전망했다.[2]

반면 AI는 기존에 인간을 대체했던 증기기관이나 트랙터, 공장 자동화와는 비교도 안 될 정도의 파괴력을 가질 것이라는 비관론도 존재하고 실제 그런 경향이 이미 발생한다는 연구결과도 있다. 대런 에이스모글루Daron Acemoglu와 파스쿠알 레스트레포Pascual Restrepo 는 2017년 발표한「로봇과 직업: 미국 노동시장으로부터의 증거 (Robots and Jobs: Evidence from US Labor Markets)」라는 논문에서 1990년부터 2007년까지의 데이터를 활용해 미국에서 로봇과 공장자 동화의 활용이 결국 일자리와 임금 감소로 이어졌다고 보고하였다.[3]

그러나 나는 앞서 '들어가는 말'에서 주장한 대로, 여전히 기계 가 할 수 없는 영역이 있고, 그런 면에서 센스메이킹은 4차 산업혁 명의 시대에 더욱 중요한 덕목으로 자리할 것이라 믿는다. 그런 점을 고려하여, 기업경영자가 아닌 일반대중들에게 센스메이킹 의 능력을 높이기 위한 비교적 간단한 방법 몇 개를 제안한다면 다 음과 같다.

1. 꾸준히 신문 읽기

너무나도 평범한 제안이어서 독자들의 하품이 나올지 모르지만 이 제안을 하기에 앞서 한 가지 전제조건이 있다. 신문 읽기라면 그것 이 노트북이나 타블렛 PC를 통해서 읽는 것이건 스마트폰을 통해 서 읽는 것이건 읽지 않는 것보다는 분명 센스메이킹에 도움이 된 다. 신문은 '현재의 세상이 어떻게 돌아가는지'를 파악하기에 가장 효율적인 수단이다. 단 전제조건은 오랜 기간 꾸준히, 그리고 매일 한두 기사만을 읽는 것이 아니라 많은 기사를 섭렵해서 읽어야 한다는 것이다. 또한 인터넷과 스마트폰의 등장은 대중에게 정보가 전달되는 과정을 송두리째 바꾸어 놓았다는 점을 미리 지적하고 싶다.

야후의 창업자인 제리 양Jerry Yang은 2000년대 초반 한 기자간담회에서 종이신문의 미래를 예측해달라는 질문을 받았다. 야후가 정보전달의 가장 중요한 채널이 되어 있던 시절이어서 이 질문은 매우 시의적절한 것으로 여겨졌다. 제리 양은 그 자리에 모여 있던 대부분의 기자들의 예상과는 다르게 종이신문의 미래에 대해서 대단히 낙관한다는 전망을 내 놓았다. 그러면서 덧붙인 이유는 야후 창업자인 자신조차 화장실에 큰일을 보러 갈 때 종이신문을 들고 가지 노트북 컴퓨터를 들고 가지는 않는다는 것이었다. 웃자고 한 이야기였으나 당시로서는 그게 말이 되는, 즉 메이크 센스한 답변이었다. 물론 그것은 아이폰이나 아이패드 등장 이전의 이야기다. 이제는 정말 화장실에서 종이신문을 보는 사람보다는 스마트폰을 들여다보는 사람이 압도적으로 많다. 그런 측면에서 종이신문의 미래는 그렇게 밝지 않다고 주장하는 사람들도 있다. 실제 주변을 둘러보면 종이신문을 구독하는 사람보다는 스마트폰이나 타블렛 PC를 통해 신문을 읽는 사람이 훨씬 많다.

문제는 화면으로 읽는 뉴스, 특히 포털을 통해 읽는 뉴스는 어떤 정보가 중요하고 어떤 정보가 중요하지 않은지를 깨닫게 해주는 데는 종이신문보다는 아주 많이, 그리고 그 신문 사이트를 보여주는 PC화면보다도 훨씬 부족하다는 것이다. 모바일 디바이스, 특히 스마트폰에서 보이는 뉴스는 그 신문사가 어떤 뉴스를 가장 중요하게 나타내는지를 확인하기 어렵다. 즉 그 신문사가 생각하는 뉴스의 중요도는 1면과 2면 그리고 각 면에서의 배치와 분량에 따라 결정된다. 그러나 모바일 버전에서는 어떤 기사가 1면 머리기사인지, 어떤 기사가 장문의 르포 기사인지, 단문의 기사인지도 제목만으로는 확인하기 어렵다. 이런 경우 모바일 디바이스만으로 뉴스를 습득하는 독자는 대개 정보를 상당히 '편식'하게 된다.

그러나 종이신문으로 정보를 습득하는 독자는 어떤 정보가 중요한지를 신문사의 기사 배치에 따라 자연스럽게 깨닫게 된다. 신문의 기사 배치는 그 신문사가 어떤 정보를 가장 중요하게 여기는지를 나타내는 신호이기 때문이다. 물론 신문사의 주관이 개입된다는 측면에서 이 역시 객관적인 정보의 중요도를 나타내지는 않는다. 그러나 제한적 합리성을 잊지 마시라. 완벽하게 객관적인 정보 취득이란 있을 수 없다. 게다가 전통 있는 각 신문사, 특히 『월스트리트 저널』이나 『파이낸셜 타임스』, 『뉴욕타임스』나 한국의 유수 일간지들의 편집장이라면 적어도 해당 분야에서 20년 또는 30년 이상 일한 베테랑들이다. 그들의 시각이 반영된 뉴스 배치가 뉴스의 우선순위를 보여주지 않는 모바일 뉴스보다는 훨씬 낫다는 것이다.

특히 모바일 사이트 또는 포털 사이트에서 보여주는 기사 검색 순위는 지금 대중이 어떤 뉴스에 가장 관심을 갖는지를 보여주는 척도는 되지만 그 순위가 그 정보의 객관적 가치나 중요성을 나타내는 것은 결코 아니다. 필자도 케이팝을 좋아하고, 한류의 성공에 박수치긴 하지만, 인기 걸그룹이 공항에 무슨 옷을 입고 나타났는지가 정말로 그 시간대의 가장 중요한 뉴스라 생각하는가?

신문의 중요성을 강조한 유명인사는 수두룩하게 많지만 그 중 필자와 같은 중년세대에게 많이 알려진 사례는 현대그룹의 창업자 정주영일 것이다. 박정희 대통령이 정주영 회장과 청와대에서 만나 "소학교 졸업장 밖에 없는 임자가 우리나라 최고 명문대를 나온 직원들을 어떻게 그렇게 잘 다루느냐"고 물었다고 한다. 정 회장은 "신문대학을 나와 누구보다 신문을 열심히 읽었기 때문에 대학 졸업장이 없어도 직원들보다 제가 낫습니다"라 대답하였다. 실제 그는 어릴 적부터 매일 10리 길을 걸어 구장 댁에 배달되는 신문을 읽었다. 그 어릴 적 습관은 어른이 되어서도 계속되어 정주영 회장은 새벽마다 자택으로 배달되는 모든 일간지를 1면부터 끝 면까지 정독하는 것으로 하루 일과를 시작하였다고 한다.

오마하의 현인이라 불리는 가치투자의 전설이자 세계 최고 갑부의 하나인 워렌 버핏Warren Buffett은 자신을 신문중독자(News Addictive)라 불러 달라고 하였다. 앞서 언급한 제리 양처럼 그 역시 신문만한 정보의 보고寶庫는 없기 때문에 신문의 미래에 대해 낙관한다고 주장하였다. 다만 여기서 특정신문을 보는 것이 이념적 편향성을 갖게 하지는 않을까 하는 지적을 할 수 있다.

물론 가능하다면 다양한 이념적 스펙트럼을 섭렵하기 위해 정치적으로 비교적 진보적인 성향의 신문(이를 테면 『한겨레신문』이나 『경향신문』 같은)과 보수적인 성향의 신문(『조선일보』나 『동아일보』)을 같이 구독하면 좋을 것이다. 그러나 대부분의 독자에게 하나도 구독하기 힘든 종이신문을 복수로 구독하라는 것은 현실성이 매우 떨어지는 주문이다. 따라서 앞서 언급하였듯이 신문 읽기라면 그것이 PC를 통해서 읽는 것이건 스마트폰을 통해서 읽는 것이건, 읽지 않는 것보다는 훨씬 낫다는 점, 그럼에도 불구하고 종이신문이 제일 좋고 모바일 버전보다는 PC로 보는 해당 신문 사이트가 낫다는 점을 강조하고 싶다. 다만 여기서 주의할 점은 한 매체를 선택하더라도 극단적인 성향의 정치 매체보다는 주류에 가까운 매체를 고르라는 것이다.

매튜 젠스코Matthew Gentzkow는 스탠포드 대학의 교수로 미국경제학회(AEA)가 경제 사상과 지식에 큰 기여를 한 40세 미만 경제학자에게 주는 상인 '존 베이츠 클라크 메달'을 받은 저명 경제학자이다. 그는 동료교수 제시 사피로Jesse Shapiro와 함께 「온라인과 오프라인에서의 이념적 분리」라는 논문을 발표하였다. 그의 연구에 따르면 미국의 대다수의 미디어 독자들은 극좌나 극우 사이트가 아닌 주류 언론을 통해 정보를 취득한다고 한다. 우리나라에도 극좌나 극우 성향의 사이트들이 있으나 실제 그런 곳에서 정보를 취득하는 것은 쉽지 않을 것이다. 예컨대 젠스코는 주류언론의 중요성을 강조하면서 주류언론을 다음과 같이 설명한다.

아프가니스탄에서 무슨 일이 벌어졌다면, 누가 가장 종합적이고 정확한 정보를 전할 것 같은가. 극단적 이념을 가진 사람이라도 '신나치주의 우익 블로그'라고 답하진 않을 것이다. NYT(『뉴욕타임스』)나 CNN을 꼽는 사람들이 많다. 이런 곳이 주류 언론사라는 의미다. 세상에 무슨 일이 일어나는지 알고 싶을 때 대다수는 정치적 이

넘과 상관없이 주류 뉴스 사이트에 간다.[4]

　즉 센스메이킹을 위해서는 정보를 전달하는 주류언론이 이념이나 의견을 주입하는 극단 성향의 언론사나 블로그보다는 훨씬 낫다는 의미다. 그런 점에서 주류 언론의 신문이라면 그것이 진보이건 보수이건 극단적으로 크게 문제가 될 것 같지는 않다. 이 의견에 동의하지 않을 독자가 '엄청나게' 많다는 것을 안다. 그러나 지나치게 극단적인 극우나 극좌 사이트가 아닌 주류 언론은, 100%는 아니지만 '상대적으로' 정확한 정보를 제공하고 있다. 필자의 말에 동의하지 않는 독자는 진짜 극우나 진짜 극좌 사이트를 보지 못한 분들일 것이다.

　물론 주류 신문일 지라도, 팩트 중심의 기사에 기자 자신의 사건이 들어가는 경우를 종종(사실은 매우 많이) 본다. 심지어 사설이 아닌 '기사' 전체가 '사실을 약간 양념으로 곁들인 채' 나머지는 전부 주장이나 의견을 담고 있는 경우도 있다. 따라서 정보를 습득할 때 이것이 기자의 사건이 듬뿍 들어간 기사인지, 철저하게 사실 중심의 기사인지 구분하고 전자의 경우는 매우 조심스럽게 받아들이는 것이 좋을 것이다.

　오랜 기간 팩트 중심의 기사를 읽으면 일종의 빅데이터가 축적이 된다. 2017년 하버드 대학 경제학 박사이자 데이터 분석가인 세스 스티븐스 다비도위츠Seth Stephens-Davidowitz가 펴낸 책『모두 거짓말을 한다(Everybody Lies)』는 출간 즉시『월스트리트 저널』,『뉴욕타임스』베스트 셀러가 되었고,『이코노미스트』,『포츈』등 여러 매체에서 '올해의 경제 경영서'로 선정하였다. 그는 이 책에서 노인의 경험에서 우러나오는 직관을 데이터 과학에 비교하면서, 자신이 싱글로 서른셋을 맞던 추수감사절 저녁 식사 때 할머니가 해 준 이야기를 예로 들어 다음과 같이 설명한다.

> "세스, 너한테는 참한 여자가 필요하단다. 너무 예쁘지 않고, 아주 똑똑하고 사교적이라 네가 할 일을 할 수 있게 해 주는 사람. 유머 감각이 있고. 네가 유머 감각이 좋으니까." ⋯ (중략) ⋯ 88세인 나의 할머니는 그 저녁 식사 테이블의 누구보다도 많은 것을 보신 분이다. 그녀는 많은 결혼을 보셨다. 성공한 결혼과 그렇지 않은 결혼들을 ⋯ 몇 십 년에 걸쳐 그녀는 성공적인 관계를 만드는 요인들의 목록을 축적하셨다 ⋯ (중략) ⋯ 나의 할머니는 빅데이터다.[5]

그러나 모든 노인이 직관이 뛰어난 빅데이터가 되는 것은 아니다. 그리고 이 책을 읽는 젊은 독자가 경험을 쌓아 노인이 될 때까지, 즉 많은 데이터가 축적될 때까지, 해야만 하는 중요한 판단과 행동을 뒤로 미룰 수도 없다. 지금 이 책을 읽는 당신이 20대 초반의 대학생이고, 이 책의 내용에 얼마간이라도 설득되었다면 오늘부터라도 가급적 종이신문을, 종이신문이 없다면 PC화면으로라도, 신문사 사이트에 접속해 헤드 페이지부터 경제, 사회, 문화면까지 차근차근 보기 바란다. 만약 당신이 경영·경제 전공이라면 경제신문을, 해외에서 공부하고 있거나, 주재원 등으로 근무하는데, 그 나라 전문가, 즉 '중국통'이나 '미국통'이 되고 싶다면 해당 국가, 또는 해당 도시의 주류 신문들을 읽기 바란다. 그렇게 10년 정도 지속하면 분명 당신에게 꽤 많은 분량의, '비교적' 양질의 빅데이터가 축적이 될 것이다. 그리고 그 데이터는 센스메이킹 능력을 상당히 키워줄 것이고, 신문을 꾸준히 읽지 않는 동년배 집단에 비해, 당신의 직관을 우월하게 만들 것이다. 특정 신문을 오랜 기간 읽음으로써 생기는 인지적, 이념적 편향 문제에 대해서는 다음 절들을 참조하기 바란다.

2. 뱅뱅이론에서 벗어나기

앞서 언급한 대로 기자의 사견이 들어간 기사를 읽을 때는 가급적 그런 의견에 깊이 반대하거나 동조하거나 하기 보다는 사실 중심으로 접근하는 것이 좋다. 『딴지일보』에 '춘심애비'라는 필명으로 고정칼럼을 기고했던 최영재라는 언론인이 있다. 그가 2012년 한 칼럼에서 만들어 낸 용어는 한 때 꽤 많이 알려진 이론이 되었었다. 그것이 바로 '뱅뱅이론'이다. 여기서의 뱅뱅은 국산 청바지 브랜드, 강남 한복판에 있는 사거리 이름의 그 뱅뱅이다. '춘심애비'는 대한민국 청바지 판매 부동의 1위 기업이 뱅뱅 어패럴이라는 사실에 충격을 받고 의문을 품는다. 그 의문의 출발은 '도대체 내 주변에는 단 한 명도 뱅뱅을 입지 않고, 시골에 계신 할머니와 친지분들은 아예 브랜드가 없는 걸 사면 샀지 굳이 뱅뱅을 안 사는데, 도대체 누가 산단 말인가'라는 것이었다.[6] 그는 뱅뱅에 대한 자신의 생각을 다음과 같이 설명한다.

> 나는 그저, 뱅뱅이 촌스러운 브랜드라고 생각했을 뿐이고, 그 생각은 역사적 정당성이나 합리성을 지니지는 않는다. 다만, 그 생각에 대해 나는 의심할 수 없었던 것이다. 내가 보기엔 뱅뱅보다 스트리트 브랜드가, 자라가, 유니클로가 더 세련된 브랜드라는 것이 너무 당연했을 뿐이다. 그것을 당연하게 생각할수록 나는 뱅뱅이라는 브랜드가 갖는 양적 실체를 예상할 수 없게 되고, 그 소비자층의 존재를 전혀 모르고 사는 결과로 이어진다.[7]

'춘심애비'는 뱅뱅의 성공을 분석하면서 자신이 우물 안의 개구리보다도 좁은 시각을 가진 '우물 밖의 개구리'임을 깨달았다고 고백한다. 즉 '우물 안 개구리는 최소한 우물 밖의 일부분이라도 보고 있지만, 우물 밖 개구리는 우물이라는 게 있다는 사실조차 모르고 있다'는 것이다. 그의 정의에 따르면 뱅뱅이론은 '남들보다 더 넓은 세계를 보고 있다고 생각하는 부류가, 실질적으로 훨씬 더 넓은 세계를 보고 있는 다른 부류의 존재조차 제대로 파악하지 못하는 사태'를 설명하는 이론이다.[8]

그는 자신 주변에는 보수정당을 지지하는 사람이 별로(사실은 전혀) 없는데 왜 총선이나 대선에서 보수진영이 승리하는지 의문을 품었다. '춘심애비'는 정치 성향이 비슷한 사람들끼리만 무리 짓고 커뮤니케이션을 하면 실질적인 '우물 밖 개구리'로 전락할 가능성이 높다고 설명한다. 그는 2016년 11월 도널드 트럼프의 미국 대통령 선거 승리 직후에도 '뱅뱅이론은 글로벌 이론이었다'는 칼럼을 통해 트럼프의 당선을 예상치 못한 것을 뱅뱅이론으로 설명하였다.[9]

'춘심애비'는 자신이 진보진영에 몸담고, 그쪽의 언론만을 보고, 그쪽 사람들과 교류하면서 그 반대진영이 그렇게 많다는 것을 미처 몰랐다는 의미로 뱅뱅이론을 설명하였다. 그러나 이 이론은 진영과 상관없이 적용된다. 보수진영에 속한 사람들 역시 당연하게도 그쪽 언론만 보고, 그쪽 사람들끼리만 이야기를 나누는 경향이 있다. 따라서 그들은 진보세력의 논리나 전체 유권자 중 진보의 비중에 대해 편견을 갖거나 과소평가하는 경향이 있다. 필자는 직업상, 나이 지긋한 중견기업인이나 대기업 임원들을 많이 만나게 된다. 그들 대부분은 정치 성향이 보수적이고, 반공 이데올로기를 뚜렷하게 갖고 있으며, 대체로 박정희 대통령의 시대에 대해 아주 긍정적으로 생각한다. 이들 중 상당수는 그 반대 진영의 목소리에 별 관심이 없거나, 관심이 있더라도 매우 비판적으로 보고(그래서 일부 또는 많은 잘못된 정보를 갖게 될 가능성이 높고), 결과적으로 그쪽 진영에 대한 지식이 왜곡되거나 부족한 경향이 있다.

대체로 잘 모르면 그 분야나 그 진영에 대해 과소평가를 하거나 아예 평가를 안 하게 된다. 평가를 안 해도 별로 상관없는 직종에서 근무하는 사람이라면 상관없으나, 만약 평가를 하고 분석해야 되는 입장인데 과소평가를 하게 되면 당연히 틀린 판단을 하게 될 가능성이 높아진다. '춘심애비'가 '박근혜 대통령'과 '트럼프 대통령'의 출현을 예상하지 못했듯이. 뱅뱅의 경쟁업체 직원이라면 당연히 뱅뱅의 성공요인을 치밀하게 분석해야 할 것이고, 그렇게 하려면 결코 정보를 편식해서는 안 된다. 그렇기 때문에 특정 이념이나 사상의 시각으로만 세상을 보지 않기 위해서 여러 종류의 주류 신문을(진보지와 보수지, 경제지 등) 같이 읽는 것이 좋다는 것이다.

3. 100% 정확성(accuracy)보다 그럴듯함(Plausibility 또는 probabilistically)을 쫓기

이 절에서는 어떻게 앞에서 소개한 뱅뱅이론이나 확증편향에서 나타나는 편견을 피할 수 있는지, 학문적 검증이 어느 정도 이루어진 이론을 소개하겠다. 센스메이킹을 잘하는 사람은 100%의 정확성을 추구하지 않는다. 1장에서 잠깐 언급한 대로 센스메이킹은 의심의 여지없이 확신하는 것보다는 그럴 듯함(plausibility)으로 '판단하고, 행동하는' 기술이다. 앞서 언급한 필립 테틀록은 펜실베니아 대학 석좌교수로 경영대인 와튼 스쿨과 예술 과학대(School of Arts and Sciences) 교수를 겸임하는 특이한 학자이다. 그의 평생의 학문적 관심사는 정치적인 판단과 미래 예측의 방법론이었다.

그는 1984년부터 2004년까지 284명의 이른바 전문가(경제나 정치 트렌드 해설을 하거나 컨설팅을 해 주는)를 선정하여 일종의 예측의 정확성에 근거한 토너먼트 실험을 진행하였다. 이 전문가들은 대학교수, 언론인, 정부 관료가 망라되어 있으며 사상적으로는 극좌에서 극단적인 시장주의자까지 다양한 스펙트럼을 가진 사람들이 포함되었다. 이들이 다양한 주제에 관해서 내어 놓은 82,361개의 예측과 실제 그 예측이 맞는지 여부로 얻은 결론은 전문가 집단이 특별히 뛰어난 예언가들이 아니라는 것이었다. 특히 5년 이상의 장기적인 예측의 경우 데이터의 경향을 보고 미래를 예측하는, 즉 보외법補外法을 사용한 기본적인 알고리즘(basic extrapolation algorithms)보다 이들 전문가 집단이 나을 것이 없었다. 테틀록은 특히 사회적으로 유명한 전문가가 한 예측일수록 틀릴 가능성이 많다는 것을 발견하였다.[10]

테틀록은 전문가들을 두 유형으로 나누어 어떤 유형의 사람들이 더 예측을 잘 하는지를 분석하였다. 그는 사람을 유형별로 나누기 위해서 역사학자이자 철학자 이사야 벌린Isaiah Berlin의 『고슴도치와 여우』라는 수필집을 인용하였다. 벌린은 기원전 7세기 중반 활약한 그리스 시인 아르킬로코스Archilochus가 했다는 "여우는 많은 재주를 알지만, 고슴도치는 큰 재주 하나만 안다"는 말에 근거해 사람을 고슴도치형 인간과 여우형 인간으로 구분한다. 벌린은 고슴도치형 인간은 모든 것을 하나의 렌즈로 보는 사람들, 즉 일원적인 사람들이라고, 반면 여우형 인간은 다원주의자이자 여러 개의 렌즈로 사물을 보는 사람들이라고 설명하였다.[11] 이 분류법에 따라 테틀록은 전문가 집단을 여우형 인간과 고슴도치형 인간으로 나누고 그들의 예측 결과를 추적하였다. 다년간의 연구결과 여우형 인간이 고슴도치형 인간보다 예측력이 뛰어났고, 특히 예측하는 사람의 전공분야의 장기적인 전망에서 확연히 그 차이가 드러나는 것을 발견하였다.[12]

2011년 이후 테틀록은 아내이자 연구 동료인 바바라 멜러스 Barbara Mellers, 돈 무어Don Moore와 함께 예측력과 판단력을 높이기 위한 새로운 프로젝트(Good Judgement Project)를 전개하였다. 그 연구 결과는 2015년, 앞서 소개한 책, 테틀록과 댄 가드너Dan Gadner가 공저한『수퍼포어캐스팅Superforecasting(『슈퍼 예측, 그들은 어떻게 미래를 보았는가』라는 제목으로 번역되었음)』에 자세히 소개되었다. 이들의 연구결과 중에 특히 흥미로운 부분은 미래에 대한 뚜렷한 확신을 가진 그룹과 매우 신중한 태도를 보이는 그룹으로 나누어 누가 예측력이 더 뛰어난가를 분석한 대목이다.

테틀록의 연구팀은 이 예측 토너먼트 참가자들에게 지정학적인, 또는 지경제적(geo-economic)인 질문들, 예를 들면 'EU에서 어떤 멤버 국가가 특정 날짜까지 탈퇴할 가능성이 얼마나 되는가?' '몇 개월 내 추가로 몇 나라가 에볼라 바이러스 감염 사실을 밝힐 것인가?' 등을 묻고 어떤 사람들이 더 정확하게 예측하였는지 추적하였다. 결과는 신중한 태도를 가진 그룹이, 미래에 대해 자신만의 확신을 가진 그룹에 비해 훨씬 더 예측 정확도가 높았다. 이 신중파들은 성실하고, 상세한 정보를 모았으며, 자기와 다른 시각에 대해 개방적이었고, 지속적으로 정보를 업데이트하는 노력을 보였고, 자신의 접근이 틀렸다고 생각하였을 때 방향을 바꾸는 것에 망설임이 없었다. 그들은 자신들이 뭘 모르는지 알고, 그래서 겸손해하는 사람들이었다. 그리고 그들은 100%의 정확성보다는 자신들의 정보를 십분 활용해 확률에 따라 그럴 가능성이 높은(probabilistically) 것에 베팅하는 사람들이었다.[13]

센스메이킹에서 잘못된 확신만큼 무서운 것은 없다. 임진왜란 직전의 조선 조정, 제4차 중동전쟁 직전의 이스라엘 수뇌부는 잘못된 확신, 넓은 의미에서의 확증편향으로 일을 그르쳤다. 잘못된 확신을 갖는 것보다는 '내가 믿고 있는 것이 정확치 않을 수 있다'는 끊임없는 의심이 필요하다. 그런 면에서 '편집증 환자만이 살아남는다(Only the Paranoid survive)'는 전 인텔 CEO 앤디 그로브Andrew Grove의 발언(그의 책 제목이기도 하다)은, 경영계에서는 시대를 초월하는 명언이라 생각한다.

메타연구(Meta-analysis)는 여러 개의 실증연구 결과를 모아 통계 분석을 하는 연구방법이다. 하트Hart와 그 동료들은 총 8,000여 명이 실험대상으로 참여한 91개의 기존 심리학 연구를 종합하여 확증편향 현상을 메타연구 방법으로 분석한 논문을 발표하였다. 이 논문에 의하면 인간은 자신의 믿음에 반하는 증거보다, 그 믿음을 뒷받침하는 증거를 두 배쯤 더 열심히 찾아서 받아들인다고 한다.[14]

확증편향에 대한 위키피디아의 설명 중에 '머릿속의 예스맨('Yes man in your head' 또는 'internal yes man')'이라는 표현이 있다.[15] 찰스 디킨스는 등장인물의 내면 묘사가 탁월한 작가인데, 그의 자전적 소설 『데이비드 코퍼필드』에 나오는 악인 유라이어 힙Uriah Heep (동명의 전설적인 영국 록 밴드는 바로 이 캐릭터 이름을 딴 것이다)은 바로 '머릿속의 예스맨'을 가진 인물이다. 그는 타고난 아첨꾼이자 음모가로 끊임없이 자신의 판단을 스스로 합리화 시키며 남들을, 그리고 궁극적으로 자신을 나락으로 떨어뜨린다. 센스메이킹을 위해서는 이런 '머릿속의 예스맨'을 견제하는 '머릿속의 악마의 변호인'

찰스 디킨스의 명작 『데이비드 코퍼필드』의 악인 유라이어 힙 | 그는 '머릿속의 예스맨'을 가진 인물이다. 끝없이 자신의 판단을 스스로 확신시키며 타인을, 그리고 궁극적으로 자신을 나락으로 몰아넣는다(그림출처: 위키피디아. 프레드 바나드의 그림이다).

이 필요하다. 언제든지 내가 틀릴 수 있다는 전제 하에 정보를 모으고, 그 정보를 바탕으로 한 판단을 내릴 때도 언제든지 궤도 수정을 할 수 있는 유연성이 있어야 제대로 된 센스메이킹을 할 수 있다.

4. 페르마이징Fermizing 하기: 시카고의 피아노 조율사 수

때로는 확률과 어림짐작 계산을 통한 분석능력도 필요하다. 앞서 소개한 테틀록과 가드너는 이를 원자폭탄을 만든 사람들 중 하나인 저명 물리학자 엔리코 페르미Enrico Fermi의 이름을 따 이를 페르마이징Fermizing이라 명명하였다. 페르미는 구글이 등장하기 몇 십년 전에 강의실에서 도저히 정답을 알 수 없을 것 같은 문제들을 학생들에게 내고 그럴 듯한 추정치를 내어 놓고는 했다. 예를 들면 '버스에 골프공이 몇 개나 들어갈까?', '시애틀의 모든 건물 창문을 청소하는 데 얼마 정도 돈을 받아야 할까?', 등의 문제들이다. 실제 구글에서는 한 동안 이런 페르미 스타일의 문제를 입사 인터뷰에서 지원자들에게 던지곤 했었다.[16] 물론 정확한 정답을 기대하고 던진 질문이 아니라 창조적 인재를 뽑기 위해 지원자들이 어떤 방식으로 답을 추론하는지를 보기 위해 낸 문제이다.

그 중 가장 널리 알려진 문제는 위키피디아에 페르미 문제Fermi Problem로 소개되어 있고『비즈니스 인사이더Business Insider』의 니콜라스 칼슨Nicholas Carlson, 그리고 다니엘 레비틴Daniel Levitin이 각각 자신들의 저작에서 인용한 다음 질문이다.

"시카고에는 피아노 조율사가 얼마나 있을까?"

레비틴은 이 질문에 대한 답을 위해서는 다음 네 가지 정도의 정보(꼭 정확한 숫자는 아니라도)가 필요하다고 설명한다. 첫째, 피아노 소유자가 얼마나 자주 피아노를 조율하는지, 둘째, 피아노 조율에 걸리는 시간, 셋째, 조율사의 1년 근무시간, 넷째, 시카고의 피아노 숫자다.[17]

시카고의 피아노 숫자를 추정하려면 일단 시카고 인구를 알아야 할 것이다. 명심하라. 이건 구글 입사 면접장에서 프로덕트 매니저(상품관리자) 직에 지원한 사람에게 나온 문제이다. 그 자리에서 구글을 검색하여 시카고 인구를 알아내는 구글링 능력을 테스트 하는 것이 아니라 얼마나 논리적으로 접근하는지를 보자는 취지의 문제이다. 구글에 관리자로 입사를 희망하는 사람이라면 좋은 대학교를 나오고 시사정보나 기본적인 인문지리 등에 최소한의 상식은 있을 것이다. 그렇다면 시카고가 미국에서 뉴욕, LA 다음의 대도시라는 것쯤은 알 것이다. 그렇다면 그 인구는 얼마일까? 뉴욕이나 LA는 세계적인 대도시이니 그 주변 인구까지 포함하면 1,000만 명이 훌쩍 넘을 것이다(뉴욕 메트로폴리탄의 인구는 2,000만 명 이상, LA도 1,800만 명 이상이다). 시카고도 그에 못지않은 대도시이니 그 주변 인구까지 포함하면 1,000만 명은 안 되어도 800만 명에서 1,000만 명 사이쯤은 될 것이라 추론할 수 있을 것이다. 즉 엄격한 의미의 시카고 시민 숫자(2016년 기준 270만 명 정도이다)가 아니라 그 외곽까지 포함하는 메트로폴리탄 시카고 인구가 그 정도 될 것이라는 추정이다.

그 다음은 피아노 숫자다. 평균적으로 메트로폴리탄 시카고에는 한 가구에 두 명의 사람이 살고 있다고 가정하자. 물론 아이 둘 있는 4인 가족도 많겠지만 1인 가족도 많으므로, 평균 두 명이면 합리적인 추론이다. 800만에서 1,000만 사이 추정치의 중간인 인구 900만으로 가정하면 450만 가구가 시카고에 산다. 피아노는 비싸고 덩치가 큰 악기이니, 1인 가정이나 2인 가정보다는 3인 이상의 가정에, 그것도 소득수준이 중상층은 되는 집에나 있을 것이다. 그렇다면 대략 20가구 중 한 가구에 정기적으로 조율되는 피아노가 있다고 가정할 수 있을 것이다. 실제 피아노 보유 가구는 그보다 배이상 많더라도 그 모든 가정이 피아노를 정성껏 정기적으로 조율하지는 않을 것이다. 따라서 450만가구의 5%라면 22만 5천 대의 정기적으로 조율되는 피아노가 있다는 추론이 가능하다.

정기적으로 조율되는 피아노는 평균적으로 일 년에 한 번 정도 조율된다고 가정하자. 이 역시 추론이다. 조율을 한다면 많은 가구에서 10년에 한 번 주기로 하거나, 1년에 10번이나 하지는 않을 테니까(정규분포곡선의 양 극단에 존재하는 그런 가구도 간혹 있겠지만) 평균적으로 1년에 한 번이면 합리적인 추측이라 할 것이다. 피아노 조율은 조율사의 이동 시간을 포함해 두 시간 정도 걸린다고 추정하자. 물론 최소 서너 시간은 걸려서 조율해야 하는 스타인웨이 앤드 선즈의 40만 달러짜리 명품 클래식 그랜드 피아노도 있겠지만 대부분의 피아노의 조율 시간 자체는 한 시간 정도면 될 것이다. 각 피아노 조율사는 하루에 8시간, 일주일에 5일, 일 년에 50주를 일한다고 가정하자. 이는 미국인 평균 근로시간을 기준으로 한 가정이다. 이러한 가정들로부터, 우리는 시카고에서 조율사 한 명이 일 년에 조율하는 피아노 수를 계산할 수 있다. 그 식은 다음과 같다.

50주 × 5일 × 8시간 ÷ 2(피아노 조율 2시간당 1개니까) = 즉 조율사 1인당 연간 1,000대의 피아노를 조율한다. 그런데 앞서 추론에서 시카고의 피아노 숫자는 22만 5천 대였다. 225,000대 ÷ 피아노 조율사당 연간 1,000대의 피아노 조율=225, 즉 시카고에 피아노 조율사는 225명 정도 있을 것이라는 추론이 가능하다.

이상은 페르미 문제라는 항목에 대한 위키피디아의 계산방법에, 그 추론과정에 대한 설명은 레비틴의 방식을 필자가 각색하여 더한 것이다.[18] 니콜라스 칼슨과 다니엘 레비틴은 조금씩 다른 숫자로 시카고의 피아노 조율사수를 추정하였다. 실제 시카고 메트로폴리탄 인구는 950만 명(2015년 기준) 정도이고 시카고의 피아노 조율사 수는 2009년을 기준으로 290명 정도였다.[19] 이 정도라면 상당히 근사치에 가까운 숫자이고 구글 입사 면접에서도 좋은 점수를 받을 수 있었을 것이다. 이런 추론 과정에 만약 실제 구글링을 통해 정확한 숫자 정보가 더해진다면 많은 경우 우리는 상당히 정답에 근접한 센스메이킹을 할 수 있을 것이다. 그리고 만약 우리가 문제 해결 과정 중간중간 업데이트된 자료까지 확보할 수 있다면 금상첨화일 것이다. 그래서 꾸준한 신문 읽기가 필요한 것이다.

물론 페르마이징과 같은 접근 방법은 앞으로 AI가 인간보다 훨씬 더 잘 하게 될 것이다. 그러나 창조적인 생각은 결국 기존의 지식과 정보를 얼마나 활용하느냐에 달려 있다. 이 책을 읽는 독자들이 이런 식의 사고를 할 수 있다면 그렇지 않은 사람들보다 센스메이킹이나, 심지어 창조성 면에서도 반 발짝이라도 앞서 갈 수 있을 것이라 생각한다.

5. 집단 지성을 적극적으로 활용하기

나영석 표 예능의 비결

우리가 사회에서 하는 일은 대부분이 혼자서 하는 일이 아니다. 이 책을 읽는 당신이 현재 서른 전후의 청년기를 보내고 있다면, 여생의 상당시간을, ─ 아주 작은 규모의 자영업을 혼자서 꾸려나가지 않는 한 ─ 반드시 누군가와 같이 일을 하며 보내게 될 것이다. 사회의 변화 추세를 보면 장기적으로 볼 때 이러한 경향은 점점 더 심해지고 있다. 재택근무가 증가하면서 혼자서 할 수 있는 일이 증가하는 가운데, 오히려 반드시 같이 해야만 하는 일도 늘어나는 것이다.

협업 경영 전문가인 하버드의 에이미 에드먼슨Amy C. Edmondson 교수에 따르면 혼자서 일하기 어려운 산업들의 증가가 빠른 추세로 이루어지고 있다. 이에 따라 여러 분야를 통합적으로 이해하는 업무 능력이 중요해진다. 자신의 분야를 넘어 다른 전문가에게 손을 내미는 능력이 우수한 인재의 조건이라는 것이다. 사실 이러한 대인 관계 능력의 중요성은 앞서 미 해군의 항공모함 운영을 설명할 때나 구글의 아리스토텔레스 프로젝트를 설명할 때 모두 거론했던 것들이다.

이런 상황에서 경쟁력을 갖는 한 방법은 협업 능력을 키우는 것이다. 나영석 PD는 앞서 언급한 무한도전의 김태호 PD와 함께 대한민국 방송계에서 가장 널리 알려진 예능 프로그램 프로듀서이다. 아마 PD 이름 자체가 일종의 예능 브랜드화한 경우는 필자가 알기로 이 두 사람 외에는 없는 것 같다. 그는 2010년대 초반 KBS

를 떠난 이후, 아무리 생각해도 재미있지 않을 것 같은 소재 ― 시골에 가서 하루 세 끼 밥 지어먹기, 할아버지 배우들의 배낭여행, 낯선 외국 도시에서 식당을 열어 현지인들에게 한국음식 팔기, 팟캐스트에서나 통할 만한 잡학지식 콘텐츠를 그대로 TV화면에 옮긴 듯한 '알쓸신잡' 등 ― 의 예능들을 선보였다. 하나도 재미있을 것 같지 않은 그 예능 프로그램들은 시청률 면에서 거의 실패가 없이 승승장구하며 그의 작품들을 모방한 숱한 아류작들을 양산해 왔다. 그런데 그는 이런 '통상적인 예능 거리'가 아닌 독특한 소재들을 발굴한 창의력은 상당 부분 협업 덕분이라는 답변을 한다.

> 결국 모든 일의 해답은 '사람'인 것 같아요. 저는 사실 그렇게 크레이티브한 사람은 아니에요. 따지고 보면 우리는 그냥 직장인이잖아요. 애초에 예술가도 아니고, 창의력이라는 자질로 뽑혀온 사람들도 아니에요. 근데 신기한 건 사람이 여럿 모여서 같이 이야기를 하다보면 새로운 아이디어가 나와요. 일종의 집단 창작 같은 거죠. 스티브 잡스처럼 한 명의 천재는 없을지 몰라도 여럿이 머리를 맞대고 논쟁에 논쟁을 거듭하다 보면 거기에서 창의성이 도출되곤 하더라고요.[20]

문제는 이렇게 집단 지성을 활용하려면 주변의 당신 동료들이 당신에게 맘 편하게 다가갈 수 있고, 거리낌 없이 자기의견을 말할 수 있게끔 되어야 한다는 것이다. 그리고 그들의 '지성'을 십분 활용하여 집단 지성을 만들어 내려면 당신 자신이 그들의 관심분야나 주특기에 대한 확실한 정보를 갖고 있어야 한다. 다음은 『하버드 비즈니스 리뷰 코리아』에서 재인용한 나영석 PD 인터뷰 내용이다.

> 저 친구는 어떤 성향인지, 뭘 좋아하고 싫어하는지 등등, 스태프들의 캐릭터를 파악하고 있어야 한다. 어느 작가가 굉장히 트렌디하고 20대를 대변하는 코드를 갖고 있다고 치자. 회의 중에 20대에 관련된 이야기가 나오면 나는 그 작가의 표정을 살핀다. 지루해하나 아니면 반짝반짝 관심을 나타내나. 휙휙 지나가는 반응이나 표정을 판단의 근거로 삼는 경우가 많다.[21]

이것은 결국 다른 사람의 능력을 파악하고, 처음 보는 사람이라도 표정만으로 그의 심리상태를 파악하는 능력이다. 이런 능력, 즉 일종의 감성지능이 그룹 성과를 증진시킨다는 연구가 최근 10여년 간 꽤 많이 발표되었는데 그 중 가장 유명한 것은 카네기 멜론과 MIT의 공동연구팀이 진행하여 2010년 사이언스에 게재한 「그룹 성과에 집단지성이 갖는 영향에 대한 증거(Evidence for a Collective Intelligence Factor in the Performance of Human Groups)」다.[22] 이 논문은 나영석 PD의 위 발언을 뒷받침하는 흥미로운 실험 결과를 발표하였다.

사회적 감수성과 집단지성

울리, 채브리스, 펜틀랜드, 하시미, 말론Woolley, Chabris, Pentland,

Hashmi & Malone은 실험 참가자 699명을 여러 팀으로 나누어 크게 두 개의 연구를 진행하였다. 첫 번째의 연구 주제는 일단 '집단지성이라는 것이 존재하는가'였다. 이들은 집단지성을 '다양한 업무를 수행하는 그룹의 종합적인 능력(general ability of the group to perform a wide variety of tasks)'이라 정의하였다. 이들의 정의에 따르면 집단지성이 단순히 개인 지능의 합과 다른 점은 이것이 '그 특정 팀의 특성(property of the team)'이지 '그 팀 멤버 개인들의 특성의 합'이 아니라는 것이다. 즉 갑이라는 사람이 을, 병이라는 사람과 같이 하는 팀 A와, 같은 갑, 을이 정이라는 사람과 같이 하는 별개의 팀 B의 집단지성은 다르다. 병과 정이 똑같은 개인 지능(예컨대 IQ테스트로 측정한)을 갖더라도 말이다.

연구자들은 각종 과제를 수행하게 하면서 팀 성과를 측정하고 이 팀 성과를 예측할 수 있는, '개인의 특성이 아닌 팀의 특성(이들은 이 팀 특성을 c 팩터factor라 명명하였다)'이 있는지 조사하였다. 첫 번째 연구의 결론은 집단지성이라고 할 만한 c 팩터가 존재한다는 것이었다. 확인 요인 분석(confirmatory factor analysis)이라는 통계적 방법론을 통해 이들은 한 가지 집단요인(factor)인 c가 다른 요인들에 비해 압도적으로 팀 성과에 큰 영향을 주는 것을 알아냈다. 밝혀낸 팀 성과의 가장 강력한 예측 변수는 개인의 특성이라 할 수 있는 팀 멤버의 평균지능이나, 팀원 중 가장 머리 좋은 사람의 지능이 아니었다.

두 번째의 연구에서 연구자들은 699명을 152개의 팀으로 나누어 이 집단지성의 특성으로 분류될 수 있는 요인이 무엇인지 조사하였다. 특정 팀 성원의 전문성에 의해 성과가 좌우되는 것을 막기 위해 특정분야에 국한되지 않고 매우 다양한 과제를 주고 팀 성과를 측정하였다. 63명의 개인에게 같은 과제들을 주고 각 개인의 성과를 측정하였을 때는 개인의 지능이 성과의 가장 큰 예측변수였다. 그러나 팀으로 구성하였을 때는 첫 번째 연구와 마찬가지로 개인지능은 팀 성과에 별 영향이 없었다.

팀 성과와 가장 상관관계가 높은 '집단의 특성'은 '팀 만족도(group satisfaction)'나 '팀의 응집력(group cohesion)'도 아니었다. 상관관계로 밝혀 낸 그 특성들은 사회적 감수성(social sensitivity), 멤버들의 발언의 공평성(number of speaking turns), 그리고 세 번째는, 남성우월주의자들은 받아들이기 힘들겠지만, 팀 내 여성 멤버의 수였다. 즉 공평한 발언 기회가 적고, 한두 사람이 그룹의 발언을 독점하는 팀일수록 집단지성은 낮았고, 여성 멤버가 많을수록 그 팀의 집단지성은 뛰어났다.

이들은 '사회적 감수성' 점수를 사람의 눈을 보고 그 사람의 감정을 읽는 능력이 뛰어난 멤버들로 구성되었는지로 측정했다. 이 연구 덕분에 더 유명해진 이 테스트는 '눈에 드러난 마음 읽기(Reading mind in the eyes)'라는 이름으로, 말 그대로 사람의 눈만 보고 그 사람의 심리상태를 맞추는 테스트이다. 다음 쪽의 그림은 이 테스트의 일부이다. 이 사람의 눈을 보고 그 사람의 심리상태를 사지선다로 골라 맞추는 것이다. 보기는 '농담하는(joking)', '허둥대는(flustered)', '욕망하는(desire)', '확신하는(convinced)'이다. 이 글을 읽고 혹시 이 테스트를 해보고 싶은 독자에게 스포일러가 될까

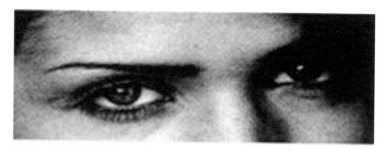

눈으로 사람마음 읽기 테스트 | 이 여성의 눈이 어떤 말을 하고 있는지 맞춰보시라.

봐 정답은 공개하지 않겠다. 『뉴욕타임스』에 따르면 이 테스트에 응한 사람들은 30개 문제 중 평균 22개 정도 맞추었다고 한다.[23] 물론 눈치가 빠른 사람들은 30개를 모두 맞추었고 22개보다 훨씬 못한 '눈치가 꽝'인 사람도 존재한다.

이 세 요인을 같이 넣고 c 팩터를 종속변수로 삼아 회귀분석을 하니 더욱 흥미로운 결과가 나왔다. '여성멤버의 수'나 '발언기회의 공평성'을 제치고 오로지 '사회적 감수성'만이 c 팩터와 통계적으로 의미 있는 관계를 갖는 것으로 나온 것이다. 사회적 감수성이 뛰어난 사람들은 대개 여성이고 대체로 사회적 감수성이 강한 사람들로 구성된 그룹이 발언기회도 공평하였기 때문에 이런 결과가 나왔다. 즉 사회적 감수성이 집단지성을 만들어내는 압도적으로 강력한 예측변수였다는 말이다. 반면, 여성이라는 변수는 사회적 감수성을 통해서(학술용어로는 '매개(mediate)'한다고 한다) 집단지성에 간접적으로만 영향을 주었다. 이는 남성이라도 사회적 감수성이 뛰어나다면 집단지성에 충분히 기여할 수 있다고 해석되는 결과이다.

물론 이 연구 한편을 근거로 '눈으로 사람 마음을 읽는 재주가 뛰어난 사람이 되도록 노력하라'고 주장하기는 어렵다. 특히 이 눈 테스트는 모두 백인의 얼굴들로 구성되어 있고, 사람의 눈에 나타나는 심리상태는 인종별, 문화별로 다를 수 있기 때문에 다른 인종이나 문화권에서는 적용될 수 없다는 반론도 가능하다. 그러나 다른 사람의 마음을 읽는 능력이 뛰어난 사람으로 구성된 팀이 집단지성이 뛰어나다는 것은 매우 흥미로운 발견이다.

여러분도, 자신이 주도하는 그룹 프로젝트가 있다면 본인 생각만 강요하거나, 또는 그 반대로 남의 말만 듣기보다는 다른 팀 성원들의 심리상태를 파악하고, 본인을 포함한 모든 팀원이 프로젝트 진행 절차에서 공평한 기여를 하도록 노력하기 바란다. 물론 세상에는 함께하는 일에서 무임승차(free riding)를 밥 먹듯이 하는 얌체족들도 있고, 선천적으로 나서기 좋아하고 토론을 독점하는 사람들도 있다. 그러나 당신이 주도하는 프로젝트라면 당신의 재량으로 그들을 공평하게 참여시키도록 노력해보라. 그렇게 하기 위해서는 그들이 프로젝트를 수행하면서 어떤 생각과 심리상태인지, 당신이 파악하고 있는 것이 중요할 것이다.

당신이 선천적으로 '눈치가 꽝'이라면, 몸짓언어가 그 사람의 심리상태를 나타낸다는 연구나 문헌들을 찾아 읽어 보는 것도 좋을 듯하다. 그들의 눈빛이나 표정을 통해 그들의 감정을 읽고, 그들의 마음을 헤아리려고 시도해보라. 통계적으로 보았을 때 그렇게 하면 당신 그룹의 집단지성이 향상될 가능성이 높고 그만큼 당신 자신의 센스메이킹에도, 당신이 속한 팀 성과에도 도움이 될 것이다.

제9장

센스메이킹이 한국 경영환경에 갖는 시사점

미래의 예측은 어렵다

이 책은 정확한 예측의 기술이나 미래학을 다룬 것이 아니다. 미래를 정확히 예측하는 일, 특히 정책담당자나 경영자들이 관심을 가져야 하고 센스메이킹과 관련되는, '좀처럼 일어날 것 같지 않지만 매우 중대한 일'의 예측은 매우 어렵다. 예를 들면 다음과 같은 질문에 대한 답을 찾는 일 말이다.

'향후 20년 내에 완전한 북한 비핵화가 될 것인가', '삼성전자는 5년 후에도 한국 시가총액 1위 기업 자리를 유지할 것인가, 아니라면 삼성전자를 밀어낼 기업은 어딘가', '2008년 금융위기 같은 전 세계적인 경제 위기가 5년 내 또 발생할 것인가', '10년 내에 글로벌 자동차 시장에서 순수 전기자동차의 판매 숫자가 내연기관차의 판매 숫자를 앞설 것인가, 그 시점이 온다면 정확히 언제일 것인가', '10년 내 그리드 패리티(신재생에너지 발전단가와 기존 화석에너지 발전단가가 같아지는 균형점)를 맞이하는 국가(들)가 나올 것인가, 그렇다면 국가별로 그 시점이 언제일 것인가'.

이런 질문에 대한 답을 100% 정확하게 미리 예견하는 것은 과학적으로 불가능하다. 신내림이라도 받지 않는 한 우리가 할 수 있는 최선의 방법은 데이터에 근거한 예측이다. 그런데 우리가 갖고 있는 모든 데이터는 과거의 것이다. 그 데이터에서 어떤 경향을 찾아내는 것은 가능할 것이다. 그러나 앞서 탈레브가 언급한 블랙 스완의 징조를 찾아내는 것은 매우 어렵다. 블랙 스완은 이미 앞에서 여러 번 설명한 대로 과거의 통계 데이터로는 그 존재 가능성을 확인하기 어려운, 일반적인 기대 영역 바깥에 놓여 있는 '극단값'을 갖기 때문이다.[1]

9·11 테러가 일어나기 거의 정확하게 다섯 달 전인 2001년 4월 12일 오전 10시 22분(미국 동부시간 기준)에 미국 국방장관 도널드 럼스펠드Donald Rumsfeld는 조지 부시George W. Bush 대통령, 체니 부통령, 라이스 국무장관에게 메모 한 장에 첨부문서 한 장을 덧붙여 보내면서 일독을 권했다. 이 첨부문서는 해군 장교 출신 국방부 소속 고위 관료 린턴 웰스Linton Wells가 작성한 것으로 다음과 같은 내용이며, 괄호 안의 말은 이해를 돕기 위해 필자가 덧붙인 것이다.

- 만약 당신이 1900년에 세계 최강대국의 안보 정책 담당자였다면, 당신은 숙적 프랑스를 경계의 눈으로 바라보는 영국인이었을 것이다.
- 1910년에 이르면, 당신은 프랑스와 동맹을 맺을 것이고 당신의 주적은 독일이 될 것이다.
- 1920년에 이르면, 당신은 제1차 세계대전에 참전해 전승국이 되었고, 한때의 동맹국들인 미국, 일본과 해군 군비 경쟁에 돌입한 상태일 것이다.
- 1930년에 이르면, 해군 군비 제한 조약이 발효되었고, 대공황이 진행 중이며, 방위 계획은 '향후 10년간 전쟁 없음'이라는 전제하

에 세워질 것이다.

- 9년 뒤 제2차 세계대전이 발발했다.

- 1950년, 영국은 더 이상 최강대국이 아니고, 원자력의 시대가 열렸으며, 한반도에서는 '경찰 액션(역주: 미국이 세계의 경찰 역할을 하느라 한국전쟁에 개입했다는 의미)'이 진행되었다.

- 10년 후, 정치적인 초점은 '미사일 격차(역주: 미 · 소의 대륙간 탄도미사일의 수적 격차를 의미)'에 있었고, 전략 패러다임이 대규모 보복에서 유연한 대응으로 이동하고 있었으며 대부분의 사람들은 베트남에 대해 들어본 적이 없었다.

- 1970년이 되자, 베트남에 대한 우리의 개입이 절정에 다다랐다가 사라졌고, 소련과의 데탕트(긴장완화)가 시작되었으며, 걸프에는 우리의 비호를 받는 '샤'가 (이란의 권좌에 앉아) 있었다.

- 1980년, 소련군이 아프가니스탄에 있었고, 이란은 혁명의 고통을 겪고 있었으며, 우리의(미국의) '속빈 군대(hollow forces, 역주: 미군, 특히 육군이 허우대만 근사하고 실제로는 약해 빠졌다는, 월남전 이후 대두된 주장. 6장에 소개된 미 육군의 실전 같은 훈련은 이런 주장에 근거해 시작된 것이다)'와 '취약성의 창(window of vulnerability, 역주: 로널드 레이건의 1980년 대통령 선거 슬로건 중 하나로 미국이 소련에 비해 군사적 열위라는 주장)'에 대한 이야기가 있었고, 미국은 역사상 세계에서 가장 큰 채권국이었다.

- 1990년, 소련은 붕괴되기 1년 전이었고, 미군은 사막에서 그들이 절대 속이 비어 있지 않다는 것을 보여주려는 참이었으며. 미국은 역사상 가장 큰 채무국이 되었고, 대부분의 사람이 인터넷에

대해 들어본 적이 없었다.

- 10년 후, 바르샤바(역주: 과거 나토에 대항한 소련과 그 위성국가들의 동맹이 '바르샤바 조약기구'였다)는 나토 회원국의 수도가 되었고 비대칭적인 위협이 지역을 초월해 존재하고 있었으며, 정보의 평행한 혁명, 생명 공학, 로봇 공학, 나노 기술, 고밀도 에너지원 등은 거의 예측의 한계를 넘는 변화의 전조가 되었다.

- 이상의 발언을 종합하면 나는 2010년의 세계가 어떨지 잘 모른다는 것이다. 하지만 확신할 수 있는 것은, 그것은 우리가 기대하는 것과 매우 다를 것이라는 것, 그래서 우리는 그에 따라 계획을 세워야 한다는 것이다.[2]

이 린턴 웰스의 문서에 다음 두 문장을 덧붙여 보자. "2022년, 3년째 지속되는 팬데믹으로 1,500만 명이 목숨을 잃었고,[3] 대면을 해야 이루어지는 모든 사업이 엄청난 타격을 받았다. 러시아는 우크라이나를 '非나치화' 해야 한다는 명분으로 유럽에서 전쟁을 시작했으며, 가상화폐의 총 시장가치는 정점에서 대폭락 후에도 여전히 1조 달러에 가까운 상태다." 위의 웰스가 작성한 문장들을, 20세기를 산 대부분의 정책 담당자가 그 일이 발생하기 10년 전에는 예상하지 못했듯이, 내가 만든 위의 문장들 역시 2010년, 아니 2015년만 해도 상상하기 매우 어려운 일들이었다. 정책담당자뿐 아니라 경영자도 여태까지 보지 못한 새로운 기술이나 제품의 탄생과 그 영향력을 미리 예견하기 어렵다.

이 책의 프롤로그에서 언급한 스티브 발머는 아이폰이 등장했을 때 그 의미를 깨닫지 못했다. 그는 결국 그래서 마이크로소프트 CEO 자리에서 물러나야만 했고, 마이크로소프트는 IT 기업 시가 총액 1위 자리를 내 주어야 했다. 20세기 초반 아직 대부분의 교통 수단이 말에 의존할 때, 헨리 포드는 다음과 같이 말했다고 한다. "만약 사람들에게 (새로운 탈것에 관해) 뭘 원하는지 묻는다면, 아마 더 빠른 말을 원한다고 했을 것이다."[4] 사람들은 과거의 경험으로 만 판단하기 때문에 아예 새로운 그 무엇이 출현할 때 그것의 영향 력을 미리 가늠하지 못한다. 그러나 유능한 경영자라면 이런 상황 에서 예측이 불가능하다고 손을 놓고 있을 수는 없다.

그럼에도 불구하고 과거의 데이터와 사례는 중요하다

우리가 이 9장의 서두에서 언급한 질문들에 대해 정확한 답을 알아 낼 방법은 없지만 센스메이킹을 활용하고 시나리오별로 어떤 일이 발생할 것인지에 대한 계획이 있다면 아예 아무 준비도 하지 않는 것보다는 훨씬 나을 것이다. 그런 일이 발생할 가능성에 대한 예측 을 할 때 과거의 자료는 여전히 중요하다. 대체로 역사의 흐름을 보 면 중요한 사건들은 똑같지는 않으나 비슷한 패턴으로 반복되고 그 결과도 동일하지는 않아도 비슷한 경우가 많다. 다만 위의 주장 은, 과거와 전혀 다른 패턴으로 전개되는 블랙 스완(예컨대 그 전까 지의 전쟁과 전혀 다른 양상으로 벌어진 제1차 세계대전 같은 경우)은 제 외한, 그런 극단적인 사례가 아닌 경우들을 말한다. 이럴 때 앞서 거론한 회고(retrospect)가 센스메이킹에서 유용하게 쓰이는 기법 인 것이다.

2016년 6월 23일(현지시각) 진행된 영국의 국민투표에서 영국 국민은 브렉시트, 즉 EU탈퇴의 결정을 내렸는데 이 결정의 가장 큰 문제점은 세계 경제 전체에 불확실성이라는 문제를 던졌다는 것이다. 투표 발표날 로이터 통신은 브렉시트 뉴스 속보를 전하면서 글로벌 투자자들이 1930년대 후반의 기록을 들여다보기 시작했다고 전했다. 글로벌 투자자들이 1930년대 후반의 기록을 들여다 본 것은 브렉시트 같은 역사적 사건에 가장 근접한 것이 근 80년 전에 유럽에 불어 닥친 보호무역주의, 국수주의, 세계화 후퇴 등이었기 때문이다. 이러한 회고의 과정을 통해 투자자들은 브렉시트가 정치 경제적으로 어떤 함의가 있는 사건인지 의미부여를 하고 그 대비책을 마련하는 센스메이킹에 나서는 것이다.

2016년 11월 도널드 트럼프의 미국 대통령 당선은 브렉시트보다 더한 충격을 세계에 안겨 주었다. 트럼프의 집권 이후의 세계는 '불확실할 것이라는 것만 확실하고 나머지는 다 불확실할 것'이라는 말이 나올 정도였다. 2008년 금융위기를 정확히 예견하고, 비관론자로 유명해 닥터 둠Dr. Doom이라고도 불리는 누리엘 루비니 뉴욕대 교수는 2017년 1월 트럼프 시대의 세계정세를 예측하면서, 역시 회고에 의존한 전망을 했다. 그는 고립주의, 보호무역, 반세계화, 포퓰리즘을 트럼프 정책의 핵심으로 꼽으면서 이것이 1920년대 말~1930년대의 미국 정책과 비슷하다고 지적하였다. 1929년 대공황이 시작되고 수입물품을 제한하는 스무트-할리Smoot-Hawley 관세로 시작된 미국의 보호주의는 무역보복과 통화전쟁을 촉발시켰고 이는 대공황을 악화시켰을 뿐 아니라 제2차 세계대전으로 이어졌다.

루비니 교수는 21세기에도 1930년대처럼 미국의 고립주의가 무력충돌의 가능성을 증가시킬 수 있다고 주장하였다. 예컨대 이슬람 전체에 대한 배타적 태도는 결국 기독교와 이슬람의 문명충돌 가능성을 높일 것이고, 유럽에서 미국과 나토의 약화는 러시아의 대두를, 미국의 아시아지역에서 세력악화에 따른 중국의 부상을, 그리고 이에 맞서는 일본과 인도의 군사력 강화를 야기할 것이라는 것이다.[5] 물론 회고에 의한 분석이 항상 맞는다고 할 수는 없지만, 적어도 회고는 당장 이 사건이 어떤 의미가 있는지를 알아내야 하는 분석가에게 센스메이킹을 가능하게 해주는 유용한 수단이다.

『톰 소여의 모험』의 저자 마크 트웨인이 했다고 알려져 있는 다음 격언은 그런 면에서 센스메이킹에 시사점을 준다. "역사는 똑같이 되풀이 되지는 않지만, 그 라임은 종종 맞는다(History does not repeat itself, but it often rhymes)."[6] 따라서 다른 기업의 사례연구를 통한 학습이나 벤치마킹은 유효하다고 본다. 이런 방법들은 우리와 처지가 비슷하거나, 같은 고민을 하는 타 기업의 과거를 분석해 우리 기업에 적용하는 것이므로 조직 차원의 센스메이킹에도 도움이 된다. 다만 아무 사례나 모두 좋다는 것은 아니다. 사례 선정과 관련해서 다음과 같은 충고를 경영자들에게 해주고 싶다.

센스메이킹을 위한 벤치마킹의 대상 사례는 기업 상황에 맞게 골라라
기업에 가서 임원이나 간부, 또는 사원 대상의 경영학 강의를 하다 보면 성공 기업 사례를 강의 중 언급하여 달라는 회사 교육 담당자

부탁을 많이 받는다. 대부분의 교육 담당자들은 가장 최근에 뜬, 소위 '핫'한 기업사례를 선호한다. 오래된 기업의 꾸준한 개선 사례를 선호하는 일도 간혹 있지만 그런 경우는 극소수이다. 그런데 정작 그런 기업사례 교육을 요구하는 기업은 대게 창업한 지 몇 십 년 지난 중견, 또는 '노령'의 기업들이다. 나는 벤치마킹을 할 때, 해당기업과 참고기업의 산업 차이보다는, 많은 경우 그 연령 차이가 더 중요한 변수라고 생각한다. 극단적으로 말하면 타 산업에 종사하는 기업의 사례를 우리 기업에 적용하는 것이, 연령 차이가 많이 나는 (즉 젊은 기업 사례를 나이든 우리 기업에 적용하는 것) 기업사례의 적용보다 상대적으로 더 쉽다고 생각한다.

많은 기업들의 교육담당자들이 최근 뜬 텐센트나, 우버, 넷플릭스, 아니면 엔비디아 같은 기업 사례를 선호한다. 이 중 가장 오래된 기업이 엔비디아로 1993년에 창업되었다. 나머지 기업들은 그보다도 훨씬 젊다. 기업을 연령대별로 구분하자면 엔비디아는 청년기, 나머지 기업들은 이제 막 자라나는 성장기 청소년이다. 이런 기업들은 아직도 비교적 '젊은' 창업자(위에 언급한 기업 중 가장 오래된 엔비디아의 창업자 젠슨 황이 1963년 2월생으로 그 중 가장 연장자이다)가 경영하고 있고, 엄청난 속도로 성장하고 있으며, 아직도 계속해서 변신을 거듭하는 유연성을 지닌 경우가 많다. 그런데 이런 기업들의 사례를 들려달라는 한국 기업들은 대부분 창업한 지 40년 이상 된 중년이고 창업자가 아닌 2세, 3세나 전문경영인이 경영하는, 이미 성장률이 한자리 수(심지어 마이너스)에 들어선 성숙 기업들이다. 그런 차이를 감안하면, 그 기업들의 주요 전략을 그런 한국기업들에 적용하는 것은 그렇게 쉽지 않고 따라서 그런 기업의 사례를 통해 얻을 것도 그렇게 많지 않다고 본다.

현대 조직이론의 주요 이론 중 하나로 조직생태학(Organization ecology)이라는 패러다임이 있다. 이 조직생태학에서 제시된 여러 가설들 중에 가장 널리 알려진 것이 '신생조직의 취약성(liability of newness)'이다.[7] 이 가설에 따르면 신생 기업들은 사회적 책무와 조직의 역할을 파악하는 데 기존 조직보다 불리하다. 따라서 경영상의 시행착오를 범할 우려가 높고, 외적 인지도의 결여, 자원획득의 제한, 중요 구매자나 공급자와의 관계의 불안정성 등으로 인해 시장에서의 경쟁에 있어 기존 오래된 기업들에 비해 상대적으로 취약성을 가진다.

이 조직생태학 패러다임을 집대성한 마이클 한난과 존 프리만 Hannan and Freeman은 신생조직의 취약성을 설명하면서 조직의 존재를 담보하는 두 가지 요인은 신뢰성(reliability)과 '그 행동에 합리적으로 책임을 진다(to account rationally for its actions)'는 책임성(accountability)이라고 주장하였다.[8] 신뢰성과 책임성은 조직의 목표가 제도화(institutionalize)되고 조직의 업무들이 루틴화(routinize) 되어, 그 조직의 행동과 성과가 어느 정도 예상 가능해질 때 높아진다. 신생 기업은 조직의 성공을 담보하는 이 두 가지 조건, 즉 책임성과 신뢰성이라는 점에서 기존 조직에 비해 절대적으로 불리하므로 실패율이 더 높다는 것이다. 그렇다면 기존 조직에는 문제점이 없을까? 한난과 프리만은 기존 조직이 신뢰성과 책임성을 갖게 되면서 필연적으로 구조적 관성(structural inertia)이 생긴다고 주장하였다.

구조적 관성은 조직이 하던 일을 계속하려는 성질이다. 구조적 관성은 기업이 늘 해오던 일을 계속해서 안정적으로 실수 없이 하게 해주는 역할을 하므로 책임성과 신뢰성을 증가시킨다. 하지만 동시에 조직으로 하여금 변화를 싫어하게 하고 그 시도조차 어렵게 만드는 요인도 된다. 조직생태학자들 중에는 조직의 급격한 변화가 어려울 뿐 아니라 자칫 조직을 와해시킬 수 있다고 주장하는데 그들은 바로 이 신생조직의 불리함과 구조적 관성에 그 논리적 근거를 두고 있다. 즉 조직이 성공하고, 커지고, 오래될수록, 구조적 관성은 더 강해지고, 따라서 조직의 근간을 바꾸는 급격한 변화는 힘들다는 것이다. 조직생태학자들은 이를 '신생조직의 취약성 시계를 리셋(Resetting the liability of newness clock)'하는 것이라 표현하였다.[9] 조직 핵심부문의 변화(core change)는 마치 조직을 그 창업한 지 얼마 되지 않은 미숙한 시절로 돌려보내는 역할을 한다는 주장이다. 즉 내부적으로는 직원들의 변화에 대한 인식부족, 외부적으로는 새로운 공급자, 새로운 구매자와의 관계가 정립되어 있지 않으므로, 변화가 조직 전체의 실패율을 높인다는 것이다.

이 주장은 단순한 가설이 아니라 많은 실증 연구를 통해 어느 정도 검증된 이론이다. 상식적으로 생각해도 오래된 기업이 전혀 새로운 변화의 시도를 해서 성공하는 경우는 많지 않다. 더구나 위에 거론한 요즘 '핫'한 기업들은 인터넷의 시대에 등장해서, 바로 그 인터넷과 IT시대에 최적화된 가치사슬로 무장한 기업들이다. 그런 기업들의 성공 스토리를 들려주면 기존의 중견기업 직원들 입장에서, 들을 때는 흥미로울 수 있다. 그러나 막상 그 사례를 자신의 기업에 적용하려 하면 막막할 것이다. 자신의 기업과는 전혀 다른 상황과 시대에 창업되었고, 전혀 다른 가치사슬을 갖고 있으며 인사관리, 마케팅, 전략, 생산, 재무현황 등 경영의 모든 항목에서 비슷한 곳이라고는 찾아볼 수 없는 그런 '핫'한 기업에서 과연 무엇을 벤치마킹할 것인가? 그런 기업들이 갖는 '혁신성', '창조성' 같은 그런 막연한 개념들을 과연 따라할 수 있을까? 기존기업들은 이미 자신들의 가치사슬에 많은 돌이킬 수 없는 투자를 한 상황이기 때문에, 인터넷의 시대에 최적화된 가치사슬을 가진 신생기업과 똑같은 전략을 사용하는 것이 매우 힘들다.

그래서 나는 중년 이상의 오래된 기업들에게는, 창업한 지 꽤 오랜 시간이 지났음에도 꾸준한 개선을 통해서 여전히 잘 하고 있는 그런 타 기업 사례가 훨씬 유용할 것이라고 생각한다. 그런 기업들은 자신들이 잘 하는 것을 유지하면서도 천천히 새로운 사업을 준비하였고, 전략적 포지션을 변경할 때에도 급작스럽게 하지 않고 구 포지션과 신 포지션을 한 동안 같이 운영하는 등, 신중에 신중을 기하였다. 그렇게 해서 후지필름은 필름 회사에서 사무용품(복사기 등), 영상솔루션, 헬스케어 등의 다각화된 회사로 거듭날 수 있었고, 2014년 MS CEO로 취임한 사티아 나델라는 마이크로소프트를 윈도우 중심에서 클라우드와 모바일에도 강한 기업으로 탈바꿈시켜 불과 몇 년 만에 아마존, 구글, 애플과 시가 총액 1위 자리를 치열하게 다투게 만들었다.

오래된 기업이 창업한 지 그리 오래 되지 않아 아직 유연할 수 있는, 그러면서도 무섭게 크는 기업의 경영기법을 따라 하는 것은 절대로 쉽지 않다. 그런 기업의 사례로는, 공감할 수 있는 경영기법을 찾기도, 센스메이킹을 하기도 어려울 것이다. 그러니까 당신의 기업이 어느 정도 역사를 가진 중견기업이라면, 벤치마킹이나 센스메이킹을 위해서는, 가급적 당신의 기업과 비교가 가능할 만한 상황에서 창업하여, 비슷한 경로를 밟고 성장한, 오래된 기업을 고르는 것이 좋다는 것이다.

고정관념을 깨기 위해 최고반대책임자(Chief Objection Officer) 라도 두라

이 책의 '들어가는 말'에서 언급한 경제학자 존 케네스 갤브레이스의 어록 중 필자의 마음에 꼭 드는 말이 있다. 원문 그대로 옮기면 다음과 같다.

> "Economists are most economical about ideas. They make the ones they learned in graduate school last a lifetime."

직역하면, '경제학자들은 생각(지식)에 관한 한 가장 경제적이다. 그들은 그들이 대학원에서 배운 것을 평생 가도록 만든다' 쯤 될 것이다. 갤브레이스는 급격히 변화하는 세상 속, 새로운 이론들과 방법론이 끊임없이 등장하는 학계에서, 경제학자들이, 그들이 박사과정 시절 배운 지식을 은퇴할 때까지 수십 년 동안 사골처럼 우려먹는 것을 비아냥대며 비판한 것이다. 여기서 '경제'를 '경영'으로 바꿔도 크게 달라지지는 않을 것이다. '최소의 투입으로 최대의 효과를 얻자'는 것이 필자가 전공한 경영학의 모토이니까.

그런데 나는 갤브레이스의 이 명언을 다른 각도에서 보았다. 사람이, 특히 특정 분야에서 오랜 기간 일해 온 전문가가, 자신의 생각을 바꾸는 일이 쉬울까? 전문가들은 한 번 받아들이고 자기 것으로 만든 지식과 정보에서 벗어나기 어렵다. 신케인즈 학파의 이코노미스트가 신고전파 경제학 또는 신자유주의로 전향할 가능성을 생각해보라. 그 반대 경우도 마찬가지다. 그런 면에서, 소위 전문가라는 많은 사람들이, 자신들이 배운 지식에 반하는 증거가 나올 때 그것을 수용하기 어려워한다. 경영자들도 마찬가지다. 그들은 몇 십 년에 걸친 그 산업 경험을 통해 쌓아 온 지식과 반하는 증거들이 나올 때 그것을 쉽게 받아들이지 못한다. 그렇기 때문에 '전혀 새로운 그 무엇'이 나오면 그 가치를 무시하거나 폄하하다가 뒤늦게 후회하고 몰락의 길을 걷게 되는 경우가 많다.

마이크로소프트의 CD롬 백과사전과 뒤이어 위키피디아가 출현할 때의 브리태니커가 그랬다. 마이크로소프트 엔카르타Encarta와 위키피디아에 밀린 브리태니커는 결국 2012년 종이사전 출판을 중단했고 260년이 넘는 종이 백과사전 역사에 종지부를 찍었다. 1970년, 개인이 복사기를 소유한다는 것이 말도 안 되는 일이었던 시절, 캐논이 데스크톱 사이즈의 복사기를 출시했을 때의 제록스도 그랬다. 캐논의 복사기가 인기를 얻으면서 제록스의 시장점유율은 사실상 독점이던 95%에서, 13%까지 쪼그라들었고, 2018년 한때 자신들의 하청회사나 다름없던 후지필름에 합병될 뻔한 위기를 맞게 되었었다. 2007년 아이폰이 등장한 이후의 모토롤라, 노키아도 그랬다. 이 두 회사의 휴대폰 부서가 그 후 어찌 되었는지는 군이 설명하지 않아도, 독자 여러분이 잘 알 것이다.

앞서 필립 테틀록의 저술들을 소개하면서 소위 전문가로 분류된 사람들의 미래 예측이 오히려 비전문가의 예측보다 부정확한 경우가 많다고 하였는데 나는 이것이 전문가집단이 갖는 일종의 아집 때문이라 생각한다. 많은 전문가들이 기존의 사회과학적 사실에 반하는 새로운 증거가 등장해도 그것을 믿기 어려워하는 것은 그만큼 그들이 갖고 있는 기존 지식이 공고하기 때문이다.

제임스 카메론의 영화 〈아바타〉에 등장하는 나비족의 제사장 모앗은 나비족의 풍습을 배우고 싶다는 주인공 제이크 설리에게 이렇게 대답한다. "이미 꽉 차 있는 잔을 채우는 것은 어렵다(It is hard to fill a cup that is already full)." 그에 대한 제이크 설리의 반응은 "내 컵은 비었어요. 나는 과학자가 아니에요" 였다. 불교의 무문관無門關이나 고대 그리스 철학자 에픽테토스Epictetus의 영향을 받은 것 같은 〈아바타〉의 이 대사들은 센스메이킹에도 유효하다.

센스메이킹을 위해서는 내 지식, 믿음과 상반되는 팩트를 적극적으로 수용하여야 한다. 『위대한 개츠비』의 작가 F. 스콧 피츠체럴드는 그의 자전적 에세이 『The Crack-Up(『무너져 내리다』라는 제목으로, 펭귄클래식코리아의 『위대한 개츠비』에 번역본이 실려 있다)』에서 다음과 같이 주장한다. "최고 수준의 지성을 판단하는 기준은 상반된 두 개의 생각을 동시에 수용하면서도 흔들리지 않고 제 기능을 다하는 능력이다."[10] 센스메이킹을 하는 데 있어서 이보다 인문학적 통찰력이 있는 말은 별로 보지 못하였다.

영화 〈아바타〉에서 나비족 제사장 모앗 | 영화 〈아바타〉에서 나비족의 제사장 모앗은 나
비족의 풍습을 배우고 싶다는 제이크 설리에게 이미 꽉 찬 컵을 채우는 것은 어렵다고 말한
다. 설리는 자기가 '과학자'가 아니기 때문에 컵이 비어 있어서 그것이 가능하다는 취지로
답변한다. 센스메이킹의 관점에서 이 말은 '메이크 센스'한 대답이었다.

경영자 자신이 상반된 생각을 수용하지 못한다면, 7장에서 소개
한 이스라엘군 정보국 AMAN처럼, 조직 내에 최고 반대 책임자
(Chief Objection Officer)라도 두어 스스로의 믿음이 틀리지 않았는
지, 악마의 변호인으로 사용하기 바란다.

『정관정요』는 '제왕학 교과서'라고도 불리는, 중국 최고의 고전
중 하나다. 중년이 되어 처음 읽으면서, 필자는 대통령을 꿈꾸는 정
치가뿐 아니라 기업경영자 모두가 그 책을 읽으면 좋겠다는 생각
을 했다. 당 태종 이세민의 리더십과 그가 이룬 태평성대를 다룬 책
이지만, 나는 정작 그 주인공이 이세민이 아니라 황제의 잘못된 결
정을 바로잡는 악마의 변호인들이라 생각했다. 위징, 방현령, 두여
해, 왕규, 장현태 등의 신하들부터 부인이었던 장손황후까지, 이세
민은 많은 '최고반대책임자'를 둔 지도자였다. 그런 반대자들을 옆

'최고반대책임자' 위징 ┃ 위징魏徵**(580~643)은 원래 당 태종 이세민의 형이자 정적인 황태자 이건성의 참모였으나 건성이 현무문의 변으로 살해당하고 이세민이 황제에 즉위하자 그의 참모가 된다. 그는 이세민에게 집요한 악마의 변호인 역할을 했다.** 『정관정요』**에 나오는 그의 간언 횟수가 중요한 것만 300건이 넘는다고 한다(그림출처: 위키피디아).**

에 두고 중용할 수 있었던 포용력이 그를 중국역사에서 가장 존경받는 지도자 중 하나로 만들었을 것이다. 안팎으로 어려운 한국의 기업들에도 많은 '위징'이, 그리고 그들을 포용하는 많은 '이세민'이 등장하길 바란다.

글을 마치며

갤브레이스의 앞의 어록을 처음 접할 때, 필자 자신도 뜨끔해지는 경향이 없지 않았다. 박사과정을 마치고 교수가 된 지 20년이 넘었으나 나는 아직도 박사과정 때 배운 지식으로 먹고 산다. 그리고 나 역시 앞에서 거론한 '소위 전문가'들처럼 20대, 30대에 배우고 익힌 사상과 지식에 깊게 발을 담그고, 그 사상으로 제조된 렌즈로 세상을 보고 있다. 그럼에도 불구하고 지난 20여 년간 가급적 다양한 시각과 견해를 받아들이고자 노력하였고 그것이 분명 나의 센스메이킹에 도움이 되었다고 믿는다.

나의 사상이나 이념에만 기반을 둔, 치우친 판단과 행동을 '가급적' 하지 않으려고 노력해 왔다. 내가 나의 사상이나 이념을 고집할수록 나는 '객관적 현실(Objective Reality)'과 멀어질 가능성이 많다고 믿었기 때문이다. 임진왜란 직전의 조선 조정이나, 챌린저호 발사 결정을 내린 나사의 기술자들은 그들의 조직이 갖는 역사와 문화, 규범에 얽매였고, 결과적으로 객관적 사실과는 동떨어진 채 만들어진, 사회적으로 제조된 현실(Socially constructed reality)에 기반을 두어 판단하고 행동했다. 그래서 센스메이킹에 실패한 것이다.

이 책에서 인용한 많은 문헌들, 특히 칼 와익의 대표 저작들, 다이앤 본의 챌린저호 폭발사건에 대한 장문의 책, 4장에서 짧게 언급한 쿠바 미사일 사태 관련 그래엄 앨리슨의 연구, 어빙 재니스의 『집단사고(Groupthink)』 등은 필자가 1990년대 말 박사과정 때 읽었던 내용들이다. 경영전략 세미나를 가르치면서도, 단순히 경영전략이나 인접분야인 미시경제학, 조직이론 쪽 학술저널에 나오는 문헌만이 아니라 당시로서는 최신 사회학 연구였던 다이앤 본의 저작, 그리고 정치학계의 오랜 명저인 그래엄 앨리슨등의 저작을 읽도록 강제하여 나의 시각을 넓혀 준 지도교수 알버트 카넬라 Albert A. Cannella, Jr.에게 새삼 감사하게 된다.

갤브레이스의 '경제(경영)학자들은 생각(지식)에 관한 한 가장 경제적이다'라는 앞의 지적에 공감하지만 그렇다고 해서 이 책을 쓰기 위해 순전히 박사과정 때 배운 지식만을 동원한 것은 아니다. 최근의 저술들, 특히 본문에서 여러 번 거론한 제프 콜빈의『인간은 과소평가되었다(Humans are underrated)』와 필립 테틀록, 댄 가드너의 『수퍼포어캐스팅』은 이 책의 후반부인 '센스메이킹을 키우는 방법'에 대한 논의에 많은 도움을 주었다.

또한 우리 기록문화의 정수인『조선왕조실록』이 완역되고, 인터넷을 통해서 얼마든지 활용이 가능하게 되었다는 점도 이 책을 쓰는 데 큰 도움이 되었다. 앞으로 나오는 또 어떤 새로운 연구들과, 발견·발명들과, 저작들이 나의 고정관념을 바꾸고 내 센스메이킹 능력을 키워줄지 기대하고 있다. 새로운 지식과 정보들로 끊임없이 나의 생각들을 업데이트하면서 내가 갖고 있는 고정관념과 비교해 보고, 조금이라도 더 나은 길(100% 옳은 길은 없다고 믿기 때문에, 단 51%라도 옳은 길)을 찾고 행동하는 작업을 계속할 것이다. 이 책을 읽은 여러분도 그렇게 하길 바란다.

강항. 이을호 역. 2005. 간양록. 서해문집.

권오성. 2018. 인공지능으로 일자리 오히려 늘어난다. 한겨레신문, 7. 20.

김남희. 2016. 인터넷 매체 홍수 시대에도 고급 정론지는 살아남는다. 위클리 비즈, 조
    선일보. 12. 24.

김선엽. 2016. 92:구급, 19:화재, 꽃:화염, 구름:연기. 조선일보. 6월7일

김시덕. 2013. 징비록: 한국의 고전에서 동아시아의 고전으로. 아카넷.

김한솔. 2018. 다르니까 써 먹을 구석 있어 … . 제 각각 동료와 시너지 내는 법. 하버드
    비즈니스 리뷰 코리아, 3월호.

내셔널 지오그래픽 다큐멘터리, 고체 로켓 부스터 — 우주왕복선을 쏴라!(다큐사이언스).

노영구. 2012. 16~17세기 近世일본의 戰術과 조선과의 비교, 軍史, 84: 232~267.

디스커버리 채널, 2003. An Inside Look: Aircraft Carriers.

민덕기. 2010. 임진왜란 직전 조선의 국방인식과 대응에 대한 재검토 — 동북방 여진에
    대한 대응을 중심으로. 역사와 담론 57: 343–378.

사티아 나델라, 최윤희 옮김. 2017. 히트 리프레시. 흐름출판.

선조실록 21권, 선조 20년(1587년).

선조실록 23권, 선조 22년(1589년).

선조실록 24권, 선조 23년(1590년).

선조실록 25권, 선조 24년(1591년).

선조수정실록 21권, 선조 20년(1587년).

선조수정실록 25권, 선조 24년(1591년).

선조수정실록 26권, 선조 25년(1592년).

손미나. 2014. 손미나의 INTERVIEW. 나영석 피디. 허핑턴 포스트. 11. 24.

송병건. 2014. 경제사: 세계화와 세계경제의 역사(2판). 해남출판사.

신병주. 2017. 신병주의 '왕의 참모로 산다는 것': 평가 엇갈리는 세조의 참모 '신숙주'
　　쿠데타 진영의 충신 vs 대일 외교의 달인. 매경이코노미 제1903호(4. 11.~4. 18:
　　http://news.mk.co.kr/newsRead.php?&year=2017&no=258515).

신숙주. 신용호 옮김. 2004. 해동제국기. 범우사.

유성룡. 김홍식 옮김. 2003. 징비록. 서해문집.

유용원, 2017. [유용원의 밀리터리 리포트] 한 척에 12조원! 미 해군력의 핵 포드급
　　신형 항모. 주간조선, 2.27.

윤용빈. 2014. 패스의 달인은 850번 두리번거린다. 조선일보 12.31

이기봉. 2011. 한국민족문화대백과사전, 한국학중앙연구원
　　(http://encykorea.aks.ac.kr/Contents/SearchNavi?keyword=여지도&ridx=1&tot=
　　12).

이신영. 2016. 주식으로 재산 100만원→300억원, 자수성가한 35살 한양대 중퇴 CEO의
　　인생역전기. 11.21. 조선닷컴.
　　(http://news.chosun.com/misaeng/site/data/html_dir/2016/11/21/201611210
　　0670.html).

이찬. 1995. 한국민족문화대백과사전, 한국학중앙연구원.
　　(http://encykorea.aks.ac.kr/Contents/SearchNavi?keyword=혼일강리역대국
　　도지도&ridx=0&tot=3163)

이태동·김상윤. 2016. 화염 속 영웅을 위로하는 선율 '46, 47'. 조선일보, 6월 7일.

임채연. 2017. 생산성 수수께끼, 구글은 이렇게 풀었다. 중앙일보, 2월 6일.

주경철. 2009. 대항해 시대. 서울대학교 출판문화원.

최환석·김양민. 2016. 마중물 또는 눈먼 돈: 정부 연구개발 지원금이 연구개발 투자와
　　기업 혁신에 미치는 영향. 경영학연구, 45 (6): 1833–1857.

춘심애비(최영재). 2012. 승리의 필수교양: 뱅뱅이론. 딴지일보, 4월 26일.

춘심애비(최영재). 2016. 뱅뱅이론은 글로벌 이론이었다: 도대체 왜, 박근혜였고, 도대체 어떻게, 트럼프인가. 딴지일보, 11월 11일.

제프 콜빈. 신동숙 옮김. 2016. 인간은 과소평가되었다. 한스미디어.

에드 킷멀·에이미 월레스. 윤태경 옮김. 2014. 창의성을 지휘하라. 와이즈베리.

나심 니콜라스 탈레브. 차익중 옮김. 2007. 블랙 스완. 동녘 사이언스.

필명 땡칠이. 2004. 땡칠이 씨리즈 13탄, 전투기와 미사일 만능주의. 밀리터리 블로그 유용원의 군사세계.

필명 땡칠이. 2004. 땡칠이 씨리즈 24탄, F−35 와 F−16 블록 60의 대결, Part 1. 밀리터리 블로그 유용원의 군사세계.

한문종. 2004. 조선전기 日本國王使의 朝鮮通交. 한일관계사연구, 21(21): 5−36.

Acemoglu, D. & Restrepo, P. 2017. Robots and Jobs: Evidence from US Labor Markets, NBER Working Paper No. 23285, Issued in March.

Alesina, A. & Ardagna, S. 2010. Large Changes in Fiscal Policy: Taxes versus Spending. Tax Policy and the Economy, 24 (edited by J. R. Brown): 35-68.

Allison, G. T. 1971. Essence of Decision: Explaining the Cuban Missile Crisis. Little, Brown and Company, Boston.

Amburgey, T. L., Kelley, D. & Barnett, W. P. 1993. Resetting the Clock: The Dynamics of Organizational Change and Failure. Administrative Science Quarterly, 38: 51-73.

Ancona, D. 2012. Sensemaking: Framing and Acting in the Unknown. Snook, S., Nohria, N., & Khurana, R. (Ed) The handbook for teaching leadership : knowing, doing, and being. Los Angeles: SAGE Publications. p. 3-19.

Andrade, T. 2016. The Gunpowder Age: China, Military Innovation, and the Rise of the West in World History, Princeton University Press.

Aquino, J. 2011. 8 Traits Of Stellar Managers, Defined By Googlers. Business Insider, March 15.

Arthur, W. B. 1996. Increasing returns and the new world of business. Harvard Business Review, 74(4): 100-109.

Bar-Joseph, U. 2017. The Angel (The Egyptian Spy Who Saved Israel). Harper/Harper

Collins Publishers.

Barney, J. 1986. Strategic Factor Markets: Expectations, Luck, and Business Strategy, Management Science, 32(10): 1231-1241.

Benner, P. 1994. The role of articulation in understanding practices and experience as sources of knowledge in clinical nursing. J. Tully, ed. Philosophy In An Age of Pluralism: The Philosophy of Charles Taylor In Question. Cambridge University Press, New York, 136-155.

Berger, E. 2018. Elon Musk says the Falcon Heavy has a 50-50 chance of success. Ars Technica. February 6.

Berlin, I. 1953. The Hedgehog and the Fox: An Essay on Tolstoy's View of History. New York: Simon and Schuster.

Bessen, J. 2015. How Computer Automation Affects Occupations: Technology, jobs, and skills. Boston University School of Law, Law & Economics Working Paper No. 15-49.

Betts, R. K. 1982. Surprise Attack: Lessons for Defense Planning. Brookings Institution Press, 74-75.

Black, I. & Morris, B. 1991. Israel's Secret Wars: A History of Israel's Intelligence Services. Grove Press.

Blanchard, O. & Perotti, R. 2002. An Empirical Characterization of the Dynamic Effects of Changes in Government Spending and Taxes on Output. Quarterly Journal of Economics, 117(4): 1329-1368.

Bogner, W. C. & Barr, P. S. 2000. Making sense in hypercompetitive environments: A cognitive explanation for the persistence of high velocity competition. Organization Science, 11(2): 212-226.

Carlson, N. 2009. Answers to 15 Google interview Questions that will make you stupid. Business Insider, November 5.

Carnahan, M., Goddard, A., Lindelof, D. & Straczynski, M. J. 2013. World War Z (Script) based on the novel by Max Brooks.
(https://www.springfieldspringfield.co.uk/movie_script.php?movie=world-war-z)

Chass, M. 2002. BASEBALL; New G.M. Of Red Sox Is Youngest In History, November 26. The New York Times.

Chatham, R. 2009. "The 20th century revolution in military training". in K. Anderson Ericsson ed., Development of Professional Expertise: Toward Measurement of Expert Performance and Design of Optimal Learning Environements. Cambridge University Press.

Chatham, R. & Braddock, R. 2001. Report of the Defense Science Board Task Force on Training Superiority and Training Surprise. Office of the Secretary of the Defense, USA.

Coase, R. H. 1937. The Nature of the Firm. Economica, 4(16): 386-405.

Cole, D. J. 1990. "Cognitive Inquiry and the Philosophy of Mind", in D. J. Cole, J. H. Fetzer & T. Rankin eds., Philosophy, Mind, and Cognitive Inquiry, (Dordrecht: Kluwer Academic Pub, pp. 3-4. Jackendoff, R. 1989. Consciousness and the Computational Mind, Cambridge: MIT Press, p. 3.

Committee on Science and Technology House of Representatives, 1986. Investigation of the Challenger Accident, October 29.

Cooley, E. 1984. Trimotor and Trail: Pioneer Smokejumpers, Mountain Press Publishing, Missoula.

Department of the Army. 1993. A Leader's Guide to After-Action Review, Washington DC.

DiMaggio, P. J. & Powell, W. W. 1991. The New Institutionalism in Organizational Analysis (edited by Powell, W. W.and P. J. DiMaggio), Chicago: University of Chicago Press.

Dormehl, L. 2017. Thinking Machines: The Quest for Artificial Intelligence--and Where It's Taking Us Next. Penguin Random House LLC, New York.

Duhigg, C. 2016. What Google Learned From Its Quest to Build the Perfect Team. The New York Times Magazine, Feb 25.

Ferdinand, R. 2017. at the Premier League Tonight, BT Sports. September. (https://www.youtube.com/watch?v=pjMQ67b2BLQ)

Ferguson, A. 2011. at the Mister Potato-Manchester United press launch at Old Trafford, September. (https://www.youtube.com/watch?v=zLdguMS2fz4)

Filkins, D. & Burns, J. F. 2006. Mock Iraqi Villages in Mojave Prepare Troops for Battle, New York Times, May 1.

Fiore. S. M. 2007. as cited in Situation Awareness Wikipedia page. (https://en.wikipedia.org/wiki/Situation_awareness)

Fitzgerald, F. S. 1956. (originally published in 1936 in Esquire Magazine, Feb-April, 1936). The Crack-Up, New Direction Paperbook. NY.

Freud, S. 1959. Group Psychology and the Analysis of the Ego. (First published in 1922.) New York: Norton.

Gavin, D. A. 2000. The U.S. ARMY'S After Action Reviews: Seizing The Chance To Learn. An Excerpt from the book, "Learning In Action, A Guide to Putting the Learning Organization to Work" (Boston: Harvard Business School Press)

Gentzkow, M. & Shapiro, J. M. 2011. Ideological Segregation Online and Offline, The Quarterly Journal of Economics, 126(4): 1799-1839.

Ghoshal, S. & Moran, P. 1996. Bad for practice: A critique of transaction cost theory. Academy of Management Review, 21: 13-47.

Gilroy, T. & Herron, W. H. 2002. The Bourne Identity (Script). based on the novel by Robert Ludlum. (http://www.dailyscript.com/scripts/bourneidentity.html)

Gioia, D. A., & Thomas, J. B. 1996. Institutional identity, image, and issue interpretation: Sensemaking during strategic change in academia. Administrative Science Quarterly, 41(3): 370-403.

G M (필명). 2016. Ask A Fighter Pilot: Hand Signals On The Flight Deck! (https://fightersweep.com/3864/ask-a-fighter-pilot-hand-signals-on-the-flight-deck/)

Goldman, E. 2016. How Disney's "Story Trust" helped change Big Hero 6, Frozen, Wreck-it Ralph, and more. February 16. ign.com (http://www.ign.com/articles/2016/02/18/how-disneys-story-trust-helped-change-big-hero-6-frozen-wreck-it-ralph-and-more)

Gorman, P. F. 1990. The Military value of training. Institute for Defense Analysis, December.

Gorman, P. F. & McMaster, H. R. 1992. The Future of the Armed Services: Training for the 21st century, Statement before the Senate Armed Services Committee. May 21.

Grant, R. M. 1996. Toward a knowledge-based theory of the firm. Strategic Management Journal, 17(Winter Special Issue): 109-122.

Guichi, O. 2011. The Chronicle of Oda Nobunaga (translated by J.S.A. Elisonas J.P. Lamers), Brill.

Haegbi, T. 2010. The 'Mehdal' we need to fix. The Jerusalem Post. December 12.

Hakes, J. K. & Sauer, D. 2006. An Economic Evaluation of the Moneyball Hypothesis. Journal of Economic Perspectives, 20, 173-185.

Hannan, M. T. & Freeman, J. H. 1977. The population ecology of organizations. American Journal of Sociology, 82: 929-64.

Hannan, M. T. & Freeman, J. H. 1984. Structural inertia and organizational change. American Sociological Review, 49: 149-164.

Hart, W., Albarracin, D., Eagly, A. H., Brechan, I., Lindberg M. J. & Merrill L. 2009. Feeling validated versus being correct: A meta-analysis of selective exposure to information. Psychological Bulletin, 135(4): 555-588.

Hawley, S. J. 2005. The Imjin War: Japan's Sixteenth-century Invasion of Korea and Attempt to Conquer China. Royal Asiatic Society, Korea Branch, Seoul.

Hayek, F. A. 1945. The Use of Knowledge in Society. American Economic Review, XXXV(4): 519-530.

Isaacson, W. 2011. Steve Jobs. Simon & Schuster.

Isenberg, D. J. 1986. The structure and process of understanding: Implication for managerial action, In H. P. Sims & D. A. Gioia (Eds.), The thinking of organziation (238-262쪽), San Francisco: Jossey-Bass

Jackson, G. 2015. WW II Submarine Veterans Pay Heavy Toll. Military.com. November 5.

(https://www.military.com/daily-news/2015/11/05/wwii-sub-vets-pay-heavy-toll.html)

Janis, I. R. 1972. Groupthink: Psychological studies of policy decisions and fiascoes. Boston: Houghton Mifflin.

Jaworski, J. & Scharmer, C. O. 2000. Leadership in the new economy: Sensing and actualizing emerging futures (Working paper). Cambridge, MA: Society for Organizational Learning and Generon, p. 2.

Jobs, S. 2010. Interview with Kara Swisher and Walt Mossberg at D8 Conference. (https://www.youtube.com/watch?v=i5f8bqYYwps)

John, M. E. & Meliza, L. M. 1999. Foundations of the After Action Review Process. U.S. Army Research Institute for the Behavioral and Social Sciences. Special Report 42, July.

Johnson Space Center, "Program Specification Requirements", JSC07700, Vol. 10, appendix 1010.

Johnson, E. M. & Cosby, N. L. 1982. After Action Review Guidebook I: National Training Center, ARI Field Unit at Presidio of Monterey, CA.

Lerner, J. & Tetlock, P. E. 1999. Accounting for the effects of accountability. Psychological Bulletin, 125: 255-275.

Levitin, D. 2014. The Organized Mind, Penguin Group LLC, New York.

Lewis, M. 2003. Moneyball: The Art of Winning an Unfair Game. W. W. Norton & Company.

Livne, Y. 2015. World War Z (2013 movie): Do the Israelis really have a 10th man doctrine?
(https://www.quora.com/World-War-Z-2013-movie-Do-the-Israelis-really-have-a-10th-man-doctrine)

Locke, E. A., Shaw, K. N.,Saari, L. M., & Latham, G. 1981. Goal setting and task performance: 1969-1980. Psychological Bulletin, 90 (1): 125-152.

Maclean, N. 1992. Young Men and Fire. Chicago: University of Chicago Press.

Maddison, A. 2001. The World Economy: A Millennial Perspective. OECD.

Maitlis, S. 2005. The social processes of organizational sensemaking. Academy of Management Journal, 48: 21-49

Maitlis. S. & Christianson, M. 2014. Sensemaking in Organizations: Taking Stock and Moving Forward. The Academy of Management Annals, 8(1): 57-125

Mankiw, G. 2016. One Economic Sickness, Five Diagnoses. The New York Times, June 17.

Marquart, S. 2017. Elon Musk: There is 'a real good chance' SpaceX's first Mars rocket test will fail. Business Insider, July 21.
(http://www.businessinsider.com/elon-musk-a-real-good-chance-spacexs-falcon-heavy-rocket-may-fail-2017-7?r=UK&IR=T)

McCurdy, H. 1993. Inside NASA: High Technology and Organizational change in the US Space Program. Baltmore: Johns Hopkins University Press.

McDonald, A. J. & Hansen, J. R. 2009. Truth, Lies and O-Rings, University Press of Florida.

Meyer, A. D. 1982. Adapting to environmental jolts. Administrative Science Quarterly, 27(4), 515-537.

Mission-Centered Solutions, Inc. 2008. The After Action Review. Franktown, Colorado.

National Space Science Data Center. retrived in Feb. 2018. Apollo 13 Command and Service Module (CSM).

New York Times Well 블로그, 2013. Can You Read People's Emotions?, October 3.
(https://well.blogs.nytimes.com/2013/10/03/well-quiz-the-mind-behind-the-eyes/)

Parker, G. 1991. "Europe and the Wider World, 1500-1700: The Military Balance." In The Political Economy of Merchant Empires: State Power and World Trade, 1350-1750. (Edited by James D. Tracy). Cambridge University Press, pp 161-195.

Perez, L. G. 2013. Japan at War: An Encyclopedia, Santa Barbara, CA: ABC-CLIO.

Perin, N. 1979. Giving up the gun: Japan's reversion to the sword: 1543-1879. David R. Godine, Boston.

Popper, N. 2016. The robots invading Wall Street. The New York Times, March 21.

Presidential Commission on the Space Shuttle Challenger Accident, 1986. Report to the President, Vol 1, June 6.

Ring, P. S. & Rands, G. P. 1989. Sensemaking, understanding, and committing: Emergent interpersonal transaction processes in the evolution of 3M's microgravity research program. In A. H. Van de Ven , H.L. Angle & M.S. Poole (Eds), Research on the management of innovation: The Minnesota studies. New York: Ballinger. pp. 337-366.

Roberts, K. H. & Gargano, G. 1988. "Managing a High Reliability Organization: A Case for Interdependence." In M.A. Von Glinow and S. Mohrmon, (Eds.), Managing Complexity in High Technology Industries: Systems and People. New York: Oxford University Press, 1988.

Rochlin, G. I., La Porte, T. R, & Roberts, K. H. 1987. The Self-Designing High-Reliability Organization: Aircraft Carrier Flight Operations at Sea, Naval War College Review, 40(4): 76-90.

Rothermel, R. C. 1993. Mann Gulch Fire: A Race That Couldn't Be Won. United States Department of Agriculture, General Technical Report INT-299.

Roubini, N. 2017. "America First" and Global Conflict Next. Project Syndicate, Jan. 2. (https://www.project-syndicate.org/commentary/trump-isolationism-undermines -peace-worldwide-by-nouriel-roubini-2017-01)

Schiff, S. 2006. Know It All. The New Yorker. July 31.

Schiff, Z. 1985. A History of Israeli Army, 1874 to the present. New York: Macmillan

Segan, S. 2004. Smartphone, PC Magazine. October 19.
(http://www.pcmag.com/article2/0,2817,1651067,00.asp)

Silver, N. 2007. Lies, Damned Lies: PECOTA takes on prospects, Introduction, Baseball Prospects, February 1.
(http://www.baseballprospectus.com/article.php?articleid=5836)

Snook, S., Nohria, N. & Khurana, R. 2012. Handbook of teaching leadership. SAGE Publications, Inc.

Spencer, J. & Jewet, C. 2021. 12 Months of Trauma: More Than 3,600 US Health Workers Died in Covid's First Year. KHN, April 8.

Statistica, 2018. Quarterly personal computer (PC) vendor shipments worldwide, from

2009 to 2018, by vendor (in million units), The Statistics Portal
(https://www.statista.com/statistics/263393/global-pc-shipments-since-1st-quarter-2009-by-vendor/)

Stephens-Davidowitz, S. 2017. Everybody lies: Big Data, New Data, and What the Internet Can Tell Us About Who We Really Are. Harper Collins, New York.

Stewart, S. 1988. The Spymasters of Israel. 9th edition. Ballantine Books.

Stewart, T. 2006. Did You Ever Have to Make Up Your Mind? Harvard Business Review, January. p. 12.

Stinchcombe, A. L. 1965. Organizations and social structure. In James G March (eds.), Handbook of Organizations, 142-193. Chicago, Rand McNally.

Svrluga, B. 2016. Theo Epstein broke the jinx in Boston. Now he may finally lift the Cubs' curse, Washington Post, April 1.
(https://www.washingtonpost.com/sports/nationals/theo-epstein-broke-the-jinx-in-boston-now-he-may-finally-lift-the-cubs-curse/2016/04/01/56be208c-f787-11e5-9804-537defcc3cf6_story.html)

Taleb, N. N. 2007. The Black Swan. Random House.

Tetlock, P. E. 1985. Accountability: The neglected social context of judgment and choice. Research in organizational behavior, 7: 297-332.

Tetlock, P. E. 1992. The impact of accountability on judgment and choice: Toward a social contingency model. Advances in Experimental Social Psychology, 25: 331-376.

Tetlock, P. E. 2005. Expert Political Judgment: How Good Is It? How Can We Know?. New Jersey, Princeton University Press.

Tetlock, P. E. 2007. Why Foxes Are Better Forecasters Than Hedgehogs (Seminar), January 26. Long Now Foundation.

Tetlock, P. E. & Gardner, D. 2015. Superforecasting: The Art and Science of Prediction. New York: Bradway Books.

Tetlock, P. E., Mellers, B., Rohrbaugh, N.& Chen, E. 2014. Forecasting tournaments: Tools for increasing transparency and the quality of debate. Current Directions in

Psychological Science, 23(4): 290-295.

The Cortright Commission. 1970. Report of Apollo 13 Review Board, NASA.

Tribune Graphics. 2015. Comparing O'Hare and Changi airports, Chicago Tribune. Feb. 27.

Vaughan, D. 1996. The Challenger Launch Decision: Risky Technology, Culture, and Deviance at NASA. The University of Chicago Press, Chicago, IL.

Waterman, R. H. 1990. Adhocracy: The power to change. Memphis, TN: Whittle Direct Books.

Weick, K. E. 1969. The social psychology of organizing. Reading, MA: Addison-Wesley.

Weick, K. E. 1993. The Collapse of Sensemaking in Organizations: The Mann Gulch Disaster, Administrative Science Quarterly, 38(4): 628-652.

Weick, K. E. 1995. Sensemaking in Organization, Thousand Oaks, CA: Sage.

Weick, K. E. 2011. Making sense of the Organizations. Blackwell Publishing.

Weick, K. E. & Roberts, K. H. 1993. Collective mind in Organizations: Heedful interrelating on Flight Decks. Administrative Science Quarterly, 38: 357-381.

Weick, K. E., Sutcliffe, K.M., & Obstfeld, D. 2005. Organizing and the Process of Sensemaking. Organization Science, 16(4): 409-421.

Williamson, O. 1975. Markets and Hierarchies. New York. Free Press.

WolframAlpha. how many piano tuners are in chicago?

(Http://www.wolframalpha.com/input/?t=crmtb01&f=ob&i=how+many+piano+tuners+are+in+chicago)

Woolley, A, Chabris, C. F., Pentland, A., Hashmi, N. & Malone, T. 2010. Evidence for a Collective Intelligence Factor in the Performance of Human Groups, Science, 330: 686-688.

Zald, M. N. 1995. History, Meta-Narratives, and organizational theory. Ann Arbor: University of Michigan, Department of Sociology. Manuscript.

Zweig, J. 2009. How to Ignore the Yes-Man in Your Head, Wall Street Journal, November 19.

들어가는 말

1 송병건, 2014, 경제사: 세계화와 세계경제의 역사, 2판(해남출판사)에서 『2차 세계화: 1973년 – 현재』 부분 참조함.

2 Popper, N. 2016. The robots invading Wall Street. The New York Times, March 21.

제 1 부 왜 센스메이킹인가

프롤로그: 두 스티브의 엇갈린 판단

1 Statistica. 2018. Quarterly personal computer (PC) vendor shipments worldwide, from 2009 to 2018, by vendor (in million units), The Statistics Portal.
https://www.statista.com/statistics/263393/global – pc – shipments – since – 1st – quarter – 2009 – by – vendor/

2 Jobs, S. 2010. Interview with Kara Swisher and Walt Mossberg at D8 Conference.
https://www.youtube.com/watch?v = i5f8bqYYwps 무려 1시간 36분짜리 인터뷰 영상에서 이 발언 내용을 찾고 싶다면 44분 25초부터 보라.

제1장 센스메이킹이란 무엇인가

1 Gilroy, T. & Herron, W.H. 2000. The Bourne Identity (Script). based on the novel by Robert Ludlum.

http://www.dailyscript.com/scripts/bourneidentity.html
2 윤용빈, 2014. 패스의 달인은 850번 두리번거린다. 조선일보. 12.31.
3 Weick, K. E. 1995. Sensemaking in Organization, Thousand Oaks, CA: Sage. 4쪽.
4 Waterman, R. H. 1990. Adhocracy: The power to change. Memphis, TN: Whittle Direct Books. 41쪽.
Ring, P.S. & Rands, G.P. 1989. Sensemaking, understanding, and committing: Emergent interpersonal transaction processes in the evolution of 3M's microgravity research program. In A. H. Van de Ven , H.L. Angle & M.S. Poole (Eds), Research on the management of innovation: The Minnesota studies. New York: Ballinger, 337－366의 341쪽.
5 Fiore. S.M. 2007. as cited in Situation Awareness Wikipedia page (https://en.wikipedia.org/wiki/Situation_awareness)
6 Maitlis, S. 2005. The social processes of organizational sensemaking. Academy of Management Journal, 48: 21－49의 21쪽에서 이렇게 설명하고 있는데 다음의 세 문헌에서도 비슷한 설명이 나온다. Gioia, D. A. & Thomas, J. B. 1996. Institutional identity, image, and issue interpretation: Sensemaking during strategic change in academia. Administrative Science Quarterly, 41(3): 370－403.; Weick, K. E. 1993. The collapse of sensemaking in organizations: The Mann Gulch disaster. Administrative Science Quarterly, 38(4): 628－652; Weick, K. 1995. Sensemaking in Organization, Thousand Oaks, CA: Sage.
7 Maitlis. S. & Christianson, M. 2014. Sensemaking in Organizations: Taking Stock and Moving Forward. The Academy of Management Annals, 8(1): 57－125.
8 Weick, K. E., 2011. Making sense of the Organizations. Blackwell Publishing, 11쪽.
9 같은 책, 11쪽.
10 Weick, K. E. 1995. Sensemaking in Organization, Thousand Oaks, CA: Sage. 24－30쪽.
11 Weick, K. E. 2011. Making sense of the Organizations. Blackwell Publishing, 11쪽.
12 같은 책, 11쪽.
13 Weick, K. E. 1995. Sensemaking in Organization, Thousand Oaks, CA: Sage. 55－56쪽.
14 Isenberg, D. J. 1986. The structure and process of understanding: Implication for managerial action, In H. P. Sims & D. A. Gioia (Eds.), The thinking of organziation (238－262쪽), San Francisco: Jossey－Bass.
15 Weick, K. E. 2011. Making sense of the Organizations. Blackwell Publishing. 11쪽.
16 Vaughan, D. 1996. The Challenger Launch Decision: Risky Technology, Culture, and Deviance at NASA. The University of Chicago Press, Chicago, IL, 403쪽.
17 Weick, K. E., Sutcliffe, K.M. & Obstfeld, D. 2005. Organizing and the Process of Sensemaking. Organization Science, 16(4): 409-421.
18 Benner, P. 1994. The role of articulation in understanding practices and experience as sources of knowledge in clinical nursing. J. Tully, ed.

Philosophy In An Age of Pluralism: The Philosophy of Charles Taylor In Question. Cambridge University Press, New York, 136–155의 139–140쪽.

19 Benner, P. 같은 책 140쪽.

20 Weick, K. E., Sutcliffe, K.M. & Obstfeld, D. 2005. 의 같은 논문 413쪽.

21 Weick, K. E. 1995. Sensemaking in Organization, Thousand Oaks, CA: Sage. 49–53쪽.

22 Weick, K. 1995. Sensemaking in Organization. Thousand Oaks, CA: Sage. 17쪽.

23 Ancona, D. 2012. Sensemaking: Framing and Acting in the Unknown. Snook, S., Nohria, N., & Khurana, R. (Ed) The handbook for teaching leadership : knowing, doing, and being. Los Angeles: SAGE Publications. p. 3–19. 중 4쪽.

24 Weick, K. 1995. Sensemaking in Organization. Thousand Oaks, CA: Sage p. 54에서 재인용.. 사실 이 시는 거의 유사하지만 제목과 내용이 조금 다른 두 가지 버전이 있는데 이 책에서는 Weick의 책에 실린 버전을 기초로 번역하였다. 참고로 알프스와 피레네 사이의 거리는 최단 경로 기준으로 약 720km이다.

25 Weick, K. 1995. Sensemaking in Organization. Thousand Oaks, CA: Sage 54쪽.

26 Arthur, W. B. 1996. Increasing returns and the new world of business. Harvard Business Review, 74(4), 100–109 중 105쪽.

27 Jaworski, J. & Scharmer, C. O. 2000. Leadership in the new economy: Sensing and actualizing emerging futures (Working paper). Cambridge, MA: Society for Organizational Learning and Generon, p. 2.

28 Mankiw, G. 2016. One Economic Sickness, Five Diagnoses. New York Times, June 17.

29 Blanchard, O. & Perotti, R. 2002. An Empirical Characterization of the Dynamic Effects of Changes in Government Spending and Taxes on Output. Quarterly Journal of Economics, 117(4): 1329–1368.

30 Alesina, A. & Ardagna, S. 2010. Large Changes in Fiscal Policy: Taxes versus Spending. Tax Policy and the Economy, 24 (edited by J. R. Brown): 35–68.

31 최환석·김양민. 2016. 마중물 또는 눈먼 돈: 정부 연구개발 지원금이 연구개발 투자와 기업 혁신에 미치는 영향. 경영학연구, 45 (6): 1833–1857.

제 2 부 복기의 센스메이킹

제2장 위기는 조직을 드러낸다

1 Maclean, N. 1992. Young Men and Fire, Chicago: University of Chicago Press, 39–59.

2 Rothermel, R. C. 1993. Mann Gulch Fire: A Race That Couldn't Be Won. United States Department of Agriculture, General Technical Report INT–299, 2쪽.

3 Maclean, N. 1992. Young Men and Fire, Chicago: University of Chicago Press, 66쪽.

4 Rothermel, R. C. 1993. Mann Gulch Fire: A Race That Couldn't Be Won.

United States Department of Agriculture, General Technical Report INT-299, 2-3쪽.

5 Maclean, N. 1992. Young Men and Fire, Chicago: University of Chicago Press, 67-69쪽.

6 같은 책, 274쪽.

7 같은 책, 175쪽.

8 같은 책, 71쪽.

9 같은 책, 75쪽.

10 같은 책, 73쪽.

11 같은 책, 94쪽.

12 여기서 샐리나 닷지는 럼지와는 다른 증언을 하고 있다. 샐리와 닷지는 당시 상당 수 대원들은 닷지와 그렇게 멀리 있지 않았고 따라서 닷지가 소리치고 손짓으로 오라는 지시를 보거나 들을 수 있었을 것이라 증언했다. 닷지가 럼지 보다 현장에 훨씬 더 가까이서 목격하였고, 샐리의 증언이 럼지보다 훨씬 더 구체적이어서 닷지와 샐리의 증언이 더 신빙성 있어 보인다(맥클린의 책 99쪽 참조).

13 Rothermel, R. C. 1993. Mann Gulch Fire: A Race That Couldn't Be Won. United States Department of Agriculture, General Technical Report INT-299, 6쪽.

14 Rothermel, R. C. 1993. Mann Gulch Fire: A Race That Couldn't Be Won. United States Department of Agriculture, General Technical Report INT-299, 6~7쪽.

15 Weick, K. E. 1993. The Collapse of Sensemaking in Organizations: The Mann Gulch Disaster, Administrative Science Quarterly, 38: 628-652 중 635쪽.

16 Maclean, N. 1992. Young Men and Fire, Chicago: University of Chicago Press, 43쪽.

17 Weick, K. E. 1993. The Collapse of Sensemaking in Organizations: The Mann Gulch Disaster, Administrative Science Quarterly, 38: 628-652 중 641쪽.

18 Weick, K. E. 1993. 같은 논문, 635쪽.

19 칼 와익은 그의 1993년 Administrative Science Quarterly 게재 논문에서 2인자 헬멘이 이 발언을 했다는 취지로 쓰고 있으나 맥클린의 책에 의하면 이 발언을 누가 했는지는 확실치 않다. 럼지와 닷지는 아마도 헬멘이 이 발언을 한 것으로, 샐리는 그렇지 않고 오히려 반대로 헬멘이 마지막 순간까지 닷지의 장비를 버리라는 명령을 복창하고 대오의 맨 뒤로 돌아가서 2인자의 임무를 충실히 이행하려 했던 것으로 기억하고 있다(맥클린의 책 95쪽).

20 Maclean, N. 1992. Young Men and Fire, Chicago: University of Chicago Press, 65쪽.

21 Freud, S. 1959. Group Psychology and the Analysis of the Ego. (First published in 1922.) New York: Norton, p. 28.

22 Weick, K. E. 1993. The Collapse of Sensemaking in Organizations: The Mann Gulch Disaster, Administrative Science Quarterly, 38: 628-652 중 637쪽.

23 Maclean, N. 1992. Young Men and Fire, Chicago: University of Chicago Press, 93쪽.

24 같은 책, 70-71쪽.

25 같은 책, 97쪽.

26 Weick, K. E. 1993. The Collapse of Sensemaking in Organizations: The Mann Gulch Disaster, Administrative Science Quarterly, 38: 628-652 중 642쪽.

27 Maclean, N. 1992. Young Men and Fire. Chicago: University of Chicago Press, 104−105쪽.
28 같은 책, 101쪽.
29 같은 책, 94쪽.
30 같은 책, 99쪽.
31 같은 책, 99쪽.
32 Cooley, E. 1984. Trimotor and Trail: Pioneer Smokejumpers, Mountain Press Publishing, Missoula.
33 사티아 나델라, 최윤희 옮김. 2017. 히트 리프레시. 흐름출판, 95~96쪽.

제3장 우리는 결코 예견할 수 없다

1 김시덕. 2013, 징비록: 한국의 고전에서 동아시아의 고전으로. 아카넷.
2 민덕기. 2010, 임진왜란 직전 조선의 국방인식과 대응에 대한 재 검토−동북방 여진에 대한 대응을 중심으로, 역사와 담론, 57: 343−378.
3 Taleb, N.N. 2007. The Black Swan. Random House, 50쪽.
4 나심 니콜라스 탈레브. 차익종 옮김. 2007. 블랙 스완, 동녘 사이언스, 22쪽.
5 한문종. 2004. 조선전기 日本國王使의 朝鮮通交. 한일관계사연구, 21(21): 5−36.
6 이찬. 1995, 한국민족문화대백과사전, 한국학중앙연구원.
http://encykorea.aks.ac.kr/Contents/SearchNavi?keyword=혼일강리역대국도지도&ridx=0&tot=3163.
7 신병주. 2017. 신병주의 '왕의 참모로 산다는 것': 평가 엇갈리는 세조의 참모 '신숙주' 쿠데타 진영의 충신 vs 대일 외교의 달인, 매경이코노미, 제1903호.
(04.11~04.18: http://news.mk.co.kr/newsRead.php?&year=2017&no=258515)
8 신숙주. 신용호 옮김. 2004. 해동제국기. 범우사. 서(序).
9 이기봉. 2011. 한국민족문화대백과사전, 한국학중앙연구원.
(http://encykorea.aks.ac.kr/Contents/SearchNavi?keyword=여지도&ridx=1&tot=12).
10 Maddison, A. 2001. The World Economy: A Millennial Perspective. OECD. 에서 Appendix B, Growth of World Population GDP and GDP Per Capita before 1820 참조, 238쪽.
11 강항. 이을호 역. 2005. 간양록. 서해문집, 36쪽.
12 주경철. 2009. 대항해 시대. 서울대학교 출판문화원. 210쪽.
13 Perin, N. 1979. Giving up the gun: Japan's reversion to the sword: 1543−1879. David R. Godine, Boston. 15−16쪽.
14 Perez, L. G. 2013. Japan at War: An Encyclopedia, Santa Barbara, CA: ABC−CLIO, 87쪽.
15 Parkerm G. 1991. "Europe and the Wider World, 1500−1700: The Military Balance." In The Political Economy of Merchant Empires: State Power and World Trade, 1350−1750 (Edited by J. D. Tracy). Cambridge University Press, pp.161−195 중 188쪽.
16 Andrade, T. 2016. The Gunpowder Age: China, Military Innovation, and the Rise of the West in World History, Princeton University Press.
17 노영구. 2012. 16~17세기 近世일본의 戰術과 조선과의 비교. 軍史, 84, 232−267.

18 Hawley, S. J. 2005. The Imjin War: Japan's Sixteenth−century Invasion of Korea and Attempt to Conquer China. Royal Asiatic Society, Korea Branch, Seoul, 102쪽.

19 노영구. 2012. 16~17세기 近世일본의 戰術과 조선과의 비교. 軍史, 84: 232−267.

20 선조수정실록 26권, 선조 25년 (1592년) 4월 14일 계묘 16번째 기사.

21 선조수정실록 25권, 선조 24년 (1591년) 3월 1일 정유 3번째 기사.

22 선조수정실록 25권, 선조 24년 (1591년) 3월 1일 정유 3번째 기사.

23 민덕기. 2010. 임진왜란 직전 조선의 국방인식과 대응에 대한 재 검토−동북방 여진에 대한 대응을 중심으로. 역사와 담론, 57, 343−378.

24 선조실록 23권, 선조 22년 (1589년) 1월 1일 기사 1번째 기사.

25 선조실록 23권, 선조 22년 (1589년) 8월 1일 병자 2번째 기사.

26 민덕기. 2010, 임진왜란 직전 조선의 국방인식과 대응에 대한 재 검토−동북방 여진에 대한 대응을 중심으로. 역사와 담론, 57: 343−378 중 359쪽.

27 선조실록 25권, 선조 24년 (1591년) 2월 7일 갑술 1번째 기사.

28 선조실록 25권, 선조 24년 (1591년) 2월 8일 을해 2번째 기사.

29 선조실록 25권, 선조 24년 (1591년) 2월 16일 계미 2번째 기사.
선조실록 25권, 선조 24년 (1591년) 2월 18일 을유 1번째 기사.

30 선조수정실록 25권, 선조 24년 (1591년) 3월 1일 정유 1번째 기사.

31 선조수정실록 25권, 선조 24년 (1591년) 7월 1일 갑자 6번째 기사.

32 유성룡. 김홍식 옮김. 2003. 징비록. 서해문집, 21쪽.

33 선조실록 21권, 선조 20년 (1587년) 9월 7일 계사 1번째 기사.

34 유성룡. 김홍식 옮김. 2003. 징비록. 서해문집, 22−23쪽.

35 선조수정실록 21권, 선조 20년 (1587년) 9월 1일 정해 3번째 기사.

36 선조수정실록 21권, 선조 20년 (1587년) 9월 1일 정해 3번째 기사.

37 선조수정실록 21권, 선조 20년(1587년) 9월 1일 정해 4번째 기사.

38 선조실록 21권, 선조 20년 (1587년) 10월 22일 정축 1번째 기사.

39 선조실록 24권, 선조 23년 (1590년) 1월 17일 경신 1번째 기사 .

40 DiMaggio, P. J. & Powell, W. W. 1991. The New Institutionalism in Organizational Analysis (edited by Powell and DiMaggio) 중의 Introduction, Chicago: University of Chicago Press. 10−11쪽과 15쪽.

41 유성룡. 김홍식 옮김. 2003. 징비록. 서해문집, 45쪽.

42 선조실록 25권, 선조 24년 (1591년) 10월 24일 병진 1번째 기사.

43 유성룡. 같은 책, 46쪽.

44 Zald, M. N. 1995. History, Meta−Narratives, and organizational theory. Ann Arbor: University of Michigan, Department of Sociology. Manuscript.

45 나심 니콜라스 탈레브. 차익종 옮김. 2007. 블랙 스완. 동녘 사이언스. 22쪽.

46 Spencer, J. & Jewet, C. 2021. 12 Months of Trauma: More Than 3,600 US Health Workers Died in Covid's First Year. KHN, April 8.

제4장 챌린저호 폭발 사건: 본(Vaughan)의 연구를 중심으로

1 루이스 A 코저. 신용하, 박명규 옮김. 1981. 사회사상사. 일지사.

2 Presidential Commission on the Space Shuttle Challenger Accident, 1986. Report to the President, Vol 1, June 6. 84쪽.

3 Committee on Science and Technology House of Representatives, 1986.

Investigation of the Challenger Accident, October 29. 3−8쪽.

4 Vaughan, D. 1996. The Challenger Launch Decision: Risky Technology, Culture, and Deviance at NASA. The University of Chicago Press, Chicago, IL. 14쪽.

5 내셔널 지오그래픽 다큐멘터리, 고체 로켓 부스터−우주왕복선을 쏴라! (다큐사이언스).

6 Presidential Commission on the Space Shuttle Challenger Accident. 1986. Report to the President, Vol 1, June 6. 58−62쪽.

7 Marquart, S. 2017. Elon Musk: There is 'a real good chance' SpaceX's first Mars rocket test will fail. Business Insider, July 21.
http://www.businessinsider.com/elon−musk−a−real−good−chance−spacexs−falcon−heavy−rocket−may−fail−2017−7?r=UK&IR=T.

8 Berger, E. 2018. Elon Musk says the Falcon Heavy has a 50−50 chance of success. Ars Technica. February 6.

9 Vaughan, D. 1996. The Challenger Launch Decision: Risky Technology, Culture, and Deviance at NASA. The University of Chicago Press, Chicago, IL. 79쪽.

10 같은 책, 80쪽.

11 같은 책, 79−80쪽.

12 같은 책, 80쪽.

13 같은 책, 81쪽.

14 Presidential Commission on the Space Shuttle Challenger Accident, 1986. Report to the President, Vol 1, June 6. 122쪽.

15 Vaughan, D. 1996. The Challenger Launch Decision: Risky Technology, Culture, and Deviance at NASA. The University of Chicago Press, Chicago, IL. 121쪽.

16 같은 책, 124쪽.

17 Presidential Commission on the Space Shuttle Challenger Accident, 1986. Report to the President, Vol 1, June 6. 10쪽.

18 Vaughan, D. 1996. The Challenger Launch Decision: Risky Technology, Culture, and Deviance at NASA. The University of Chicago Press, Chicago, IL. 151쪽.

19 같은 책, 185−190쪽.

20 같은 책, 400−401쪽.

21 McDonald, A. J. & Hansen, J. R. 2009. Truth, Lies and O−Rings. University Press of Florida. 47쪽.

22 Johnson Space Center, "Program Specification Requirements", JSC07700, Vol. 10, appendix 1010.

23 McDonald, A. J. & Hansen, J. R. 2009. Truth, Lies and O−Rings. University Press of Florida. 46−47쪽.

24 Vaughan, D. 1996. The Challenger Launch Decision: Risky Technology, Culture, and Deviance at NASA. The University of Chicago Press, Chicago, IL. 163쪽.

25 같은 책, 164−166쪽.

26 같은 책, 283−285쪽.

27 같은 책, 1쪽.

28 같은 책, 2쪽.

29 같은 책, 287−288쪽.

30 McDonald, A. J. & Hansen, J. R. 2009. Truth, Lies and O−Rings. University Press of Florida. 98−99쪽.

31 McDonald, A. J. & Hansen, J. R. 2009. Truth, Lies and O−Rings, University Press of Florida 103−104쪽.

32 Vaughan, D. 1996. The Challenger Launch Decision: Risky Technology, Culture, and Deviance at NASA. The University of Chicago Press, Chicago, IL. 310−314쪽.

33 McDonald, A. J. & Hansen, J. R. 2009. Truth, Lies and O−Rings, University Press of Florida. 111−112쪽.

34 McDonald, A. J. & Hansen, J. R. 2009. Truth, Lies and O−Rings, University Press of Florida. 108쪽.

35 Vaughan, D. 1996. The Challenger Launch Decision: Risky Technology, Culture, and Deviance at NASA. The University of Chicago Press, Chicago, IL. 326−327쪽.

36 Presidential Commission on the Space Shuttle Challenger Accident. 1986. Report to the President, Vol 1, June 6. 98쪽.

37 Vaughan, D. 1996. The Challenger Launch Decision: Risky Technology, Culture, and Deviance at NASA. The University of Chicago Press, Chicago, IL. 405−407쪽.

38 같은 책, 387−422쪽.

39 같은 책, 403쪽.

40 같은 책, 402쪽.

41 같은 책, 403쪽.

42 McDonald, A. J. & Hansen, J. R. 2009. Truth, Lies and O−Rings, University Press of Florida. 113−116쪽.

43 같은 책, 114쪽.

제3부 군(軍)의 센스메이킹

제5장 항공모함 운영의 센스메이킹

1 유용원, 2017. [유용원의 밀리터리 리포트] 한 척에 12조원! 미 해군력의 핵 포드급 신형 항모. 주간조선, 2.27.
http://bemil.chosun.com/nbrd/bbs/view.html?b_bbs_id=10067&num=980

2 Tribune Graphics, 2015. Comparing O'Hare and Changi airports, Chicago Tribune. Feb. 27.

3 Rochlin, G. I., La Porte, T. R. & Roberts, K. H. 1987. The Self−Designing High−Reliability Organization: Aircraft Carrier Flight Operations at Sea, Naval War College Review, 40(4): 76−90에서 78쪽.

4 디스커버리 채널, 2003. An Inside Look: Aircraft Carriers.

5 Weick, K. E. & Roberts, K. E. 1993. Collective mind in Organizations: Heedful interrelating on Flight Decks. Administrative Science Quarterly, 38: 357−381. 와익과 로버츠는 처음 컬렉티브 마인드라고 표현했으나 후의 논문에서

마인드 대신 마인드풀니스(mindfulness)라는 표현을 사용하였으므로 이 책에서는 혼선을 방지하기 위해 마인드풀니스로 통일한다.

6 Cole, D. J. 1990. "Cognitive Inquiry and the Philosophy of Mind", in D. J. Cole, J. H. Fetzer & T. Rankin eds., Philosophy, Mind, and Cognitive Inquiry, Dordrecht: Kluwer Academic Pub, pp. 3−4.; Jackendoff, R. 1989. Consciousness and the Computational Mind, Cambridge: MIT Press, p. 3.

7 Weick, K. E. & Roberts, K. H. 1993. Collective mind in Organizations: Heedful interrelating on Flight Decks. Administrative Science Quarterly, 38: 357−381 중 359쪽.

8 Roberts, K. H. & Gargano, G. 1988. "Managing a High Reliability Organization: A Case for Interdependence." In M.A. Von Glinow and S. Mohrmon, (Eds.), Managing Complexity in High Technology Industries: Systems and People. New York: Oxford University Press.

9 Weick, K. E., & Roberts, K. E. 1993. Collective mind in Organizations: Heedful interrelating on Flight Decks. Administrative Science Quarterly, 38: 357−381 중 378쪽.

10 G M. 2016. Ask A Fighter Pilot: Hand Signals On The Flight Deck! https://fightersweep.com/3864/ask−a−fighter−pilot−hand−signals−on −the−flight−deck/.

11 Weick, K. E. & Roberts, K. E. 1993. Collective mind in Organizations: Heedful interrelating on Flight Decks. Administrative Science Quarterly, 38: 357−381 중 378쪽.

제6장 실전 같은 훈련과 사후강평(AAR)

1 제프 콜빈. 신동숙 옮김. 2016. 인간은 과소평가되었다. (한스미디어) 의 6장에 이 탑건과 AAR에 대해 자세한 설명이 나와 있다.

2 정식명칭은 F−4 Phantom II이나 많은 한국인이 팬텀기로 알고 있는 만큼 그냥 팬텀으로 표기하였다.

3 필명 땡칠이. 2004. 땡칠이 씨리즈 13탄, 전투기와 미사일 만능주의. 밀리터리 블로그 유용원의 군사세계.

4 결국 미군은 팬텀기 외부에 기관포를 부착하여 사용하였고 후기형인 F−4E 부터는 M61 발칸포를 내장하게 되었다.

5 팬텀기는 후기형 F−4E의 1965년 구입가격이 240만달러로 당시 세계에서 가장 비싼 전투기였다. 반면 미그 21은 정확한 제작단가를 구하기 어렵지만 그보다 훨씬 저렴하였을 것으로 추정된다.

6 Chatham, R. & Braddock, R. 2001. Report of the Defense Science Board Task Force on Training Superiority and Training Surprise. Office of the Secretary of the Defense, USA.

7 Chatham, R. 2009. "The 20th century revolution in military training", in K. Anderson Ericsson ed., Development of Professional Expertise: Toward Measurement of Expert Performance and Design of Optimal Learning Environments. Cambridge University Press.

8 Chatham, R. & Braddock, R. 2001. Report of the Defense Science Board Task Force on Training Superiority and Training Surprise. Office of the Secretary

of the Defense, USA. 한편 베트남 측에서 주장하는 미그 21 : 팬텀 격추교환율은 매우 다르다. 베트남 측 주장에 따르면 1965년 4월3일부터 1973년 1월8일까지 베트남 상공에서 벌어진 201차례의 공중전에서 베트남 인민군의 미그 21기 54대가 격추된 반면 미군기는 90대 (그 중 74대가 팬텀 전투기, 2대가 팬텀의 정찰기형 모델 RF-4C)가 격추되었다고 한다 (Wikipedia Mig-21자료). 본서에서는 미국 측 기록을 인용하였다. 미그 21과 팬텀이 대규모로 공중전을 벌인 1973년 제 4차 중동전쟁에서도, 시리아와 이집트의 미그21기를 상대로 이스라엘의 팬텀이 격추교환율에서 3:1 내지는 2:1로 우세를 보였기 때문에 유독 월남전에서만 미그 21이 압도적으로 우월했다는 베트남 인민군의 주장을 100% 신뢰하기 어렵다.

 9 필명 땡칠이. 2004. 땡칠이 시리즈 24탄, F-35 와 F-16 블록 60의 대결, Part 1. 밀리터리 블로그 유용원의 군사세계.
10 Jackson, G. 2015. WW II Submarine Veterans Pay Heavy Toll. Military.com. November 5.
11 Gorman, P. F. 1990. The Military value of training. Institute for Defense Analysis, December. 제프 콜빈 저, 신동숙 역. 2016. 인간은 과소평가되었다. 한스미디어, 157-158쪽에서 재인용.
12 제프 콜빈. 신동숙 옮김. 2016. 인간은 과소평가되었다. 한스미디어. 179쪽.
13 Filkins, D. & Burns, J. F. 2006. Mock Iraqi Villages in Mojave Prepare Troops for Battle, New York Times, May 1.
14 Filkins, D. & Burns, J. F. 2006. Mock Iraqi Villages in Mojave Prepare Troops for Battle, New York Times, May 1.
15 Filkins, D. & Burns, J. F. 2006. Mock Iraqi Villages in Mojave Prepare Troops for Battle, New York Times, May 1.
16 제프 콜빈. 신동숙 옮김. 2016. 인간은 과소평가되었다. 한스미디어. 180쪽.
17 Filkins, D. & Burns, J. F. 2006. Mock Iraqi Villages in Mojave Prepare Troops for Battle, New York Times, May 1.
18 Johnson, E.M. & Cosby, N. L. 1982. After Action Review Guidebook I: National Training Center, ARI Field Unit at Presidio of Monterey, CA, 1-2쪽.
19 제프 콜빈. 신동숙 옮김. 2016. 인간은 과소평가되었다. 한스미디어. 168쪽.
20 이 사후강평의 전제조건들은 다음 여러 문헌의 내용을 종합하여 작성하였다.
Mission-Centered Solutions, Inc. 2008. "The After Action Review" Franktown, Colorado.
John, M. E and Meliza, L.M. 1999. Foundations of the After Action Review Process. U.S. Army Research Institute for the Behavioral and Social Sciences. Special Report 42, July.
Gavin, D. A. 2000. The U.S. ARMY'S After Action Reviews: Seizing The Chance To Learn. An Excerpt from the book, Learning In Action, A Guide to Putting the Learning Organization to Work (Boston: Harvard Business School Press).
Department of the Army. 1993, A Leader's Guide to After-Action Review, Washington DC.
21 1992년 5.21 미 상원 군사위원회의 증언에 대한 Robert Sulzen의 분석. 제프 콜빈. 신동숙 옮김. 2016. 인간은 과소평가되었다. 한스미디어. 168쪽에서 재인용.
22 Gorman, P. F. & McMaster, H. R. 1992. The Future of the Armed Services: Training for the 21st century, Statement before the Senate Armed Services Committee. May 21.

제 4 부 센스메이킹 키우기

1 Stewart, T. 2006. Did You Ever Have to Make Up Your Mind? Harvard Business Review, January. p. 12.

제7장 기업의 센스메이킹: 어떻게 키울 것인가?

1 Ancona, D. 2012. Sensemaking: Framing and Acting in the Unknown. Snook, S., Nohria, N., & Khurana, R. (Ed) The handbook for teaching leadership : knowing, doing, and being. Los Angeles: SAGE Publications, p. 3 – 19 중 8쪽.

2 2015년 시즌 후 그는 어슬레틱스에서 19년간의 단장 직을 명예롭게 마무리하고 구단의 운영담당 부사장으로 승진했다.

3 사실 자책점으로 계산하는 방어율(ERA) 역시 순수한 투수 자신의 능력을 나타낸다고 보기는 어렵다. 누가 봐도 안타인 타구를 묘기로 잡아내는 야수들을 거느린 운 좋은 투수들도 있고, 그렇지 못한 투수들도 많기 때문이다. 또한 야수들의 실수로 생기는 점수는 자책점에 포함되지 않으나 실제 실책 여부를 판단할 때는 기록원의 주관이 개입되므로 자책점이 운에 의해 결정되는 경우도 많다. 예컨대 야수가 느리게 움직이거나 위치선정을 잘못해서 아예 공 근처에도 가지 못한 경우는 안타로 기록되고, 야수가 빠르게 공 근처에 가서 공을 잡을 뻔하다 아슬아슬하게 놓치면 실책으로 기록되는 식이다. 이런 단점을 제거하기 위해 최근에는 FIP(Fielding Independent Pitching) 라는 새로운 통계가 순수한 투수 능력을 보여주는 지표로 쓰이고 있다. 말 그대로 야수의 능력을 배제하고 피홈런, 볼넷, 삼진, 몸에 맞는 공, 소화이닝 수 등 투수 자신만의 능력을 보여주는 통계라고 보면 되겠다. 대체로 투수의 통산 ERA는 FIP에 수렴하는 경향이 있고, FIP를 통해 투수의 현재 능력뿐 아니라 다음해의 성적도 (ERA보다) 더 정확히 예측 가능하다고 한다.

4 Silver, N. 2007. Lies, Damned Lies: PECOTA takes on prospects, Introduction, Baseball Prospectus, February 1.
http://www.baseballprospectus.com/article.php?articleid=5836

5 Svrluga, B. 2016, Theo Epstein broke the jinx in Boston. Now he may finally lift the Cubs' curse, Washington Post, April 1.

6 Chass, M. 2002, BASEBALL; New G.M. Of Red Sox Is Youngest In History. The New York Times, November 26.

7 Ancona, D. 2012. "Sensemaking: Framing and Acting in the Unknown." In Snook, S., Nohria, N., & Khurana, R. (Ed), The handbook for teaching leadership : knowing, doing, and being. – Los Angeles : SAGE Publications, p. 3 – 19 중 8쪽.

8 Ancona, D. 같은 논문, 8쪽.

9 이신영, 2016. 주식으로 재산 100만원→300억원, 자수성가한 35살 한양대 중퇴 CEO의 인생역전기. 조선닷컴. 11.21.
http://news.chosun.com/misaeng/site/data/html_dir/2016/11/21/2016112100670.html.

10 Hayek, F. A. 1945. The Use of Knowledge in Society. American Economic Review, XXXV, 4, 519 – 530.

11 이태동 · 김상윤. 2016. 화염 속 영웅을 위로하는 선율 '46, 47'. 조선일보. 6월7일

12 김선엽. 2016. 92: 구급, 19: 화재, 꽃: 화염, 구름: 연기. 조선일보. 6월7일.

13 Aquino, J. 2011. 8 Traits Of Stellar Managers, Defined By Googlers. Business Insider, March 15.

14 임채연. 2017. 생산성 수수께끼, 구글은 이렇게 풀었다. 중앙일보, 2월 6일.

15 Duhigg, C. 2016. What Google Learned From Its Quest to Build the Perfect Team. The New York Times Magazine, Feb 25.

16 Duhigg, C. 2016. 같은 기사.

17 Locke, E. A., Shaw, K. N., Saari, L.M. & Latham, G. 1981. Goal setting and task performance: 1969–1980. Psychological Bulletin, 90 (1): 125-152.

18 Ferguson, A. 2011. at the Mister Potato—Manchester United press launch at Old Trafford, September. 퍼거슨의 박지성에 대한 발언을 직접 듣고 싶으면 다음 유튜브 화면을 보라.
https://www.youtube.com/watch?v=zLdguMS2fz4.

19 Ferdinand, R. 2017. at the Premier League Tonight, BT Sports. September. 퍼디낸드의 박지성에 대한 발언을 직접 듣고 싶으면 다음 유튜브 화면을 보라.
https://www.youtube.com/watch?v=pjMQ67b2BLQ.

20 에드 킷멀·에이미 월레스. 윤태경 옮김. 2014. 창의성을 지휘하라. 와이즈베리, 212쪽.

21 에드 킷멀·에이미 월레스. 2014. 같은 책, 131쪽.

22 Goldman, E. 2016. How Disney's "Story Trust" helped change Big Hero 6, Frozen, Wreck—it Ralph, and more. February 16. ign.com(http://www.ign.com/articles/2016/02/18/how—disneys—story—trust—helped—change—big—hero—6—frozen—wreck—it—ralph—and—more).

23 Tetlock, P. E., & Gardner, D. 2015. Superforecasting: The Art and Science of Prediction. New York: Bradway Books.

24 Carnahan, M., Goddard, A,, Lindelof, D. & Straczynski, M. J. 2013. World War Z (Script) based on the novel by Max Brooks.
https://www.springfieldspringfield.co.uk/movie_script.php?movie=world—war—z.

25 Janis, I. R. 1972. Groupthink: Psychological studies of policy decisions and fiascoes. Boston: Houghton Mifflin. 미국의 저술가 윌리엄 화이트 William Whyte 가 포춘 지에서 쓴 이 용어 '집단사고' 를 바탕으로 사회심리학자 재니스는 이 책을 썼다. 케네디행정부 출범 직후, 미국의 카스트로 정권 전복 시도인 피그만 침공은 바로 이 집단사고 때문에 처참한 실패로 끝나고 만다.

26 이 말은 옥스퍼드 영어사전에 나오지 않는다. Jerusalem Post 기자 Tzachi Haegbi 는 욤 키푸르 전쟁을 통해 널리 알려진 이 말을 엄청난 대실수 enormous blunder 라 설명하면서 이제는 일상용어가 되었다고 주장한다(예컨대, "이스라엘이 또 월드컵 진출에 실패했습니다 Mehdal!"하는 식이다). Haegbi, T. 2010. The 'Mehdal' we need to fix. The Jerusalem Post. December 12.

27 Black, I. & Morris, B. 1991. Israel's Secret Wars: A History of Israel's Intelligence Services. Grove Press. 290쪽.

28 Stewart, S. 1988. The Spymasters of Israel. 9th edition. Ballantine Books. 358쪽.

29 Bar—Joseph, U. 2017. The Angel (The Egyptian Spy Who Saved Israel). Harper/Harper Collins Publishers. 이스라엘 하이파(Haifa) 대학의 정치학과 교수인 이 책 저자는 이집트 비밀경찰을 잠재적 범인으로, 반면 마르완의 유족들은 모사드를 암살범으로 의심하고 있다. 사실 누가 그를 죽였는지는 그렇게 중요하지

않을 지도 모른다. AMAN국장 출신인 엘리 제이라가 마르완이 이스라엘·이집트 양쪽을 오가는 이중간첩이었다고 공개적으로 주장한 이후 사실상 그는 사형선고를 받은 거나 마찬가지였으니까.

30 Bar—Joseph, U. 2017. The Angel (The Egyptian Spy Who Saved Israel). Harper/Harper Collins Publishers, 190쪽.

31 같은 책, 191쪽.

32 Betts, R. K. 1982. Surprise Attack: Lessons for Defense Planning. Brookings Institution Press, 74—75쪽.

33 Bar—Joseph, U. 2017. The Angel (The Egyptian Spy Who Saved Israel). Harper/Harper Collins Publishers, 192—193쪽.

34 Betts, R. K. 1982. Surprise Attack: Lessons for Defense Planning. Brookings Institution Press, 77쪽.

35 Bar—Joseph, U. 2017. The Angel (The Egyptian Spy Who Saved Israel). Harper/Harper Collins Publishers, 194—195쪽.

36 같은 책, 215쪽.

37 같은 책, 220쪽.

38 Schiff, Z. 1985. A History of Israeli Army, 1874 to the present. New York: Macmillan.

39 Livne, Y. 2015. World War Z (2013 movie): Do the Israelis really have a 10th man doctrine?
https://www.quora.com/World—War—Z—2013—movie—Do—the—Israelis—really—have—a—10th—man—doctrine.

40 Schiff, S. 2006. Know It All. The New Yorker. July 31.

41 Coase, R. H. 1937. The Nature of the Firm. Economica, 4(16): 386—405.

42 Williamson, O. 1975. Markets and Hierarchies. New York. Free Press.

43 Ghoshal, S. & Moran, P. 1996. Bad for practice: A critique of transaction cost theory. Academy of Management Review, 21: 13—47.

44 Grant, R. M. 1996. Toward a knowledge—based theory of the firm. Strategic Management Journal, 17(Winter Special Issue): 109—122.

45 Barney, J. 1986. Strategic Factor Markets: Expectations, Luck, and Business Strategy, Management Science, 32(10): 1231—1241.

46 Isaacson, W. 2011. Steve Jobs. Simon & Schuster, 385쪽.

제8장 개인의 센스메이킹: 어떻게 키울 것인가?

1 Dormehl, L. 2017. Thinking Machines: The Quest for Artificial Intelligence—and Where It's Taking Us Next. Penguin Random House LLC, New York.

2 권오성. 2018. 인공지능으로 일자리 오히려 늘어난다. 한겨레신문, 7월20일.
http://www.hani.co.kr/arti/science/technology/854197.html?_fr=mt3

3 Acemoglu, D. & Restrepo, P. 2017. Robots and Jobs: Evidence from US Labor Markets, NBER Working Paper No. 23285, Issued in March.

4 김남희. 2016. 인터넷 매체 홍수 시대에도 고급 정론지는 살아남는다. 위클리 비즈, 조선일보, 12월 24일.

5 Stephens—Davidowitz, S. 2017. Everybody lies: Big Data, New Data, and What the Internet Can Tell Us About Who We Really Are. Harper Collins, New York. 25쪽.

6 춘심애비(최영재). 2012, 승리의 필수교양 - 뱅뱅이론, 딴지일보, 4월 26일.
(http://www.ddanzi.com/ddanziNews/912258)

7 춘심애비(최영재). 2016, 뱅뱅이론은 글로벌 이론이었다: 도대체 왜, 박근혜였고,
도대체 어떻게, 트럼프인가. 딴지일보, 11월 11일.
(http://www.ddanzi.com/ddanziNews/141355230)

8 춘심애비(최영재). 2012, 승리의 필수교양 - 뱅뱅이론, 딴지일보, 4월 26일.
(http://www.ddanzi.com/ddanziNews/912258)

9 춘심애비(최영재). 2016, 뱅뱅이론은 글로벌 이론이었다: 도대체 왜, 박근혜였고,
도대체 어떻게, 트럼프인가. 딴지일보, 11월 11일.
(http://www.ddanzi.com/ddanziNews/141355230)

10 Tetlock, P. E. 2005. Expert Political Judgment: How Good Is It? How Can We Know?. New Jersey, Princeton University Press.

11 Berlin, I. 1953. The Hedgehog and the Fox: An Essay on Tolstoy's View of History. New York: Simon and Schuster.

12 Tetlock, P. E. 2007. Why Foxes Are Better Forecasters Than Hedgehogs (Seminar), January 26. Long Now Foundation.

13 Tetlock, P. E. & Gardner, D. 2015. Superforecasting: The Art and Science of Prediction. New York: Bradway Books.

14 Hart, W., Albarracin, D., Eagly, A. H., Brechan, I., Lindberg M. J. & Merrill L. 2009. Feeling validated versus being correct: A meta-analysis of selective exposure to information. Psychological Bulletin, 135(4): 555-588.

15 Zweig, J. 2009. How to Ignore the Yes-Man in Your Head, Wall Street Journal, November 19.

16 Carlson, N. 2009. Answers to 15 Google interview Questions that will make you stupid. Business Insider, November 5.

17 Levitin, D. 2014. The Organized Mind, Penguin Group LLC, New York., 357쪽.

18 https://en.wikipedia.org/wiki/Fermi_problem, 그리고 Levitin, D. 2014. The Organized Mind, Penguin Group LLC, New York., 358-359쪽.

19 http://www.wolframalpha.com/input/?t=crmtb01&f=ob&i=how+many +piano+tuners+are+in+chicago

20 손미나. 2014. 손미나의 INTERVIEW | 나영석 피디. 허핑턴 포스트. 11월 24일. https://www.huffingtonpost.kr/mina-sohn/story_b_6209688.html.

21 김한솔. 2018. 다르니까 써 먹을 구석 있어…. 제 각각 동료와 시너지 내는 법. 하버드 비즈니스 리뷰 코리아, 3월호.

22 Woolley, A, Chabris, C. F., Pentland, A., Hashmi, N., & Malone, T. 2010. Evidence for a Collective Intelligence Factor in the Performance of Human Groups, Science, 330: 686-688.

23 New York Times Well 블로그, 2013. Can You Read People's Emotions?, October 3. https://well.blogs.nytimes.com/2013/10/03/well-quiz-the-mind-behind-the-eyes/

제9장 센스메이킹이 한국 경영환경에 갖는 시사점

1 나심 니콜라스 탈레브. 차익중 옮김. 2007. 블랙 스완. 동녘 사이언스, 22쪽.
2 Wells, L. 2001. Thoughts for the 2001 Quadrennial Defense Review. 4월 12일 미국의 럼스펠드 국방장관이 조지 부시 대통령에게 보낸 첨부 문서 (체니 부통령. 라이스 국무장관에게도 CC함). 구글에서 위 제목을 영문으로 치면 원문의 복사본을 내려 받을 수 있을 것이다. 본서의 참고문헌 중 하나인 필립 테틀록과 댄 가드너의 '수퍼포어캐스팅'에서도 이 문서 전문을 인용하고 있다.
3 세계보건기구(WHO)는 2022년 5월 5일 코로나19 팬데믹으로 지난 2년 반 동안 전세계에서 1천490만 명이 목숨을 잃은 것으로 추산했다. 실제 코로나 사망자 공식통계의 3배 가까운 것으로 코로나19 환자뿐만 아니라 코로나19로 인한 의료·보건 체계 부담 가중으로 치료를 받지 못해 숨진 다른 질환 환자 등 간접적 영향으로 목숨을 잃은 사람들도 포함됐기 때문이라고 WHO는 설명했다.
4 헨리포드가 이 발언을 했는지는 사실 확실치 않다. 2011년 하버드 비즈니스 리뷰에 'Henry Ford, Innovation, and That "Faster Horse" quote' 라는 제목의 논문을 개제한 Patrick Vlaskovits는 그 논문의 각주에서 포드가 이 발언을 했다는 증거가 없다고 다양한 문헌을 인용해 설명하고 있다. 그러나 많은 사람들이 이 발언을 포드가 한 것으로 믿고 있고, 그 아닌 다른 사람이 이 발언을 먼저 했다는 증거 역시 없다. Vlaskovits 역시 포드가 이 말을 하지 않았다고 하더라도 그 후의 역사를 보면 포드가 이런 비슷한 생각을 한 것은 사실인 것 같다고 적고 있다.
5 Roubini, N. 2017. "America First" and Global Conflict Next. Project Syndicate, Jan. 2.
https://www.project−syndicate.org/commentary/trump−isolationism−undermines−peace−worldwide−by−nouriel−roubini−2017−01.
6 마트 트웨인이 이 발언을 했는지는 사실 확실치 않다. 다만 이 격언과 비슷한 문장이 나온 가장 이른 기록들이 1970년에 출판되었고, 당시의 두 기록 다 마크 트웨인을 그 원작자로 묘사하였다고 한다.
7 Stinchcombe, A. L. 1965. Organizations and social structure. In James G March (eds.), Handbook of Organizations, 142−193. Rand McNally, Chicago.
8 Hannan, M. T. & Freeman, J. 1984. Structural inertia and organizational change. American Sociological Review, 49: 149−164 중에서 153쪽.
9 Hannan, M. T. & Freeman, J. 1984. Structural inertia and organizational change. American Sociological Review, 49: 149−164 중에서 160쪽. 이 한난과 프리먼의 주장을 실제 검증한 논문 중 하나가 바로 제목 자체에 '리셋팅 더 클락' 이라는 말이 들어가는 Amburgey, T. L., Kelley, D. & Barnett, W. P. 1993. Resetting the Clock: The Dynamics of Organizational Change and Failure. Administrative Science Quarterly, 38: 51−73. 이다.
10 Fitzgerald, F. S. 1956. (originally published in 1936 in Esquire Magazine, Feb−April, 1936). The Crack−Up. New Direction Paperbook. NY. 69쪽.

김양민 교수

서강대학교 경영대학 및 경영전문대학원 교수이며, 미국 밀워키에 위치한 마케트(Marquette) 대학교 경영학과 조교수를 역임했다. 서강대학교 졸업 후, 조지 워싱턴 대학교에서 MBA 학위를, 텍사스 A&M 대학교에서 경영학 박사 학위(경영전략 전공)를 취득했다. 미국 남캘리포니아 대학교(University of Southern California) 방문교수와 텍사스 주립대학교(University of Texas at Dallas) 방문교수를 지냈다. 한국 전략경영학회 회장, 학술지『전략경영연구』의 편집위원장,『경영학연구』의 경영전략분야 에디터를 역임했다. '한국갤럽학술논문상', '경영학연구 우수논문상'과 두 차례에 걸쳐 '인사조직연구 논문상'을 수상하였고, 미국 박사과정시절부터 현재까지 소속 학교에서 다수의 우수강의상을 수상하였다. 연구분야는 글로벌 경쟁 및 혁신, 기업 윤리, 기업지배구조, 최고경영진 등이며, 국외 및 국내 저명학술지에 다수의 논문을 발표하였다. 저서로는『한국기업의 경영 패러다임 혁명』,『중소기업을 위한 컨설팅 방법론 입문서』등이 있고, EBS의 경영교육 프로그램『EBS 비즈니스 리뷰』와『EBS 비즈니스 리뷰 플러스』에서 열 네 차례에 걸쳐 센스메이킹과 전략에 대해 강의했다.

이 저서는 2016년 정부(교육부)의 재원으로 한국연구재단의 지원을 받아 수행된 연구임(과제번호: NRF-2016S1A6A4A01018183)

제2판
불확실을 이기는 전략: 센스메이킹

초판발행	2019년 1월 30일
제2판발행	2023년 2월 25일
중판발행	2025년 1월 20일
지은이	김양민
펴낸이	안종만·안상준
편 집	이승현
기획/마케팅	노 현
표지디자인	이영경
제 작	고철민·김원표
펴낸곳	(주) **박영사**
	서울특별시 금천구 가산디지털2로 53, 210호(가산동, 한라시그마밸리)
	등록 1959. 3. 11. 제300-1959-1호(倫)
전 화	02)733-6771
f a x	02)736-4818
e-mail	pys@pybook.co.kr
homepage	www.pybook.co.kr
I S B N	979-11-303-1652-9 03320

copyright©김양민, 2023, Printed in Korea

정 가   20,000원